René Lucio · Jan Spütz

Blitzschnelle Papierflieger

René Lucio | Jan Spütz

Blitzschnelle Papierflieger

GONDROM

Produktion/Koordination: Gerd Grohbrüg für INTERPILL MEDIA GmbH, Hamburg
Covergestaltung: Hilden Design, München
Fotos: Hagedorn-Photography.de

003

ISBN-10: 3-8112-2615-0
ISBN-13: 978-3-8112-2615-9

5 4 3 2

www.gondrom-verlag.de

INHALT

Vorwort 6

Einleitung 7

Papier 9

Origami 12

Aerodynamik 15

Konstruktionen 19

Werkzeug und Material 23

Vom richtigen Falten 25

Trimmen der Flieger 29

Wurftechniken 37

Vom Wurf zum Entwurf 41

Die Luftflotte 44

Wettbewerbe 170

Glossar 172

Fluglogbuch 176

Vorwort

Jeder von uns hat ihn bestimmt schon einmal geträumt: den großen uralten Menschheitstraum vom Fliegen.

Seit der Mensch denken kann, begleitet ihn diese Sehnsucht nach Freiheit. Das Schweben eines Kolibris oder der elegante Aufstieg eines Schwans in die Wolken faszinieren uns immer wieder.

Nach wie vor sind wir jedoch auf technische Errungenschaften angewiesen, um uns in die Lüfte zu erheben. Aber haben wir mit diesem Fortschritt auch nur annähernd das Verlangen nach Freiheit gestillt?

Eine immer größer werdende Informationsflut macht das Leben zunehmend kompliziert. Dabei sind es gerade die ganz einfachen Dinge, die uns das meiste und vor allem wirklich Wichtige erzählen. Wenn Sie zum Beispiel bei einem Spaziergang ein Blatt von einem Baum segeln sehen, so erzählt ihnen dieses Blatt in genau diesem Augenblick alles, was es über das Fliegen zu wissen gibt. Im Grunde erklärt sich sogar das ganze Universum von selbst. Sie können sich darin prüfen, ob Sie das Blatt, den Vogel, Schmetterling oder sonstige fliegende Wesen und Objekte verstanden haben, indem Sie Ihre Erkenntnisse auf ein Blatt Papier übertragen. Ob man wirklich verstanden hat, wird sich garantiert zeigen, sobald man das Objekt aus den Händen gleiten lässt. Obwohl es sich anscheinend um eine simple Aktivität handelt, kann das Falten von Papierflugzeugen somit eine spannende und Zeit vertreibende Beschäftigung sein. Falten Sie ein Stück Papier und heben Sie ab ins Reich der Lüfte.

Die Autoren René Lucio (oben) und Jan Spütz (unten) sind Virtuosen auf dem Gebiet des Papierfaltens und werden Sie bei Ihrer Reise durch das Buch begleiten. Seit 1981 haben Sie ihr eigenes Studio und unterrichten seit 1983. Vor allem die Arbeit mit Blinden und Behinderten ist den Designern ein wichtiges Anliegen.

Einleitung

Papier hat in der Tat schon sehr viel Geschichte geschrieben. Die ersten Flugobjekte waren Papierdrachen, die vor über 2 000 Jahren in China angefertigt wurden. Der große Forscherdrang von Leonardo da Vinci führte zu unzähligen Experimenten mit aus Pergament gefalteten Objekten. Und wenn die Gebrüder Montgolfier nicht mehr oder weniger zufällig einen Papiersack über das Holzfeuer gehängt hätten, wäre der Heißluftballon von einem anderen erfunden worden. Auch die großen Flugpioniere wie Otto Lilienthal und die Gebrüder Wright mochten auf Papiermodelle nicht verzichten. Der erste historisch dokumentierte Papierflieger schwebte durch die Klosterschule zu Rossleben in Thüringen. Gebaut hat ihn der Mathematiklehrer August Wilhelm Zachariae, ein Pionier der Luftfahrt. 1809 baute er ein „Fallzeug" aus Papier, das als fliegendes Blatt bekannt wurde. Es sieht mit seinen drei hochgefalteten Kanten ein bisschen aus wie eine Kehrichtschaufel ohne Griff, doch richtig ausbalanciert und in die Luft gesetzt trotzt dieser Flieger der Schwerkraft.

So oft diese Bastler auch von der Mitwelt belächelt wurden – heute weiß man, dass diese experimentierfreudigen Konstrukteure ihrer Zeit meist eine Rumpflänge voraus waren. Als zu Beginn der siebziger Jahre die Concorde die Schallmauer durchbrach, gab es die Deltaflügel bei den Papierfliegern längst. 1921 hatte ein Unbekannter den Wurfpfeil entwickelt, neun Jahre später wurde das Modell um ein Seitenruder und die typische krumme Nase ergänzt. Höchste wissenschaftliche Anerkennung bekam die Kunst des Papierflugzeugbaus endgültig im Jahre 1966 mit der Ausrichtung des „1. Internationalen Papierflug-Wettbewerbs" mit rund 12 000 Teilnehmern durch die Zeitschrift Scientific American. Mittlerweile hat sich die Flugzeugindustrie immer mehr den Bau von Papierflugzeugen zu Nutze gemacht. So werden Flugzeuge mittlerweile nicht mehr aus Metall, sondern mehr aus einer Art Hightech-Kunststoff gebaut. Dieses Material für höchste Ansprüche ist ähnlich wie Papier aus vielen Faserlagen, vor allem Kohlefasern, zusammengesetzt, die durch Kunstharz miteinander verbunden werden. Solche Kunststoffe halten mehr aus als Aluminium und sind zudem leichter.

Nach wie vor dienen Papierflieger als hilfreiche Modelle für Nasa-Berater, Professoren und Flugzeugingenieure in aller Welt, wenn es um Flugfähigkeit und Stabilität geht.

Mit Hilfe der einfachen Faltanweisungen dieses Buches werden Sie zu einem variantenreichen Formenschatz von 30 Fliegern geführt und mit der Entstehung komplexer Gebilde aus einfachen Faltprozessen vertraut gemacht. Von kinderleicht bis knifflig findet hier jeder sein ganz spezielles Flugmodell. Dann steht Ihnen auch nichts mehr im Wege, selbst Ihre eigenen Flieger zu entwerfen. Nur zu: Dieses Buch ist an alle diejenigen unter uns gerichtet, die noch immer die Sehnsucht nach Freiheit in sich tragen. Die beste Gelegenheit also, sich frei zu entfalten.

Grundlagen

Um Sie gründlich auf den Flug vorzubereiten und Ihnen das Sinnliche an diesem Ereignis näher zu bringen, finden Sie hier erst einmal die wichtigsten historischen und fachlichen Hintergründe – von Papier über Origami bis hin zu den Grundsätzen der Aerodynamik.

Papier

Herstellung

Papier ist im Grunde ein verfilztes Fasergeflecht, das mit Füllstoffen, Leim und Farbe zu einem beschreibbaren Produkt aufgewertet wurde.

Die Chinesen waren neben den Ägyptern die Vorreiter auf dem Gebiet der Papierherstellung. Sie haben dieses Verfahren vor etwa 2 000 Jahren entdeckt und lange als Geheimnis gehütet. Im Mittelalter dienten in Europa meist alte abgetragene Kleider als Rohstoff. Durch ein aufwändiges Zerkleinerungsverfahren konnten hieraus die einzelnen Fasern gewonnen werden. Diese Fasern werden in der Fachsprache auch als Halbstoff bezeichnet. Auch in der modernen Papierherstellung findet der bekannte Hadernstoff aus Lumpen Verwendung für Geldscheine sowie beste Brief- und Dokumentenpapiere.

Aufgrund des enormen Papierbedarfs ist der Rohstoff Holz zu dem Hauptträger der modernen Fasergewinnung geworden. Die Holzfasern sind lang gestreckte hohle Fasern, die im lebenden Baum zum Transport von Wasser und Nährstoffen dienen. Sie bestehen wiederum aus Einzelfasern, den Fibrillen. Durch Zerkleinerungs- und Kochvorgänge in einer speziellen Lauge werden diese Fibrillen aus dem Holz herausgelöst und unter Zugabe von Füll- und Leimstoffen mit einem hohen Wasseranteil zu einem Faserbrei, der so genannten Pulpe, aufbereitet. Im handwerklichen Verfahren wurde dann der einzelne Bogen mittels eines Schöpfsiebs aus dieser Fasermasse herausgeschöpft und auf ein nasses Tuch gelegt. Ein großer Stapel an nassen Tüchern und nassen Faserbreibögen wurde dann gepresst, und nach einigen Tagen konnten die Bögen zum Trocknen aufgehängt werden.

In der modernen Papierherstellung werden auf so genannten Langsiebmaschinen Papierbahnen hergestellt. Dabei läuft ein endloses Bronze- oder Kunststoffsieb horizontal über eine Anzahl von Rollen, Abstreichern und Saugkästen. Der Faserbrei wird durch den Stoffauflauf auf das Sieb gebracht und das Faservlies, welches sich durch die Entwässerung gebildet hat, wird am Ende wieder abgenommen. Im nächsten Abschnitt, der Pressenpartie, wird die gebildete Papierbahn, die noch etwa 80 Prozent Wasser enthält, durch Pressdruck entwässert und verdichtet. In der Trockenpartie wird die Papierbahn schlangenförmig über dampfbeheizte Trockenzylinder geführt und die Restfeuchte von immer noch 40 bis 50 Prozent entzogen. Meist durchläuft die Papierbahn nach den Trockenzylindern noch ein einfaches Glättwerk, das diverse Unebenheiten des nunmehr trockenen Fasergefüges ausgleicht und die Oberfläche leicht glättet. Papier, das nach dieser Behandlung die Maschine verlässt, nennt man in der Fachsprache „maschinenglatt".

Es gibt sehr viele Arten von veredelten Papieren. Man unterteilt sie in folgende Gruppen: maschinenglatte, satinierte, geprägte, gestrichene und beschichtete Papiere.

Aufgrund der enormen Arbeitsgeschwindigkeit richten sich die industriell verarbeiteten Papierfasern parallel zu der Maschinenrichtung aus. Deshalb spricht man in Fachkreisen auch von der Maschinen- oder Laufrichtung des Papiers. Diese Eigenschaft hat zur Folge, dass das Papier senkrecht zu den ausgerichteten Fasern eine höhere Biegefestigkeit aufweist als parallel dazu. Senkrecht zu der Laufrichtung verläuft die Dehnrichtung des Papiers. Wird das Papier gefeuchtet, so dehnt es sich mit einem Zuwachs von bis zu 2 Prozent in diese Richtung aus.

Man darf die Belastbarkeit von Papier nicht unterschätzen. In Japan entdeckten Ingenieure, dass Papier ein gutes Baumaterial und zudem sehr widerstándsfähig gegen Erdbeben und Flutkatastrophen ist. In Kobe in Zentraljapan wurde 1996 die erste wetterfeste Papierkirche errichtet, die 150 Gläubigen Platz bietet. Bereits nach dem 2. Weltkrieg hatte man sich ernsthaft überlegt, mit Papierhäusern schnelle Unterkünfte für obdachlos gewordene Menschen zu schaffen.

Laufrichtung

Die Laufrichtung eines Blattes lässt sich ganz einfach durch die Biegeprobe feststellen. Das Papier wird flach auf die Handflächen gelegt und die gegenüberliegenden Seiten zueinander gebogen. Nun dreht man das Papier um 90 Grad und wiederholt den Vorgang. Es sollte ein deutlicher Unterschied im Widerstand zu fühlen sein. Parallel zu den Kanten, die sich leichter zueinander biegen lassen, verläuft auch die Laufrichtung.

Papierformate

Die Modelle in diesem Buch werden entweder aus Quadraten oder aus Rechtecken hergestellt. Das Standardrechteck entspricht dem DIN-A 4-Format. Das besondere an den A-Formaten ist, dass sich die kürzere zu der längeren Seite in den gleichen Proportionen verhält wie die Kantenlänge eines Quadrats zu seiner Diagonalen. Nach dem Satz des Pythagoras entspricht dies einem Seitenverhältniss von $\frac{1}{\sqrt{2}}$.

Alle DIN-A-Formate haben dieses Seitenverhältnis. Kein anderes rechteckiges Format reproduziert sich selbst, wenn es an seiner längeren Seite halbiert oder an seiner kürzeren Seite verdoppelt wird. Die DIN-Zahl verhält sich indirekt proportional zu seiner Formatgröße. Das heißt, dass das Papierformat mit sinkender DIN-Zahl steigt. Die handelsüblichen DIN-Formate erstrecken sich von DIN-A3 bis DIN-A6. Wenn Sie also beispielsweise einen doppelt so großen Flieger falten möchten, steigen Sie einfach von DIN-A4 auf DIN-A3 um. Größere Bogen als DIN-A3 gibt es normalerweise nur in DIN-B-Formaten und müssen dann noch nachgeschnitten werden.

Ein andersformatiges Rechteck können Sie wie folgt in ein DIN-Format umwandeln: Falten Sie zuerst die kürzere auf die längere Kante. Dann öffnen Sie wieder die Faltung und falten die längere Kante auf die alte Falte. Der Streifen,der dann noch über die Ecke hinausragt, muss abgeschnitten werden.

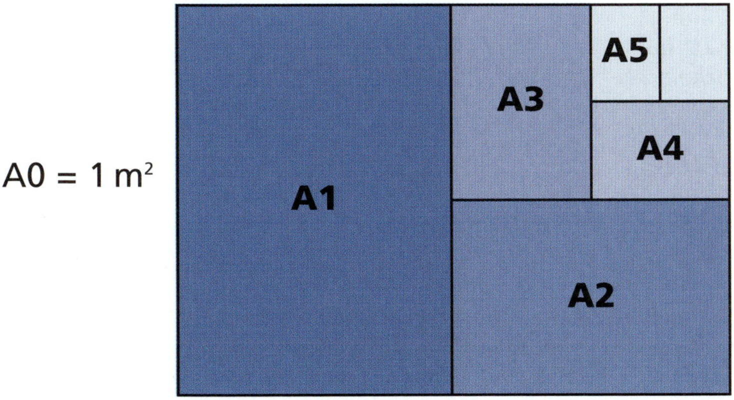

ORIGAMI

Geschichte

Unter Origami versteht man die Kunst, Figuren und andere Objekte aus einem Blatt Papier zu falten, ohne es einzuschneiden oder zu verkleben.

Mit der Erfindung des Papiers in China, etwa Anfang des 2. Jahrhunderts, beginnt die Geschichte des Papierfaltens. Ursprünglich wurde das Papier beschrieben und bemalt, es spielte aber auch bei rituellen Zeremonien eine Rolle. So ist überliefert, dass in China den Verstorbenen als Grabbeigaben Papiermodelle von Häusern, Haushaltsgegenständen, Geld und Figuren beigelegt wurden.

Zu einer Kunstform entwickelte sich das Papierfalten aber zuerst in Japan und zwar im Religiösen und Rituellen. Papier übte durch seine Reinheit und Schönheit eine besondere Faszination auf die Shinto-Priester aus, die die Kunst des Papierfaltens und ihre symbolische Ausdruckskraft als Mittel für Gebet und Opfer nutzten. Erst seit der Heian-Periode (794–1192), einer Epoche der übersteigerten Verfeinerung, diente Origami auch der Unterhaltung an den Höfen des Adels. In dieser Zeit entwickelte sich die Tradition der *noshi*, abstrakten, stilisierten Faltformen, die mit kunstvollen Knoten, *mizuhiki,* als Glücksbringer an einem Geschenk befestigt wurden.

Als eine erste Blütezeit des Origami kann die Muromachi-Periode (1338–1573) betrachtet werden. Aus dieser Zeit stammen etwa 50 Figuren, die allein durch Faltung ohne Einschnitte hergestellt wurden. Die Edo-Periode (1603–1868) gilt auch als die Blütezeit der japanischen Kunst. Aus dieser Zeit stammen die schriftlichen Quellen, in denen die Kunst des Papierfaltens überliefert wurde.

Seit dem 14. Jahrhundert wurden die Falttechniken auch für ganz alltägliche und praktisch genutzte Gegenstände angewendet. So falteten die Japanerinnen beispielsweise Tüten zur Aufbewahrung medizinischer Pulver, Kräuter oder anderer getrockneter Vorräte. Zum praktischen kam der ästhetische Aspekt: Papiergebilde, die für nützliche Zwecke gedacht waren, wurden mit kunstvoll gefalteten Verzierungen dekoriert. Bei Hochzeiten werden die Sakeflaschen noch heute mit Papierschmetterlingen verschlossen. Zum Ende der Edo-Epoche hatte Origami im Bewusstsein der Japaner seine

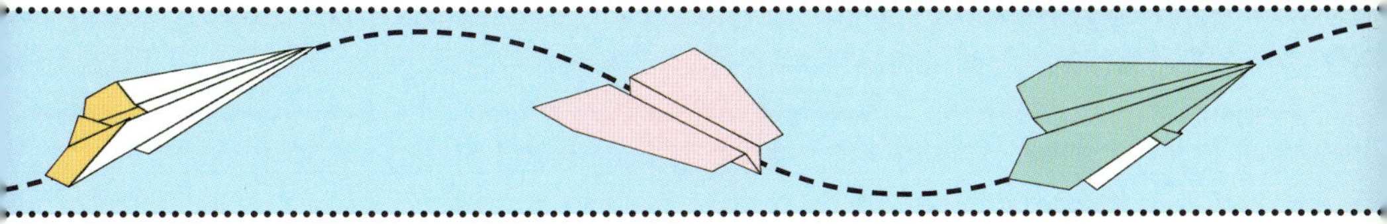

symbolische Bedeutung verloren und wurde zu einem reinen Unterhaltungsgegenstand für Frauen und Kinder. Bis zur Taisho-Periode (1912–1926) wurden über 150 weitere Origami-Figuren erfunden. Die speziellen Falttechniken für Frösche, Kraniche, Libellen, Puppen, Samurai, Pflanzen oder Schiffe wurden über viele Generationen entwickelt, verfeinert und von den Eltern an die Kinder weitergegeben. Spätestens seit der Ausstellung des japanischen Origami-Künstlers Akira Yoshizawa im Stadtmuseum Amsterdam 1955 hat die Origami-Begeisterung auch Europa ergriffen. Die Formstilisierung ist mittlerweile so weit ausgereift, dass man die Physiognomie eines Wesens in seiner reinsten Form darstellen kann. Das ist es, was Origami zu einer atemberaubenden Kunst werden lässt.

Moderne Anwendungsbereiche

Inzwischen wird Origami auch pädagogisch und therapeutisch eingesetzt. Psychologen nutzen die gleichzeitig konzentrationsfördernde und entspannende Wirkung des Faltens. Besonders die Feinmotorik kann durch Origami verbessert werden. Es ist auch eine gute Methode, um der winterlichen Melancholie oder Langeweile zu entfliehen. Manch ehemaliger Raucher benutzt es als Beschäftigung für seine Finger, um nicht wieder zur Zigarette greifen zu müssen. Selbst in der Suchttherapie greift man gerne auf das Falten von Papier zurück.

Gerade beim Origami mit Sehbehinderten kommt während des Faltens eine ganz besondere und ausgesprochen konzentrierte Stimmung auf. Dabei hat es sich bewährt, mit verschieden strukturiertem Papier, das jeweils eine raue und eine glatte Seite hat, zu arbeiten. Beim Falten von Origami-Masken machten die sehbehinderten Teilnehmer eines Kurses darauf aufmerksam, dass sie die Einzigen sein, die den Ehrenkodex des Origami, das Papier nicht zu verletzen, einhalten können, denn sie brauchen ihre Masken auf Augenhöhe nicht mit der Schere zu durchschneiden.

Origami erfordert viel räumliche Vorstellungskraft und, ähnlich wie bei Schach, ein ausgeprägtes strategisches Denken, weil ein Objekt aus einem einzigen Blatt gefaltet werden muss – ohne zu schneiden oder zu kleben. Auch Mathematiker und Ingenieure haben sich die Kunst des Papierfaltens

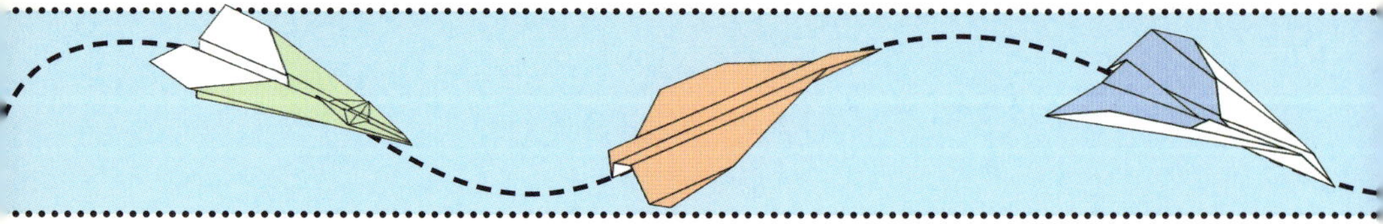

zu Nutze gemacht, um Lösungen für die ausklappbaren Sonnensegel der Weltraumsatelliten zu entwickeln. Das Hineinversetzen in eine Form und die intensiven Betrachtungen und Überlegungen beim Falten führen zu einer Besinnung, die in Meditation einmünden kann. Wird dann noch ein Objekt gefaltet, das sowieso schon einen gewissen meditativen Charakter besitzt wie die Lotosblüte für Hindus und Buddhisten, ist dieser Schritt zur Meditation nicht mehr weit. Dabei können die in der meditativen Versenkung gewonnene Gelassenheit und Konzentration auf das Wesentliche sich auch über die Zeit des Papierfaltens hinaus ganzheitlich auswirken.

Aerodynamik

Wie kommt es überhaupt, dass ein ordentlich gefaltetes Blatt durch die Lüfte fliegt?

Auf der Erde unterliegen alle Körper der ständigen Erdanziehung. Wenn sie sich in der irdischen Atmosphäre befinden, dann fallen sie in der Regel gerade nach unten, wobei sie einer Beschleunigung ausgesetzt sind. Wenn sie das nicht tun, dann spricht man vom Fliegen im weiteren Sinn oder vom gebremsten Fall. Das Flugzeug wie auch der Papierflieger verdanken ihre Fähigkeit, sich frei durch die Lüfte zu bewegen, vier grundlegend wirkenden Kräften. Der Auftrieb gleicht die Schwerkraft aus und die Schubkraft wirkt dem Luftwiderstand entgegen.

Die Luft umströmt den Flügel auf seiner konvex gewölbten Oberseite schneller als an seiner planliegenden Unterseite. Dadurch entsteht ein Unterdruck auf der Oberseite des Flügels, der den Flügel der Schwerkraft entgegen nach oben zieht.

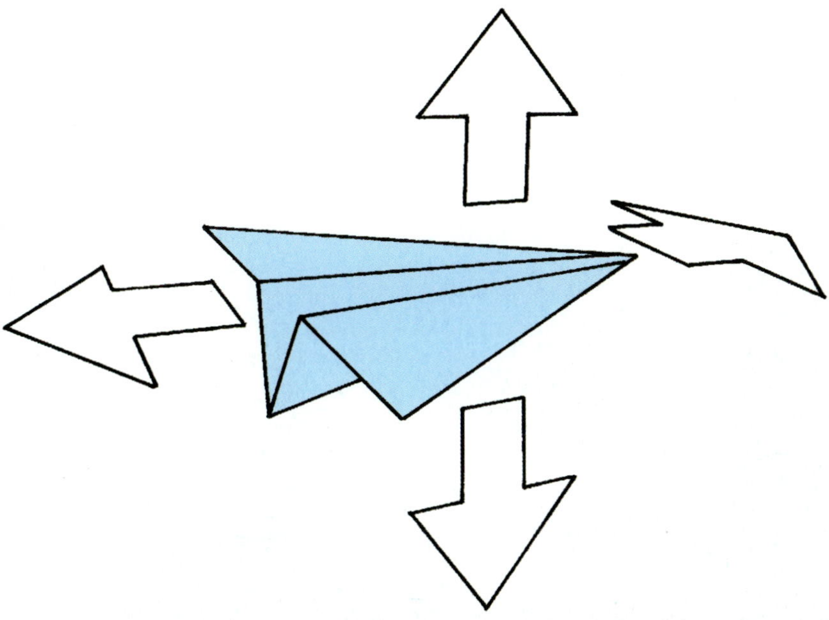

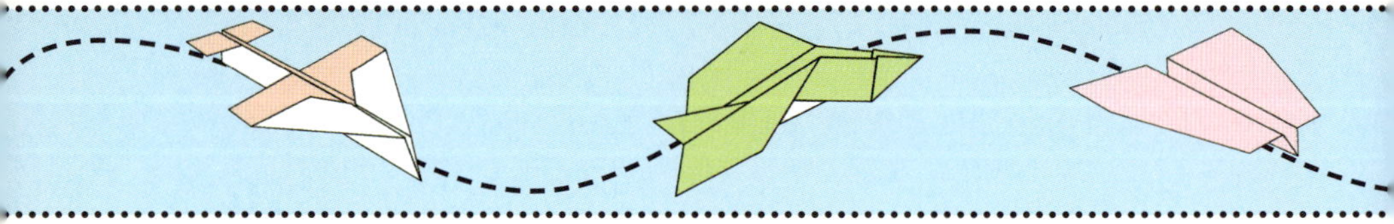

Luftwiderstand

Ganz leicht bekommt man den Luftwiderstand zu spüren, wenn man bei Sturm mit seinem Fahrrad gegen den Wind anfahren muss. Dies zeigt, dass der Luftwiderstand von der Geschwindigkeit abhängt, mit welcher sich ein Gegenstand relativ zu der ihn umgebenden Luft verhält. Beim Flugzeug entspricht dies in der Regel der Fluggeschwindigkeit.

Neben der Geschwindigkeit beeinflusst auch die Form des Gegenstandes den Luftwiderstand. Ein kleines rundes Objekt verursacht weniger Luftwiderstand als ein großer sperriger Gegenstand. Lässt man beispielsweise ein rechteckiges Blatt Papier auf der kürzeren Seite in Armhöhe zu Boden fallen, wirbelt es unregelmäßig herab. Wiederholt man das Experiment stattdessen mit einem zusammengeknüllten Blatt, so fliegt dieses wesentlich schneller und direkter. Das liegt daran, dass die Kugel eine kleinere Oberfläche hat und so die Luft auf der gekrümmten Form leichter vorbeigleiten kann.

In Zusammenhang mit der Form eines Gegenstandes steht der Umfang der Turbulenzen, die hinter ihm auftreten. Eine Stromlinienform gleitet durch Wasser oder Luft, ohne größere Turbulenzen zu erzeugen. Da ein Flugzeug möglichst wenig gebremst werden soll, müssen sowohl der Luftwiderstand als auch die Turbulenzen optimal reduziert werden.

Der Luftwiderstand lässt sich am einfachsten demonstrieren, wenn Sie ein Blatt senkrecht nach unten hängen lassen und dann ihre Hand in eine horizontale Richtung bewegen. Sie werden fühlen und sehen, wie die gesamte Frontfläche des Papiers dem Luftwiderstand ausgesetzt ist. Wenn das Blatt stattdessen waagerecht durch die Luft gezogen wird, wird die Angriffsfläche und damit auch der Luftwiderstand minimiert.

Schub- und Schwerkraft

Eine wichtige Grundregel des Fliegens liegt darin, dass die Schubkraft größer sein muss als der Luftwiderstand. Es gibt verschiedene Arten von Techniken, um auf einen Flugkörper Schubkräfte wirken zu lassen. Bei Starrflüglern benutzt man Propeller, Turbinen oder Düsentriebwerke,

bei Drehflüglern die kreisende Bewegung von Hubschraubern, bei Schlagflüglern eine dem Vogelflug ähnliche Bewegung von Schwingen.

Ein Papierflieger erhält seine Anfangsgeschwindigkeit durch einen kräftigen Anstoß mit dem Wurfarm, danach gleitet er, von der Schwerkraft angezogen, langsam nach unten. Obwohl der Luftwiderstand den Flieger in seiner Bewegung bremst, wird er in der Regel nicht langsamer. Das liegt an der Schwerkraft, die dafür sorgt, dass der Flieger lediglich an Höhe verliert.

Dieser energetische Zusammenhang ähnelt dem Prinzip eines dahinrollenden Fahrrads. Wenn man auf ebenem Gelände aufhört, die Pedale zu treten, wird es langsamer und bleibt schließlich stehen. Fährt man stattdessen einen Hügel hinab, liefert die Schwerkraft den nötigen Schub auf Kosten der Höhe. Wenn man einen Papierflieger geradeaus wirft, wird er langsamer. Wirft man ihn aber leicht schräg nach unten, zieht ihn die Schwerkraft vorwärts, als würde er einen unsichtbaren Hügel hinabgleiten.

Somit empfiehlt es sich bei den meisten Modellen, den Flieger in einem Winkel von etwa 11 Grad nach unten zu werfen, sodass sich Schwerkraft und Luftwiderstand ausgleichen und das Flugzeug nur minimal gebremst wird. Unter dem Einfluss besonders günstiger thermischer Aufwinde im Freien kann diese Abwärtsbewegung sogar ausgeglichen werden, und der Flieger kann ohne Höhenverlust große Strecken zurücklegen.

Auftrieb

Wie entsteht nun aber der Auftrieb an einem Flügel? Betrachtet man die Flügelform eines Vogels oder eines Flugzeugs genauer, so erkennt man nur unschwer, dass die Oberseite des Flügels konvex gewölbt ist. Die Unterseite hingegen ist völlig plan.

Der schweizerische Mathematiker und Physiker Daniel Bernoulli entdeckte im 18. Jahrhundert, dass der Druck einer Flüssigkeit mit zunehmender Geschwindigkeit sinkt. Da sich die Luft aerodynamisch wie eine Flüssigkeit

verhält, lässt sich dieses Gesetz ohne Weiteres auf das Fliegen übertragen. Die Luft, die über die gekrümmte Oberseite der Tragfläche geleitet wird, wird beschleunigt. Die Luft an der Unterseite kann sich dagegen geradlinig und langsamer bewegen. Nach dem bernoullischen Gesetz führt das zu einem Überdruck auf der Unterseite und einer Sogwirkung auf der Oberseite. Dieser nach oben gerichtete Druck ist der Auftrieb. Genauer gesagt handelt es sich dabei um einen dynamischen Auftrieb, der erst dann zum Tragen kommt, wenn die Tragfläche von Luft umströmt wird.

Dieses abstrakte Prinzip wird anschaulich, wenn Sie über einen Papierstreifen blasen. Der Streifen biegt sich nach oben, weil auch hier die Luft schneller an der Oberseite bewegt wird.

Plane Tragflächen sind, was das Verhältnis von Auftrieb und Luftwiderstand angeht, weniger geeignet als gekrümmte Flügeloberseiten. Aber selbst auf diesen Tragflächen wirkt in der Bewegung ein Auftrieb, der durch unterschiedlich strömende Luftverwirbelungen an der Ober- und Unterseite entsteht. Die Intensität des Auftriebs ist jedoch wesentlich geringer. Diese Schwäche kann durch eine sehr hohe Geschwindigkeit und den so genannten Anstellwinkel ausgeglichen werden. Das ist der Winkel, den die Trägfläche zur Flugrichtung einnimmt.

Um zu sehen, wie der Anstellwinkel den Auftrieb beeinflusst, nehmen Sie ein Blatt Papier mit ausgestreckten Armen zwischen Ihre Hände. Beide Daumen zeigen in die Drehrichtung und weisen leicht schräg zur Decke. Dann beginnen Sie sich in Daumenrichtung zu drehen und nehmen vorsichtig die untere Hand weg. Der Auftrieb hält das Papier in Position. Je steiler Sie dann die obere Handfläche mit dem Daumen zur Decke kippen, umso stärker wird das Papier gegen die Hand gepresst. Sobald die Hand eine annähernd vertikale Position einnimmt, wird der Auftrieb bei diesem Experiment von dem Luftwiderstand abgelöst.

Je stärker der Flügel bei einem Flieger angestellt ist, desto mehr kann sich somit der Auftrieb auswirken. Irgendwann ist jedoch der so genannte Strömungsabreißwinkel erreicht, und die Luft kann nicht mehr ungehindert über die Oberseite strömen. Die Auftriebskraft bricht unter dem maximalen Luftwiderstand zusammen, und der Flieger stürzt ab.

Konstruktionen

Das richtige Maß

Ein Papierflugzeug kann nur dann sauber gleiten, wenn die vier Grundkräfte (Schubkraft, Schwerkraft, Luftwiderstand und Auftrieb) mit dem jeweiligen Fliegermodell ein ausgewogenes Verhältnis eingehen. Das hat damit zu tun, dass Papier sehr empfindlich auf Krafteinwirkungen reagiert und somit auch leicht seine Form, wenn auch nur minimal, verändert. Diese kleinsten Veränderungen haben aber große Auswirkungen auf den Flug. Deshalb hängt diese Gesetzmäßigkeit auch stark von der Beschaffenheit des Materials und der Form des Modells ab. Insgesamt muss das Flugzeug so windschnittig wie möglich gebaut sein, damit der Luftwiderstand auf ein Minimum reduziert wird. Von vorne sollte deshalb von einem Flieger möglichst wenig zu sehen sein. Wenn Papierflieger abstürzen, so liegt das häufig nicht am fehlenden Auftrieb, sondern daran, dass sie instabil sind.

Die drei „Mankos"

Ein instabiles Flugzeug kann rollen, nicken oder gieren. Jede dieser Bewegungen wird auf einer gedachten Raumachse, die durch den Schwerpunkt des Flugzeugs verläuft, vollzogen. Hier werden die wichtigsten Zusammenhänge mit der Konstruktion erklärt:

Rollen
Ein Flieger rollt, wenn er sich um seine Längsachse dreht, sodass sich ein Flügel senkt, während der andere nach oben geht. Dem wird dadurch abgeholfen, indem man die Tragflächen im gleichen Winkel vom Bug „Y"-förmig wegfalzt.

Nicken
Ein Flieger nickt, wenn er sich um seine Querachse dreht, sodass sich die Nase hebt oder senkt. Für dieses Problem ist die Gewichtsverteilung zuständig. Bei einem richtig ausgewogenen Rumpf ist der Schwerpunkt am selben Ort wie der Auftriebsmittelpunkt. Außerdem kann er mit einem zusätzlichen Höhenleitwerk in seiner Flugbahn stabilisiert werden. Die durchschnittlichen Papierflieger haben ihren Schwerpunkt im vorderen Drittel des Rumpfes, da für diese Situation relativ wenig Auftrieb benötigt wird.

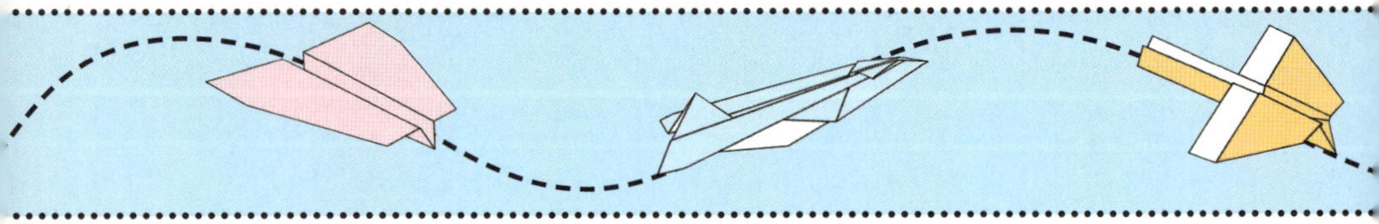

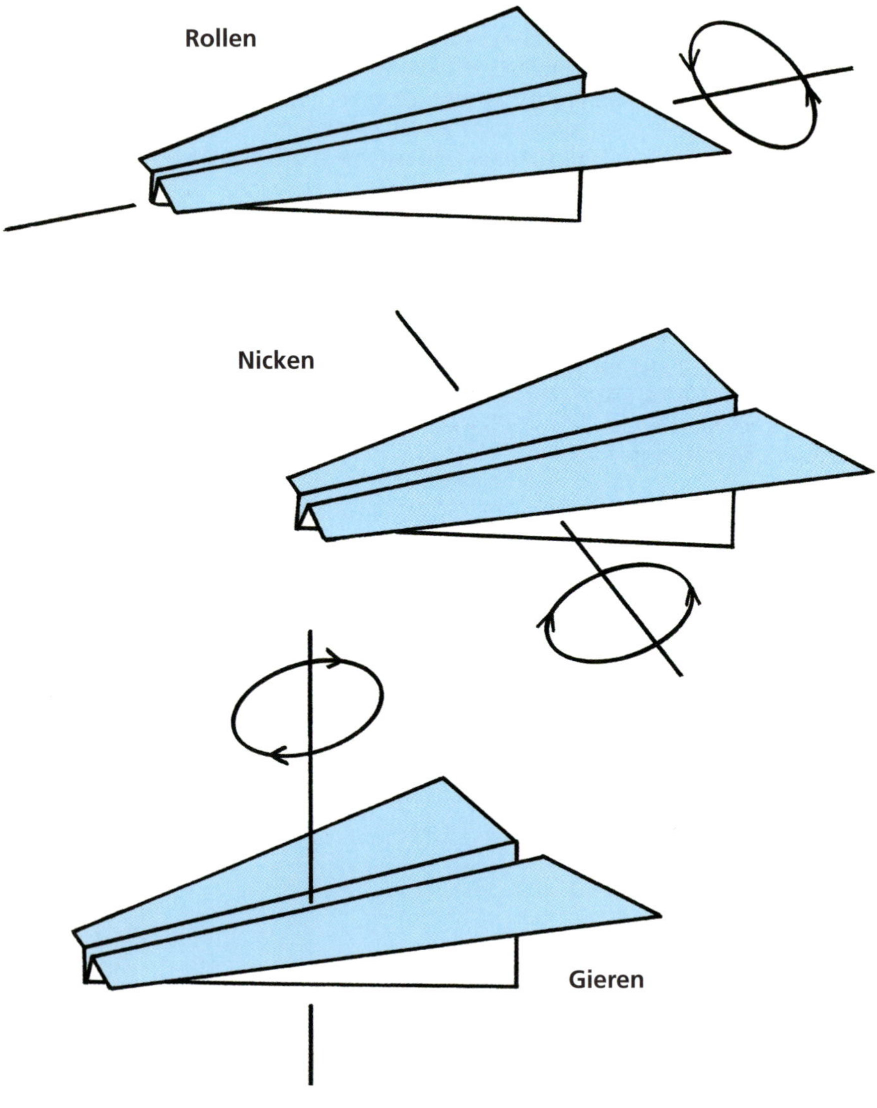
Rollen
Nicken
Gieren

Gieren
Ein Flieger giert, wenn er sich um seine Hochachse dreht und so im Kreis fliegt. Dies wird behoben, indem vertikale Flächen, so genannte Seitenleitwerke, hinzugefügt werden. Das erreicht man gewöhnlich dadurch, dass man Seitenruder an den Flügelrändern oder dem Rumpf herausfaltet.

Das Flugzeug kann auch dazu gebracht werden, sich in der Luft um seinen eigenen Schwerpunkt zu drehen, indem man zusätzliche Höhenruder aus den hinteren Enden der Tragflächen herausfaltet. Dabei bewegt sich der Luftstrom über die Tragfläche hinweg, bis er von der Hinterkante abgelenkt wird und der Flieger steigt. Das kann aber nur dann richtig funktionieren, wenn sich der Schwerpunkt im vorderen Drittel befindet. Man kann den Flieger auch auf seitliche Kurvenbahnen zwingen, wenn man ihn mit Seitenrudern ausstattet, die aus den Seitenleitwerken herausgefalzt werden. Zusätzlichen Auftrieb erhält man durch Höhenleitwerke, das sind Flächen, die parallel zur Tragfläche aus dem Heck des Fliegers herausgearbeitet werden (s. unten).

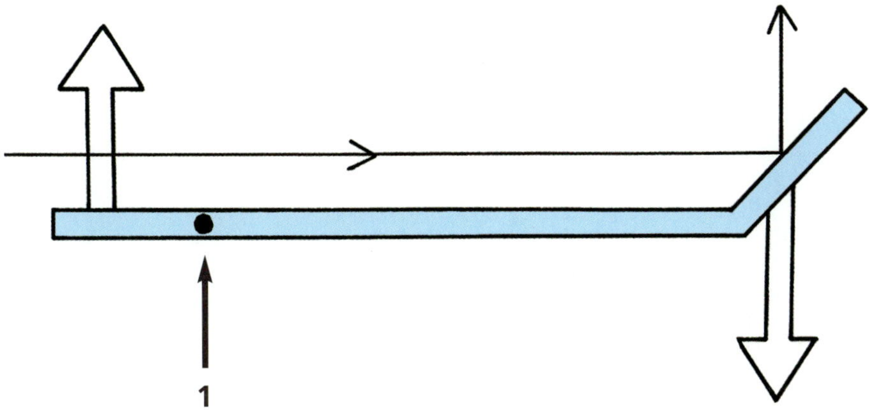

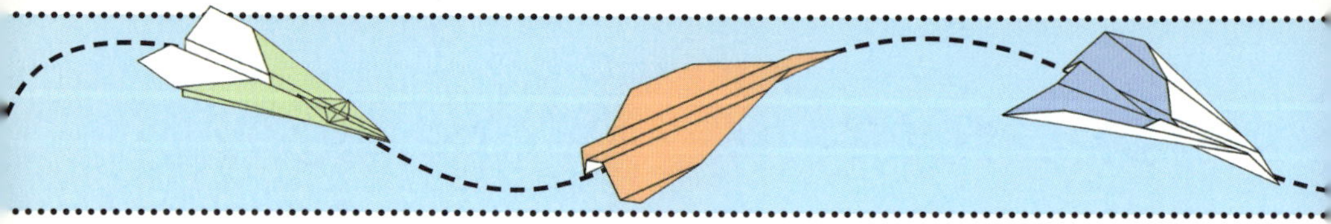

Prototyp

Ein guter Prototyp eines Papierflugzeuges ist symmetrisch aufgebaut und hat einen Rumpf, von dem zwei Tragflächen jeweils in dem gleichen Winkel abstehen. Zur Stabilisierung kann er dann noch mit einem Höhen- und Seitenleitwerk sowie einem Höhen- und Seitenruder ausgestattet sein. Aus den Seiten der Tragflächen können auch Winglets hochgefalzt werden, die entweder als Seitenleitwerke oder Querruder fungieren. Der Schwerpunkt- und Auftriebsmittelpunkt des Fliegers liegt meist im vorderen Drittel des Rumpfes (s. unten).

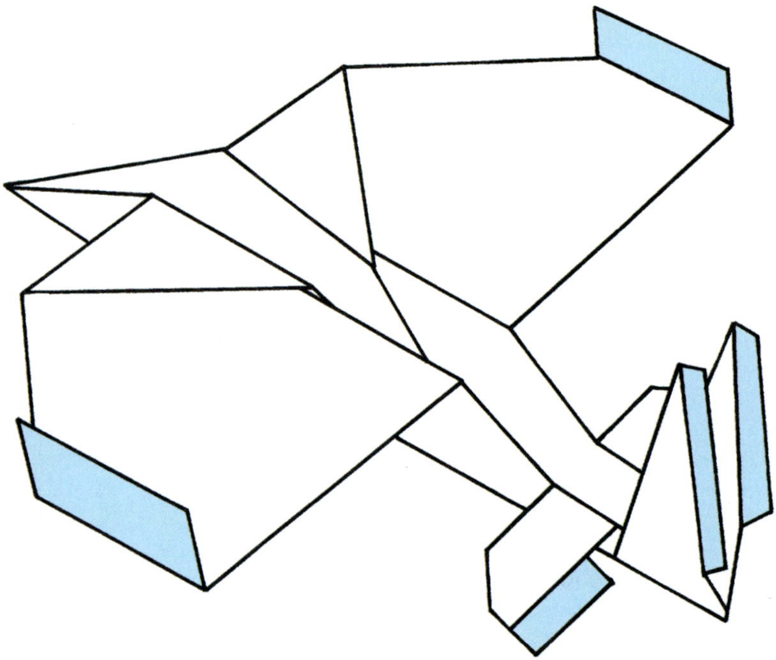

Werkzeug und Material

Ordnung

Sie benötigen einen sauberen Arbeitstisch, eine feste Schneideunterlage, ein kleines Metalllineal, ein Geodreieck, Falzbein, Passepartoutmesser, einen Bleistift, Tesafilm, kleine Büroklammern und vor allem viel Papier.

Es gibt nicht „das ideale" Papier für Papierflieger, da jedes seinen ganz persönlichen Reiz in sich birgt. Allerdings gibt es verschiedene Papiersorten, in denen die Falten nicht stabil bleiben wie Zeitungspapier oder Kosmetiktücher. Sofern man nicht irgendeinen Zaubertrick vorführen möchte, sind diese Sorten ungeeignet, da sich die Falten nach dem Wurf lockern und das Modell sein aerodynamisches Profil verliert.

Je nach verwendetem Material können sich Gewicht und Struktur verändern. Dadurch kann ein und dasselbe Modell aus verschiedenen Papierarten auch völlig andere Flugeigenschaften besitzen. Gleiches gilt für Bemalungen, Aufschriften oder Oberflächenbehandlungen mit wasserfesten Möbellacken. Für gute Flugeigenschaften sollte das Papier möglichst glatt, homogen (gleichmäßig dick, dicht und biegefest), reißfest und zugleich weich sein, damit es seine Form optimal behält.

Alle schweren Papiersorten von mehr als 120 Gramm pro Quadratmeter Gewicht sind allerhöchstens für überdimensionierte Modellgrößen geeignet. Wenn Sie viele Flieger falten wollen, ist es am günstigsten, Großpackungen von Kopier- oder Schreibpapier mit einem Gewicht von etwa 80 bis 120 Gramm pro Quadratmeter zu kaufen. Das Papierformat sollte entweder quadratisch oder noch besser im DIN-A 4 Format vorliegen.

Falls Sie quadratische Formate bevorzugen, lohnt sich der Besuch kleinerer Druckereien, Buchbindereien oder Kopiergeschäfte. Diese haben meistens elektrische Papierschneidemaschinen, die ganze Stapel Papiere mit einem Schnitt in perfekte Quadrate schneiden können. Lagern Sie Ihre Papiervorräte immer horizontal auf ebenen Unterlagen in einer nicht allzu warmen und feuchten Umgebung.

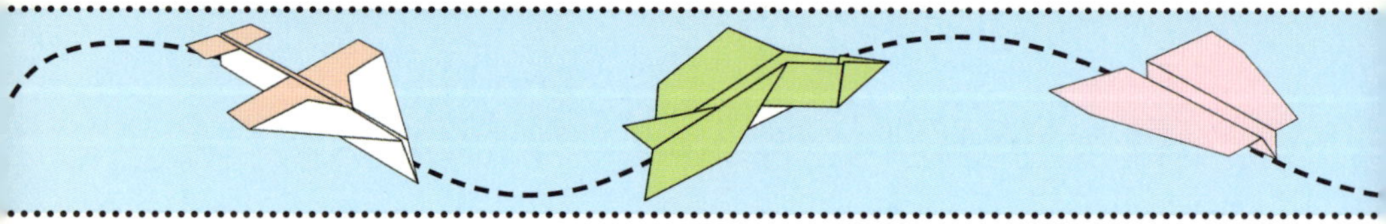

Chaos

Lassen Sie sich vom Papier inspirieren. Der Ästhetik eines fliegenden Objekts sollten keine Grenzen gesezt werden. Probieren Sie deshalb auch ganz ausgefallene Papiersorten aus: gemustertes Geschenkpapier, Prospektpapier, papierbeschichtete Metallfolie, hochwertiges buntes Zeitschriftenpapier, dünnes Butterbrotpapier, leichtes handgeschöpftes Papier oder sogar Einwegtischdecken. Solche Papiere verleihen Ihrem Flieger ein ganz besonderes Erscheinungsbild.

Seien Sie ruhig auch experimentierfreudig und stöbern Sie in ausgefallenen Papierläden. Es gibt unzählige Arten von Papier in den unterschiedlichsten Beschaffenheiten, Gewichten, Farben und Oberflächenstrukturen. Ein besonders edles Faltmaterial ist das traditionelle japanische Holzschnittpapier. In Japan wird es für die leichten Schiebetüren in den Häusern verwendet. Die ganze Schönheit dieses noblen, schlichten Papiers liegt in der raffinierten Farbgebung und der reliefartigen Struktur. Gefertigt wird Holzschnittpapier, das es in über 100 verschiedenen Varianten gibt, nach alter handwerklicher Tradition in Familienbetrieben.

Ein ebenfalls besonders exotischer Werkstoff ist das Papel Amate, ein Baumrindenpapier aus Mexiko. Dieses traditionelle Holzpapier wird aus langen Rindenstreifen hergestellt. Es gibt auch spezielles Holographiepapier, mit dem besonders bei Schachteln oder einfachen geometrischen Formen ganz fantastische Effekte erzielt werden können, da sich je nach Lichteinfall die Oberfläche der Faltfigur verändert.

Besonders außergewöhnlich ist das Keramikpapier. Origamifiguren aus Keramikpapier werden bei 1 000 °C im Ofen gebrannt. Dabei verbrennt die dünne Papierschicht und übrig bleibt die Keramik. Allerdings sind solche Figuren äußerst empfindlich und daher nicht flugtauglich.

Einige dieser Papiere können über Origami-Events bestellt werden. Dort können Sie sich auch nach den Adressen über außergewöhnliche Papierläden erkundigen oder andere interessante Kontakte knüpfen.

Vom richtigen Falten

In der Ruhe liegt die Kraft

Es gibt eine Reihe von Tätigkeiten, die gut gelingen, wenn sie nicht zu schnell ausgeführt werden. Das gilt besonders für das Papierfalten. Je scharfkantiger und genauer Sie falten, umso länger werden Ihre Flieger in der Luft bleiben. Es gilt aber auch, dass sowohl richtige als auch falsche Brüche nicht mehr rückgängig zu machen sind. Deshalb sollte man einen Zeitpunkt wählen, an dem man etwas Ruhe hat und nicht so hastig arbeiten muss.

Sehen Sie sich bei der Faltanleitung auch immer den nächsten Schritt an. Er zeigt Ihnen, was Sie gerade falten und wie das Blatt nach dem Falten aussehen soll. Denken Sie daran, dass es im Grunde nur um Tal- oder Bergfalten geht, wie kompliziert die Zeichnung auch erscheinen mag. Es ist für einen Flieger günstiger, wenn das Papier so gefaltet wird, dass es mit seiner Laufrichtung parallel zum Bug ausgerichtet ist. Das gibt den Tragflächen wesentlich mehr Eigenstabilität und trägt dazu bei, dass sich die Flügel leichter klappen lassen.

Besonders bei langen Faltungen kann man leichter und genauer falten, wenn man die Linie entlang eines Lineals leicht mit einem Falzbein vorrillt und dann das Papier daran hochbiegt. Dickere Papiere können entlang dieser Kanten auch ganz vorsichtig mit einem Passepartoutmesser angeritzt werden. Dabei ist zu beachten, dass das Papier nicht versehentlich durchgeschnitten und die Ritzung auf der Seite des Blattes angesetzt wird, auf welcher eine Faltung als Bergfalte entsteht.

Flügel und Steuerruder dürfen nicht zu scharf geknickt werden, damit der Falz nicht „lahm" wird und nach unten hängt. Wenn man den zweiten Flügel und das zweite Höhenruder faltet, kann man die Symmetrie kontrollieren, indem man die Flügel vorsichtig übereinanderlegt. Wellt sich ein Flügel einmal, dann legt man das Modell am besten flach auf den Tisch und ritzt den Flügel mit dem Fingernagel leicht ein. Bei einigen Modellen führt die Entstehung von sperrigen Mehrfachlagen an der Nase und den Führungskanten der Tragflächen dazu, dass das Papier nicht mehr vollkommen flach auf der Faltunterlage liegt, sondern sich nach oben ausbeult. Solche Ausbeulungen vergrößern den Querschnitt des Fliegers im Flug und

wirken sich nachteilig auf seine Flugeigenschaften aus. Dies können Sie verhindern, indem Sie die Schichten nach jedem Schritt glatt streichen. Die Falte an den Vorderkanten wird sich beim Andrücken des Papiers geringfügig verschieben, was aber völlig normal ist.

Ganz allgemein geht man beim Falten so vor, dass zuerst die jeweils aufeinander gelegten Flächen an den Stoßkanten bündig ausgerichtet und mit einer Hand auf dem Tisch fixiert werden. Dann drückt man den Finger der anderen Hand in die Mitte des Papiers und führt ihn nach vorne zum Körper, bis er die gefaltete Kante berührt. Diese Kante wird dann dadurch gebrochen, dass man mit dem Finger zuerst zur einen und dann zu anderen Seite streicht. Nun prüft man, ob die beiden Kanten noch genau übereinander liegen, und fährt den Falz noch einmal mit einem Falzbein sauber nach, indem man es schräg abgekippt darüber zieht. Man sollte versuchen, den Druck auf die Fingerspitzen zu konzentrieren und nicht auf die Seiten oder den Ballen der Hand abgleiten.

Internationale Faltsymbole

Im Folgenden sehen Sie die wichtigsten Grundanweisungen, die Ihnen bei der Beschreibung der einzelnen Modelle immer wieder begegnen werden. In der Welt des Origami hat sich eine allgemein anerkannte und internationale Zeichensprache etabliert. Die Talfalte – sie ergibt sich, wenn man ein Papier nach vorne faltet – hat ebenso ihr eigenes Symbol, wie die Bergfalte, die entsteht, wenn man ein Papier nach hinten faltet. Entsprechende Symbole gibt es für alle gängigen Faltungen. Mit etwas Übung entziffern Sie diese Zeichensprache bald ebenso flüssig wie ihre Gute-Nacht-Lektüre und können fast schon im Schlaf jeden gut beschriebenen Papierflieger konstruieren.

Bergfalte[1]
Talfalte[2]

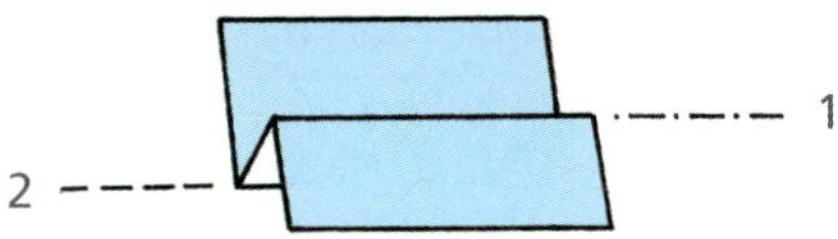

in Pfeilrichtung falten

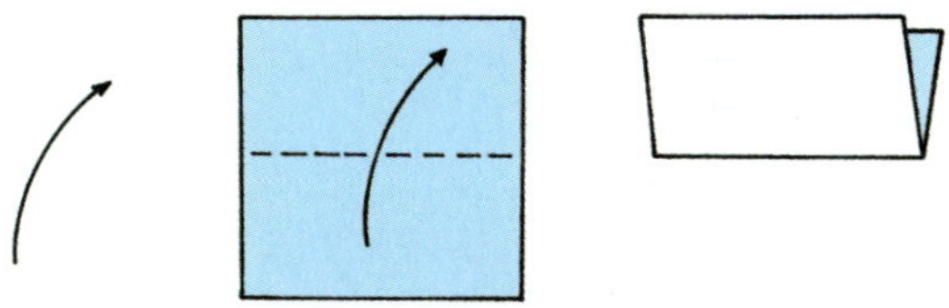

in Pfeilrichtung nach hinten falten

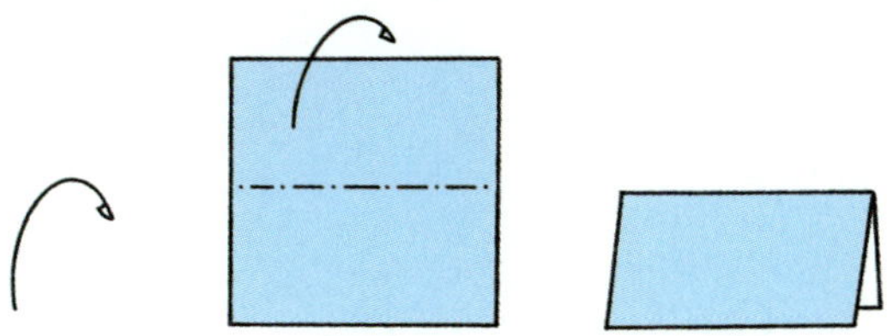

versenken

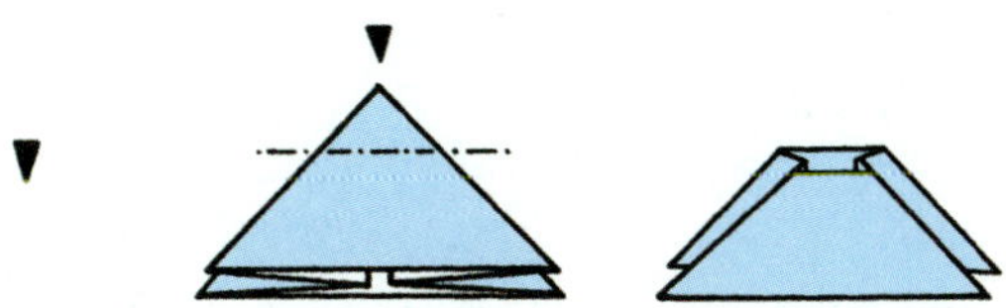

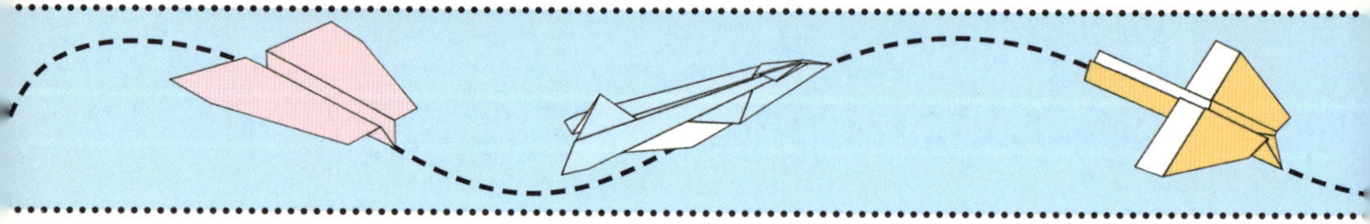

vergrößerter Maßstab

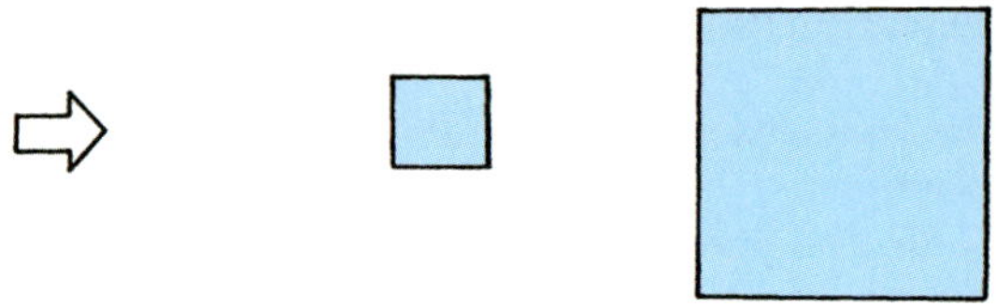

diesen Teil abschneiden

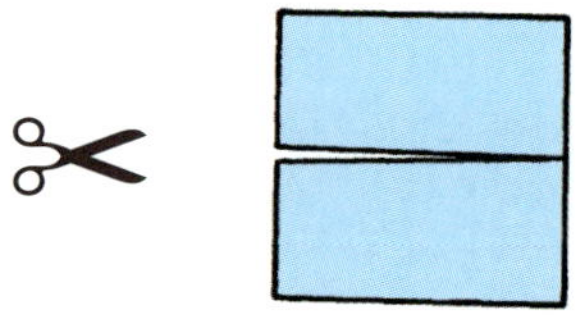

falten und entfalten

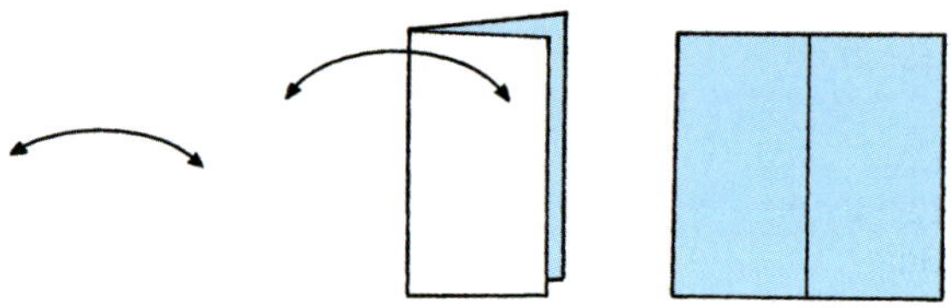

vorhandene Falte

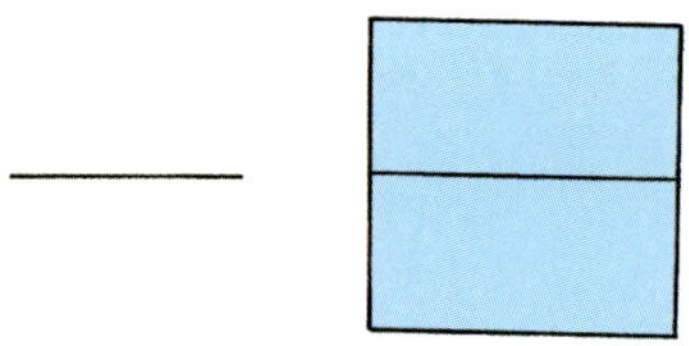

Wenden der Figur

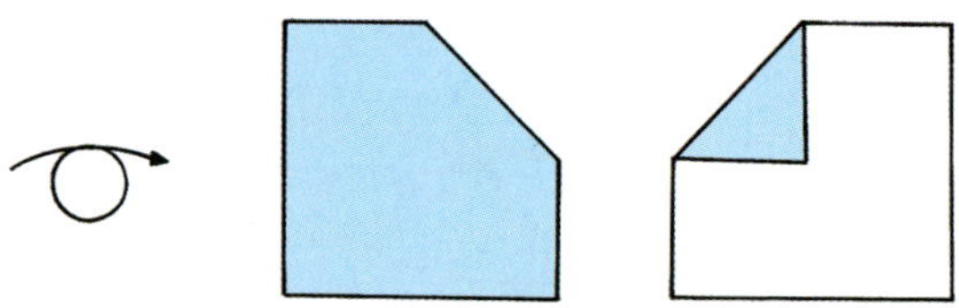

Trimmen der Flieger

Weniger ist mehr

Auch der perfekt gefaltete Flieger ist solange ein Prototyp, bis er richtig „getrimmt“ ist. Trimmen, so nennt man die Feinabstimmung, die letzten Einstellungen und kleineren Korrekturen, um das Optimum aus jedem einzelnen Papierflieger herauszuholen. Grundsätzlich trägt jede Form von Trimmung zu einer Erhöhung des Luftwiderstandes bei. Deshalb sollte ein Flieger so gut und ausgewogen wie nur möglich gestaltet und gefaltet werden. Der ideale Flieger müsste dann nicht mehr getrimmt werden.

In der Praxis ist das jedoch utopisch. Glücklicherweise! Sind es doch gerade diese winzigen Macken, die das innewohnende Eigenleben eines Fliegers hervortreten lassen. Jedes Papierflugzeug ist anders, daher müssen Sie beim Trimmen ein wenig probieren und ein paar Testflüge machen, bevor es nach Wunsch fliegt. Für die Testflüge sollte man sich immer eine stille Ecke im Freien suchen. Starts aus dem Fenster sind für diesen Zweck sinnlos, denn die Luftwirbel an der Hauswand verfälschen das Flugverhalten gänzlich.

Kontrollieren Sie vor jedem Flug die Tragflächen und Seitenruder. Sie sollten exakt waagerecht oder im jeweils gleichen Winkel aufgerichtet sein. Beim Trimmen gilt vor allem: Kleine Einstellungen haben große Wirkungen! Also sollte man zuerst immer mit kleinen Korrekturen beginnen. Im folgenden Abschnitt werden Ihnen alle uns bekannten Arten der Trimmung vorgestellt. Schrecken Sie aber nicht davor zurück, selbst eigene neue Wege zur Trimmung eines Fliegers auszuprobieren.

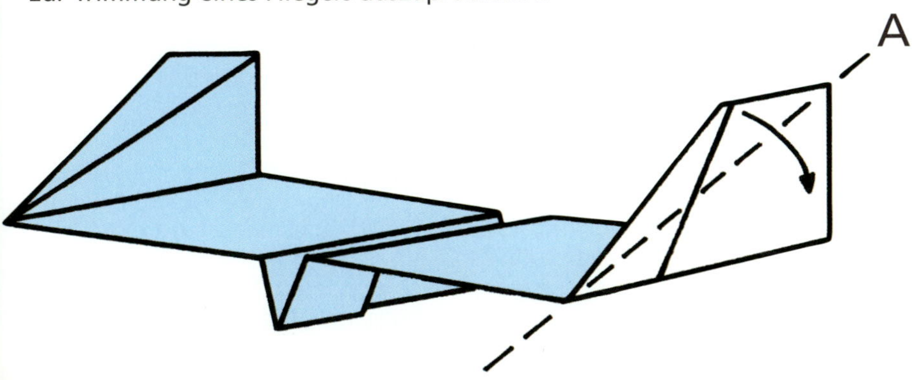

Tipp 1: Seitenleitwerke
Diese Flächen sorgen in erster Linie für eine Stabilisierung. Falzt man die Tragflächen an ihren seitlichen Außenkanten senkrecht nach oben oder unten, erhält man zusätzliche Seitenleitwerke, die so genannten Winglets.

Tipp 2: Mehr Auftrieb durch Höhenleitwerke
Sie können die Winglets zusätzlich mit Höhenleitwerken ausstatten, wenn Sie das abgebildete Dreieck entlang der Linie A zur Seite falzen. Durch die so entstandene Klappe wird zusätzlich Auftrieb erzeugt. Diese Konstruktion eignet sich auch ideal für Flieger, die Loopings drehen sollen (s. Seite 29).

Tipp 3: Kurskorrekturen mit Heckabtrieb
Eine sehr minimalistische, aber äußerst effektive Trimmung ist das leichte Verbiegen der Hinterenden von den Tragflächen. Ist der Flieger beispielsweise zu kopflastig, stürzt er schnell zu Boden. Dagegen hilft ein leichtes Hochbiegen der Hinterenden beider Flügel. Dadurch wird die Luft gebremst, das Heck nach unten und die Nase nach oben gedrückt. Je stärker sie nach oben gebogen sind, umso mehr wird die Tendenz zum Sturzflug ausgeglichen. Sie werden vermutlich feststellen, dass bei den meisten Fliegern, gleich welcher Bauart, die Hinterkanten der Flügel etwas nach oben gebogen werden müssen.

Kommt es hingegen zu einem Strömungsabriss, bleibt der Flieger nach dem Abwurf in der Luft stehen und fällt wie ein Stein zu Boden. Das liegt mit großer Wahrscheinlichkeit daran, dass der Flieger zu schwanzlastig ist. Man kann diesem Manko entgegenwirken, wenn man die Hinterkanten der Flügel leicht nach unten biegt. Je stärker sie gebogen sind, umso stärker wirken sie dem Strömungsabriss entgegen. Wenn der Flieger noch immer in der Luft stehen bleibt, biegen Sie die Kanten stärker um. Wenn er dann aber nach unten stürzt, müssen Sie die Hinterkanten wieder ein wenig glätten (s. Seite 31 oben).

Kommt der Flieger vom Kurs ab, kann man die Flügelenden auch gegenläufig biegen. Soll der Flieger zum Beispiel rechts herum fliegen: rechts hoch-, links herrunterbiegen. Eine weitere Möglichkeit besteht darin, das Heck des Rumpfes leicht zu einer Seite zu verbiegen. Biegen Sie es beispiels-

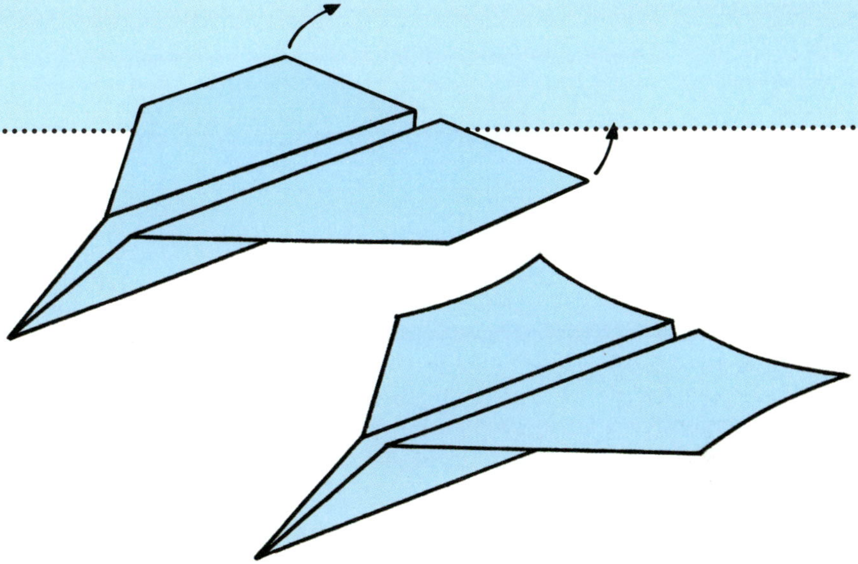

weise nach links, so tendiert der Flieger dazu, nach links zu fliegen. Somit könnten Sie auf diese Weise einem leichten „Rechtsdrall" entgegenwirken.

Tipp 4: Hochgeklapptes Seitenleitwerk
Eine weitere Möglichkeit, dem Papierflieger mehr Kursstabilität zu geben, ist das hochgeklappte Seitenleitwerk. Dazu wird der Rumpf entlang der gepunkteten Linie eingeschnitten und das Ende mit einem doppelseitigen Falz nach oben umgefaltet (s. unten).

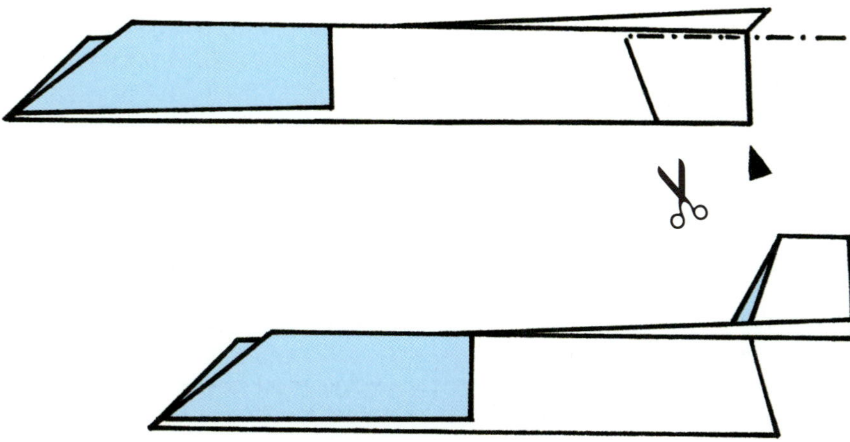

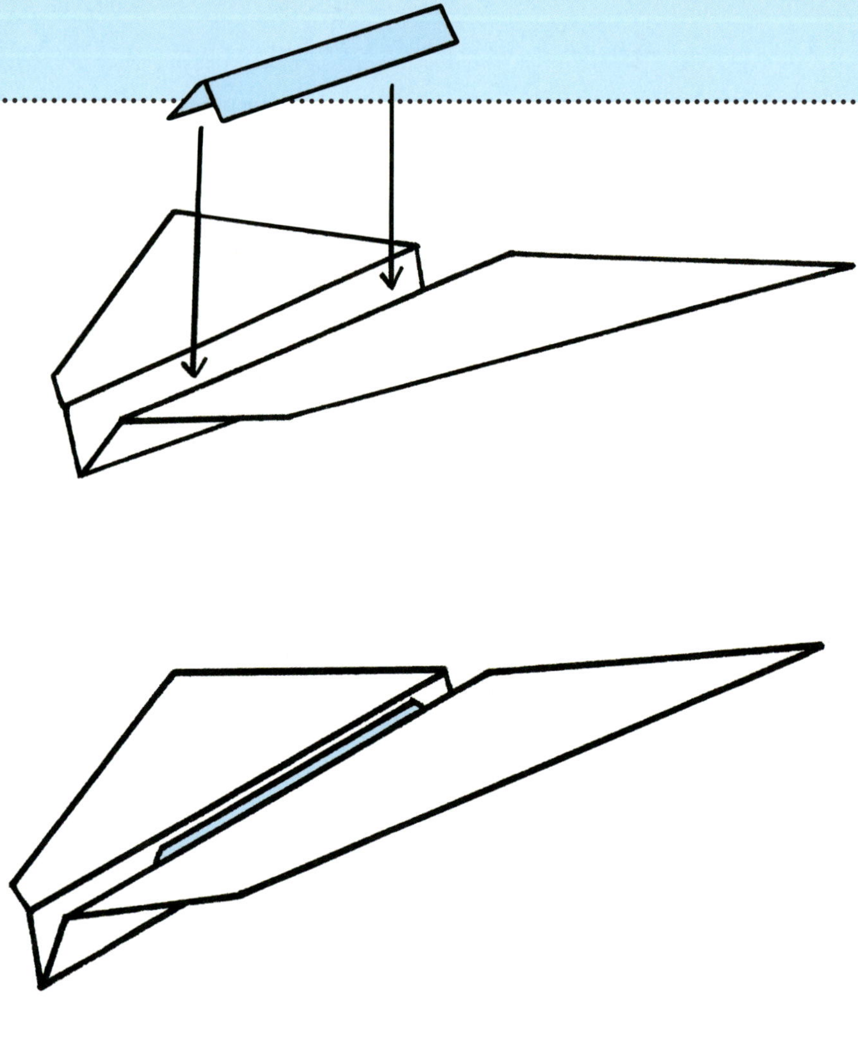

Tipp 5: Den Rumpf verschließen
Viele Profis verschließen den Rumpf ihres Fliegers, um das Modell schneller und wendiger zu machen. Am einfachsten geht das mit einem doppelseitigen Klebeband oder einem der Länge nach gefalteten Klebestreifen, die so im Rumpf plaziert werden, dass die Kanten der Flügel aneinander kleben (s. oben).

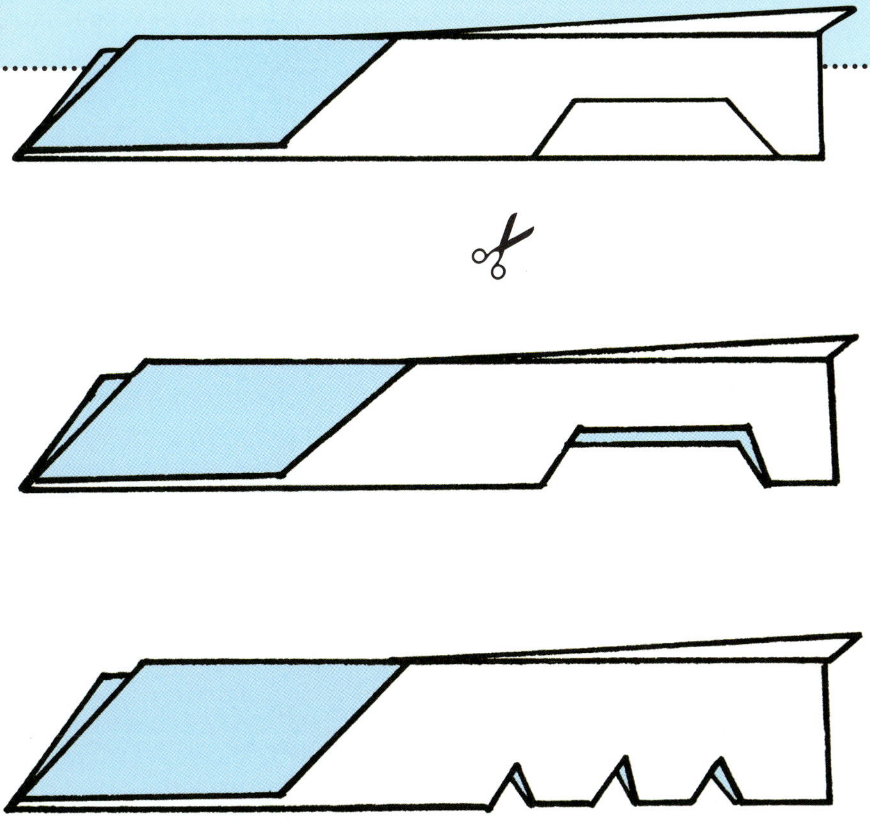

Tipp 6: Gewichtsverlagerung im Rumpf
Viele Flieger haben einen so langen Rumpf, dass sie eine nickende Flugbahn einnehmen. Schneidet man kleine Teile aus dem Rumpfende, so kann dieses Übergewicht reduziert werden. Um ein Modell auf diese Weise auszubalancieren, muss man aber mit längeren Versuchsreihen rechnen. Durch mehrere kleine ausgeschnittene Teile ist es leichter, sich an den optimalen Wert heranzutasten (s. oben).

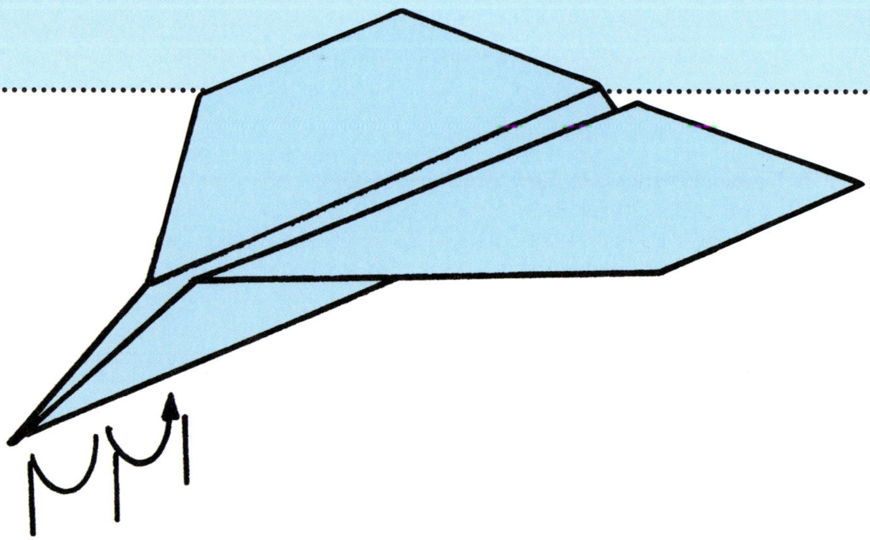

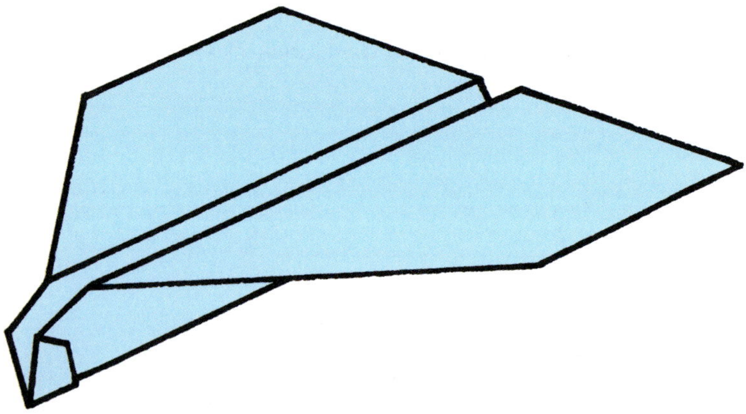

Um das Gewicht des Fliegers nach vorne zu verlagern, können Sie auch die Bugspitze nach unten oder oben einschlagen. Diese Falte wird auch als Bugfalte bezeichnet. Wenn dann immer noch zu wenig Gewicht im Vorderteil vorhanden ist, können Sie einen kleinen Ballastträger, zum Beispiel eine Büroklammer, anbringen. Auch in diesem Fall müssen Sie etwas probieren, bis Sie den idealen Befestigungspunkt ermittelt haben (s. oben)

Tipp 7: Veränderung des Tragflächenwinkels
Es ist ein weit verbreiteter Fehler, die Tragflächen beim Halten in der Hand horizontal stehen zu lassen, sodass Sie während des Fluges wie im folgenden Beispiel nach unten zeigen:

Wesentlich besser ist es für die Flugeigenschaften, wenn die Tragflächen während des Fluges zumindest eine waagerechte, wenn nicht sogar etwas nach oben gerichtete Position einnehmen. Damit wird verhindert, dass der Flieger rollt. Sie werden sehen: Schon bei kleinen Veränderungen des Tragflächenwinkels verändert sich die Flugleistung enorm.

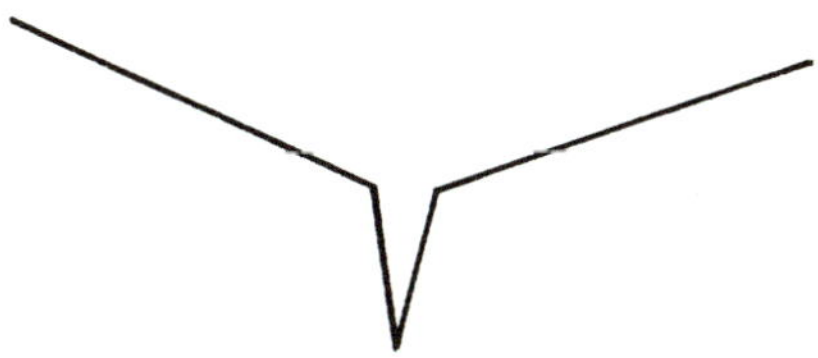

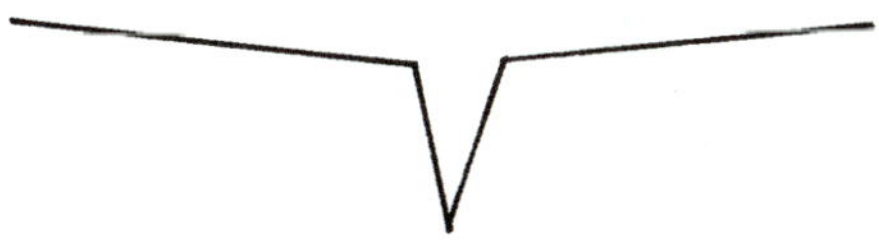

Tipp 8: Veränderung der Steuerruder
Zieht ein Flieger beim ersten Werfen nach links oder rechts, lässt sich das ändern, indem man das Seitenruder in die gewünschte Richtung knickt. Diesen Effekt kann man auch mit den Höhenrudern erzielen, wenn man sie gegenläufig ausrichtet.

Auch die Winglets können als Querruder zum Erreichen des Geradeflugs dienen. Man macht die Wingletkorrekturen immer paarweise, aber gegenläufig. Diese Korrekturen kippen das Flugzeug in die gewünschte Richtung, weil mit ihnen der Flügelauftrieb verändert wird. Wenn man dem Flieger beispielsweise einen Linksdrall verpassen möchte, so kann man das linke Querruder nach oben und das rechte nach unten knicken. Allgemein gilt

folgender Zusammenhang: Linker Winglet nach oben – Flieger zieht nach links. Linker Winglet nach unten – Flieger zieht nach rechts. Rechter Winglet nach oben – Flieger zieht nach rechts. Rechter Winglet nach unten – Flieger zieht nach links.

Mit den Höhenrudern kann man die Kopf- oder Schwanzlastigkeit eines Fliegers beeinflussen, indem man sie nach unten oder oben ausrichtet. Beim Trimmen ist außerdem zu beachten, dass Flügel mit großer Streckung auf Korrekturen sensibler reagieren als solche mit geringer Streckung. Ein pfeilförmiger Flieger benötigt ein stärker nach oben gebogenes Höhenruder als ein breitflügliger Gleiter.

Tipp 9: Bremsfalte
Für Kunstflieger kann es von Vorteil sein, wenn ihre Fluggeschwindigkeit durch eine Bremsfalte verringert wird. Diese erhält man, wenn man das Heck des Rumpfes nach innen falzt (s. unten).

Wenn keine der beschriebenen Methoden weiterhilft, sollten Sie es mit anderen Wurftechniken versuchen.

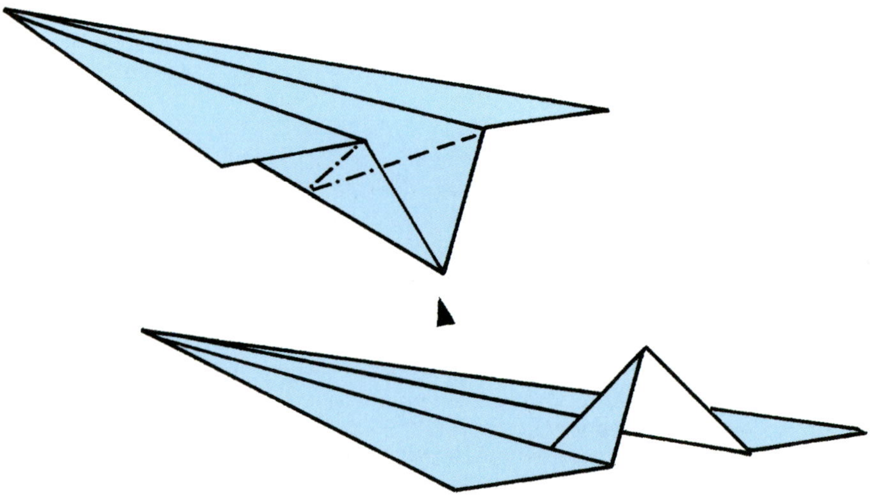

Wurftechniken

Von der Kunst des Loslassens

Selbst wenn Sie bis zum jetzigen Zeitpunkt Ihr Bestes gegeben haben, sollten Sie nicht verzweifeln, wenn Ihr Flieger gleich nach dem Abwurf zu Boden stürzt. Die große letzte Hürde, die Ihnen jetzt noch bevorsteht, ist der richtige Abwurf. Ein guter Flug kann erst dann gelingen, wenn auch der Wurf mit der richtigen Technik ausgeführt wird. Das angemessene Gefühl für die Flugeigenschaften verschiedener Fliegertypen gewinnt man mit der Zeit durch die Übung. Wenn Sie beim Abwurf nichts dem Zufall überlassen und immer wieder an Ihrer Technik feilen, werden Sie garantiert mit Erfolg belohnt werden.

Damit der Abwurf zu einer „runden Sache“ wird, muss die Wurfbewegung harmonisch ausgeführt werden. Dazu wird nicht wie im Dartspiel vor der Nase, sondern etwas seitlich stehend mit angewinkeltem Ellenbogen ausgeholt. Werfen Sie mit dem ganzen Arm und lassen Sie die Hand auf einer unsichtbaren Schiene gleiten. Nach dem Loslassen wird der Arm so weitergezogen, wie wir es von anderen Sportarten, beispielsweise dem Bogenschießen kennen. Greifen Sie nicht so fest zu, dass die Tragflächen verformt werden.

Die reinen Faltflieger werden etwas stärker geworfen, während die Wurfgleiter eher mit einer etwas weicheren Handbewegung in die Luft geschoben werden.

Werfen Sie einen Flieger mehrmals und halten Sie ihn dabei zum Vergleich an verschiedenen Stellen des Rumpfes. Zum Beispiel vorne, in der Mitte oder ganz hinten. Im Allgemeinen liegt die beste Griffposition beim Schwerpunkt – dem Punkt, an dem der Flieger in Ihrer Hand balanciert. Die meisten Flieger müssen mit mäßiger Geschwindigkeit geworfen werden, obwohl es immer nützlich ist, verschiedene Abwurfgeschwindigkeiten auszuprobieren, um herauszufinden, was man an welchem Modell unter „gemäßigt“ zu verstehen hat. Für jede Konstruktion gibt es eine ideale Startgeschwindigkeit und einen idealen Steigungswinkel. Die Startgeschwindigkeit wird durch die Art des verwendeten Materials und der Formgebung beschränkt. Wenn man den Flieger zu stark schleudert, verbiegen sich die Tragflächen und verlieren ihre Form. Das Modell hat keinen Auftrieb mehr, verliert

Stabilität und trudelt zu Boden. Wenn man den Flieger in einem zu steilen Winkel katapultiert, wird der Luftwiderstand so groß, dass er den Auftrieb überwindet. Die Konstruktion verliert seine Fluggeschwindigkeit und stürzt ab. Fängt ein getrimmter Flieger beim Flug stark zu nicken an, wurde er entweder mit zu hoher Geschwindigkeit oder einem zu steilen Winkel gestartet.

Bei einem idealen Gleitflug sollte sich der Flieger vom Start bis zur Landung in der gleichen Fluglage befinden. Normalerweise strebt man für diese Flugbahn den kleinstmöglichen Gleitwinkel an. Dieser Winkel ist das Maß, mit welchem erreichbare Distanzen beschrieben werden. Er wird immer als Proportion der Abwurfhöhe zu der erreichbaren Distanz angegeben, wie zum Beispiel 1:10.

Wenn die Flugbahn einmal etwas durchhängt, ergibt das eine schöne Landung. Am besten wirft man seinen Papierflieger mit einem Winkel von etwa 11 Grad nach unten, dann gleichen sich Schwerkraft und Luftwiderstand so aus, dass das Flugzeug nicht allzu stark abgebremst wird.

Aerobatik

Wer sich eine gewisse Fertigkeit im Falten, Trimmen und Werfen von Papierfliegern angeeignet hat, kann sich, falls er es nicht schon die ganze Zeit über versehentlich getan hat, auch an verblüffende Flugmanöver heranwagen. Kunstfliegen, auch Aerobatik genannt, erfordert spezielle Einstellungen und Wurftechniken.

Kurven
Verstellt man die Höhenruder wechselseitig, biegt also eine Trimmklappe nach oben und die andere nach unten, kann der Flieger Kurven fliegen. Die Kurven werden umso enger, je größer die Klappen sind. Stellt man die Höhen- oder Seitenruder nach links ein und winkelt den Flieger beim Abwurf nach rechts ab, fliegt er S-Kurven.

Kreise
Als Rechtshänder werfen Sie den Flieger mit etwas erhöhtem Schwung und einer Rechtsneigung von etwa 45 Grad leicht nach oben. Wenn Sie zusätz-

lich die Höhenruder nach oben stellen, können Sie den Flieger mit selber Neigung auch geradeaus von sich werfen. Wie bei einem Bumerang kommt der Flieger wieder zu Ihnen zurück. So können Sie den Flieger immer wieder neu starten, ohne sich von der Stelle zu bewegen. Besonders spannend kann es sein, wenn der Flieger von einer Windböe nach oben getragen wird. Wählen Sie dafür ein Modell mit größeren Tragflächen, damit sich der Aufwind besser auswirken kann. Mit etwas Glück steigt der Flieger gegen die Windrichtung und gewinnt schnell an Höhe.

Loopings
Hier ist die Flugbahn ebenfalls kreisförmig, aber vertikal. Für Loopings brauchen Sie also entsprechend Luftraum in der Höhe. Besonders gut gelingen Loopings bei Flugzeugen mit großen Flügelspannweiten. Die Tragflächen sollten so eingestellt sein, dass sie sich in der Flugphase auf einer horizontalen Linie befinden. Eine Möglichkeit besteht darin, den Flieger mit stark angestellten Höhenrudern sanft senkrecht nach oben zu werfen. Mit etwas Übung sollte er dann nach etwa einem Meter stoppen, sich rückwärts überschlagen und nach einem Sturzflug kurz vor dem Boden hochziehen.

Oder Sie werfen den Flieger mit gleichfalls aufgeklappten Höhenrudern kräftig mit einer runden Armbewegung in einem Winkel von etwa 60 Grad nach oben. Noch leichter fällt es Ihnen, wenn Sie das Modell mit zusätzlichen Höhenleitwerken an den Winglets ausstatten.

Wem wird da nicht schwindlig? Der Rekord im Dauerloopingfliegen für echte Flugzeuge liegt bei 2368 Loopings. Er wurde 1986 von David Childs in einer Belanca Decathlon aufgestellt.

Sturzflüge
Lassen Sie Ihren Flieger senkrecht nach unten fallen. Wenn er richtig konstruiert und getrimmt ist, korrigiert er seine Flugbahn, bevor er auf dem Boden auftrifft, und fliegt horizontal weiter. Man braucht für diese Figur auf jeden Fall ein Modell mit Höhenruder.

Männchen
Das „Männchen“ ist eine Variation des Sturzfluges. Lassen Sie Ihren Flieger rückwärts, also mit der Bugspitze nach oben aus großer Höhe zu Boden fallen. Er wird sich vertikal drehen, um dann mit dem Bug voraus zu einem Sturzflug ansetzen, bei dem er sich selbst wieder abfängt, um dann auch horizontal weiterzufliegen.

Weitstrecken
Der Abwurf senkrecht nach oben kann unvorhersehbare Resultate nach sich ziehen. Am besten führt man ihn kraftvoll und mit Schwung aus. Ziel ist es, den Flieger so hoch wie möglich zu schleudern, was natürlich eine hohe Halle oder einen windstillen Tag im Freien voraussetzt. Wenn der Abwurf gut gelingt, setzt diese Technik neue Bestmarken für Flugdauer und -strecke. Ken Blackburn erzielte auf diese Weise einen Eintrag in das Guiness-Buch der Rekorde, als er am 29. November 1983 einen Flieger für 16,89 Sekunden in einer Basketballhalle zum Segeln brachte. Er hatte sich ein Jahr durch intensives Gewichtheben und einen Kurs über Biomechanik auf diesen Wurf vorbereitet! Für seine Wurftechnik kombinierte er Techniken, wie man sie beim Baseball und Kugelstoßen anwendet. Seiner Erfahrung nach wird für einen Flugzeitrekord mindestens eine Höhe von 15 Meter benötigt, die man nur dann erreicht, wenn man den Flieger mit einer Geschwindigkeit von etwa 90 Stundenkilometer senkrecht in die Luft wirft.

Wenn es aber um Weitstrecken geht, sind einem Papierflieger in freier Umgebung unter besonders günstigen thermischen Bedingungen kaum Grenzen gesetzt. Diese entstehen an besonders warmen Tagen über stark erhitzten Flächen. Ein Mr. William Pain aus der New Yorker Baubehörde teilte in einem Begleitbrief an die Redaktion des *Scientific American* in jenem spektakulären Jahr 1966 mit, dass er ein einfaches Dreieck vom 31. Stock des Time-Life-Gebäudes geworfen habe und dieses eine Stunde und 33 Minuten geflogen sei, ehe es sich noch weiter in die Lüfte erhob und verschwand. Ist das nicht eine Herausforderung?

Vom Wurf zum Entwurf

Die Physiognomie des Lebens

Wenn Sie sich näher mit Papierfliegern auseinander setzen, kann es leicht passieren, dass Ihnen ganz plötzlich und spontan eigene Ideen und Entwürfe in den Sinn kommen. Zögern Sie nicht, sie umzusetzen und lassen Sie Ihrer Kreativität einen freien Lauf. Vielleicht kombinieren Sie Elemente verschiedener Flieger oder versuchen absichtlich das Gegenteil von dem, was vorgeschlagen wird. Nichts kann eigene Erfahrung ersetzen.

Die ersten Faltungen ähneln sehr häufig der Eröffnung in einem Schachspiel. Beim Schach gibt es nur wenige sinnvolle Eröffnungszüge. Schon nach den ersten Zügen vervielfacht sich die Zahl der möglichen Positionen mit jedem nachfolgenden Zug bis ins Unermessliche. Ebenso verhält es sich mit dem Falten von Papier. Aber selbst für die Position des ersten, alles entscheidenden Falzes, der die Symmetrieachse festlegt, stehen erstaunlich viele Möglichkeiten zur Wahl. Hier sind einige Vorschläge:

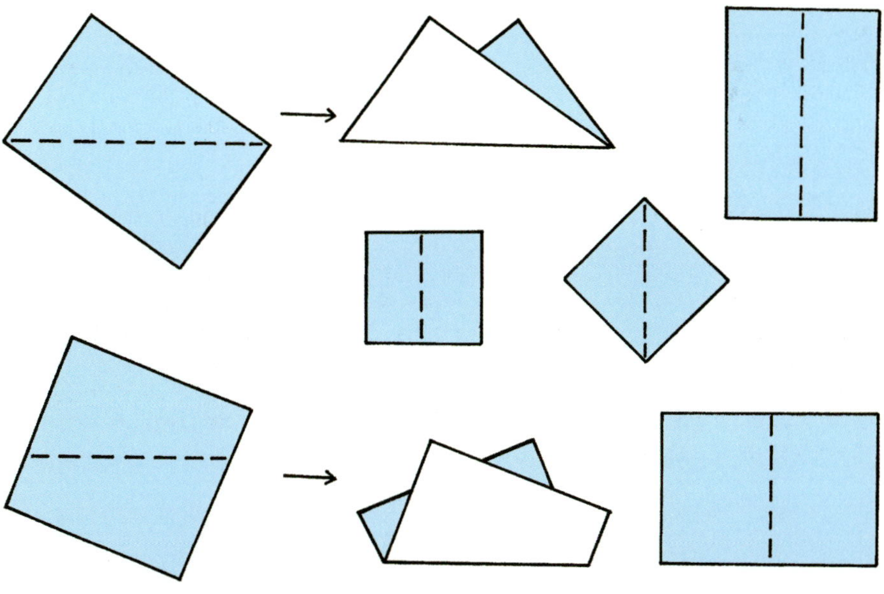

Jeder Papierflieger gleich welcher Bauart sollte vorne schwerer sein als hinten, damit er in der Luft ausreichend Schwung erhält. Denken Sie also bei der Planung daran, die Lagen vorne zu verdichten. Vergessen Sie aber nicht, dass Ausgewogenheit das Maß aller guten Flüge ist. Eine kleine Diskrepanz zwischen Schwer- und Auftriebsmittelpunkt lässt sich zwar durch Trimmen reduzieren, so trägt dies aber auch zu einem erhöhten Luftwiderstand bei. Probieren Sie Ihre Modelle auch mit unterschiedlichen Tragflächentypen aus. Deltaflügel ergeben meist eine kleine Spannweite und führen so zu einer größeren Fluggeschwindigkeit. Rechteckige oder elliptische Flügel eignen sich für lange und stabile Flüge am besten, weil beim Vorbeistreifen der Luft nur wenig Verwirbelungen entstehen. Diese Tragflächentypen sollten aber zusätzlich mit Höhen- und Seitenleitwerken ausgestattet werden. Rundflügel machen das Flugzeug schwerer. Die Luftströmung an der Oberfläche wird verzögert.

Verschiedene Tragflächenformen ergeben erstaunliche Unterschiede in den Flugleistungen eines Papierfliegers. Probieren Sie zum Vergleich die folgenden Variationen an einem gewöhnlichen Papierpfeil aus:

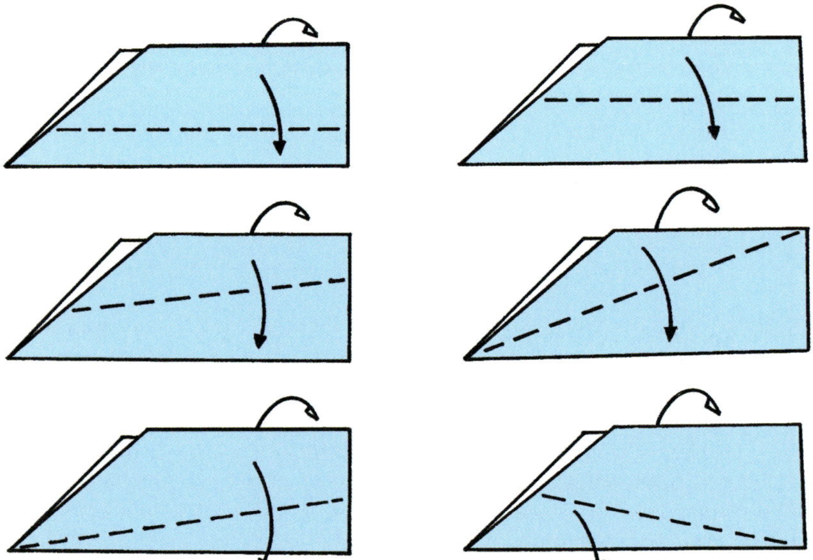

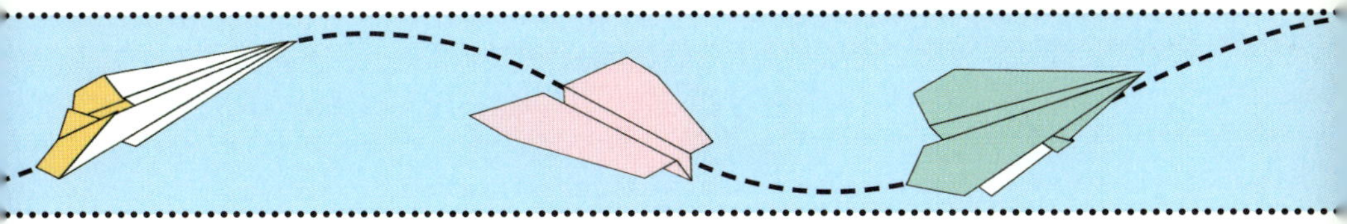

Manchmal lässt sich mehr Stabilität und Auftrieb durch weitere Faltungen an den Flügeln erzeugen. Experimentieren Sie auch mit den folgenden, von vorne dargestellten Formen.

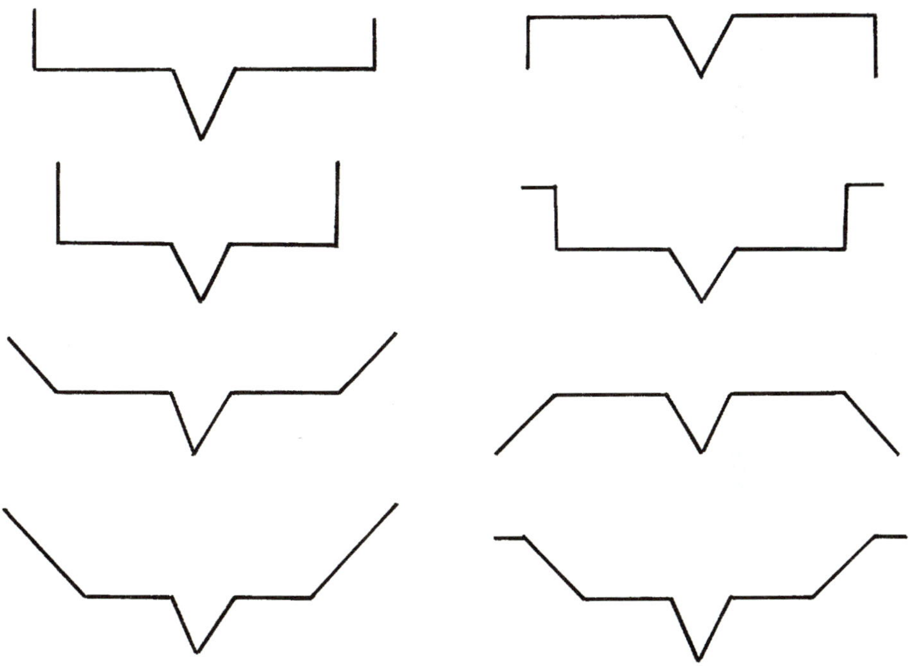

Wer außergewöhnliche Flugapparate konstruieren möchte, der findet seine Vorbilder auch im Pflanzenreich. Dort gibt es den „passiven" Flug von Samen, Früchten, Pollen und Sporen, deren Bewegungen durch den Wind oder durch einen Schleudermechanismus verursacht wird. Diese Blasen-, Scheiben-, Scheibendreh-, Segel-, Schrauben-, Drehwalzen-, Haar-, Federschweif- oder Schleuderflieger beeinflussten viele moderne technische Konstruktionen. Zum Beispiel das Samenkorn der Zanoia macrocarpa mit seinen idealen Gleitflugeigenschaften.

Die Luftflotte

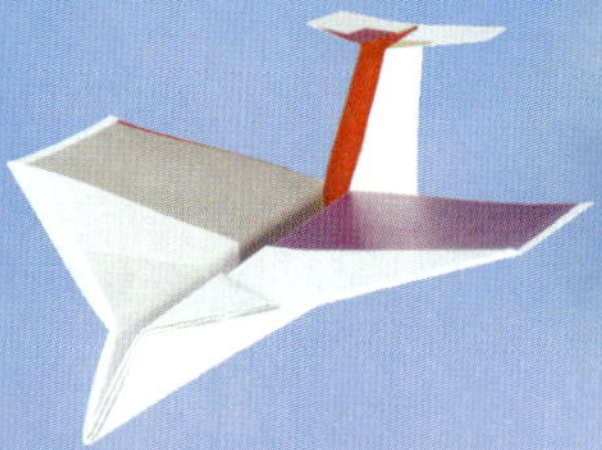

Überblick:
Jeder Papierflieger hat durch seine Konstruktion unterschiedliche Flugeigenschaften. Deshalb finden Sie in diesem Buch zu jedem Flieger Tipps zu Flugeigenschaft und Wurftechnik. Hier sehen Sie die gesamte Luftflotte im Überblick.

Es gt ein

Number One

Wurftechnik:
Stellen Sie die Tragflächen senkrecht zum Rumpf. Halten Sie den Flieger im vorderen Bereich. Beginnen Sie den Abwurf mit wenig Schwung und mit einer leichten Neigung nach unten.

Number One

Faltbeginn: Die farbige Seite liegt hinten
Papierformat: DIN A4, 60–80 g/m²

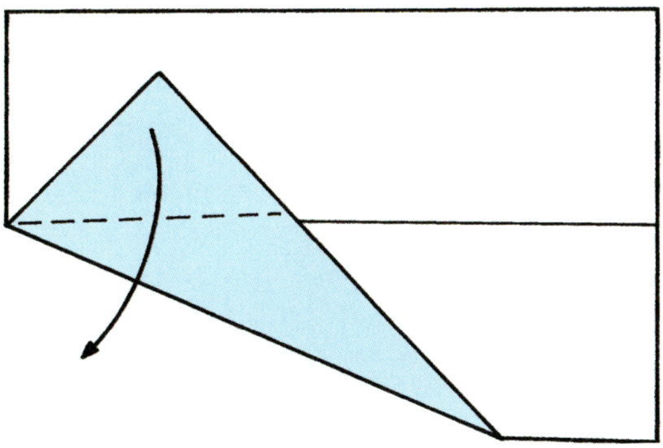

1

Finden der Mittellinie durch teilfalten und wieder entfalten. Die untere Ecke über die waagerechte Mittellinie talfalten. Oberhalb der Mittellinie entsteht ein Dreieck mit gleichen seitlichen Kantenlängen. Diese nach unten falten.

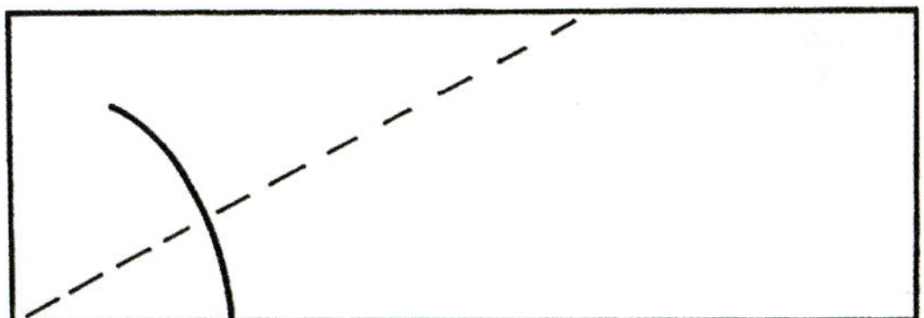

2

Die obere linke Ecke talfalten auf die linke Ecke unten.

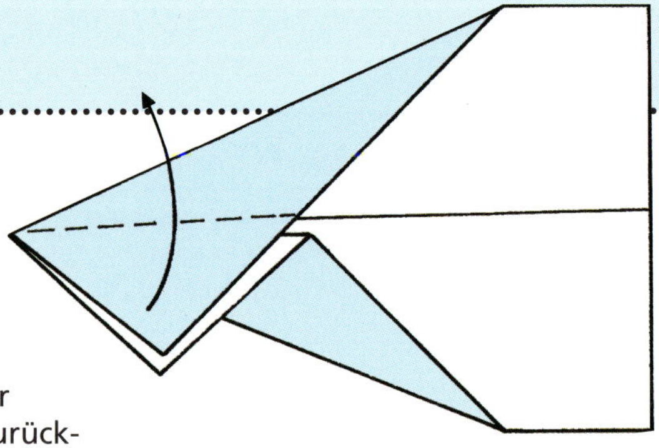

3

Das Dreieck der
oberen Lage zurück-
falten.

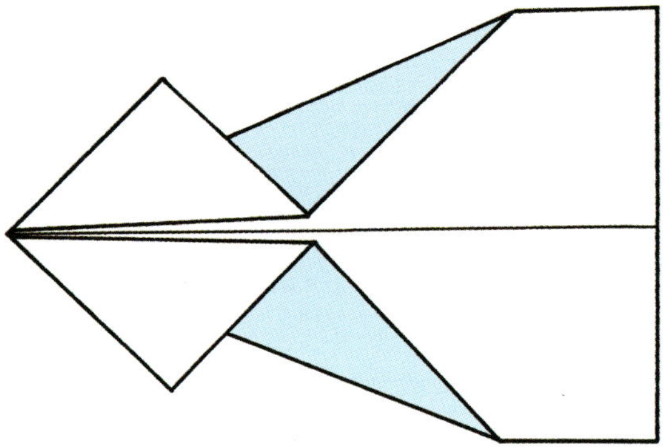

4

Die Form sieht
jetzt so aus. Gut
flach drücken.

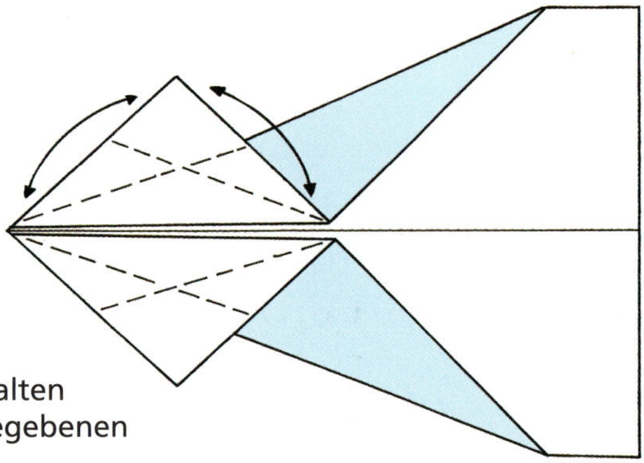

5

Diagonale talfalten
in beiden angegebenen
Bereichen.

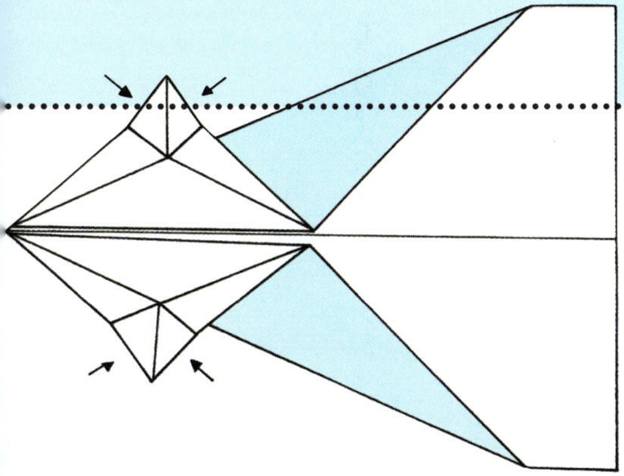

6

Zwischen Daumen und Zeigefinger auf beiden Seiten ein kleines Dreieck bilden.

7

Durch Bergfalten im angegebenem Bereich vorläufige Spitze nach hinten falten und gut flach drücken.

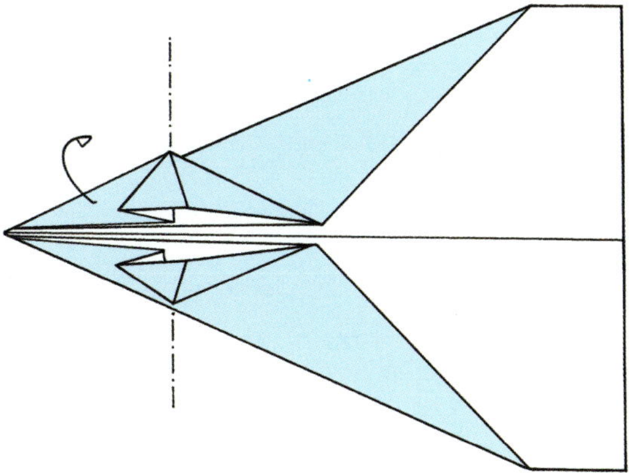

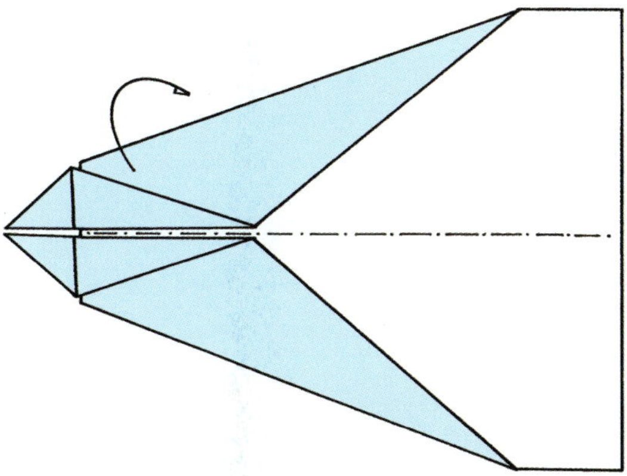

8

Den Flieger nach hinten hin zusammenfalten.

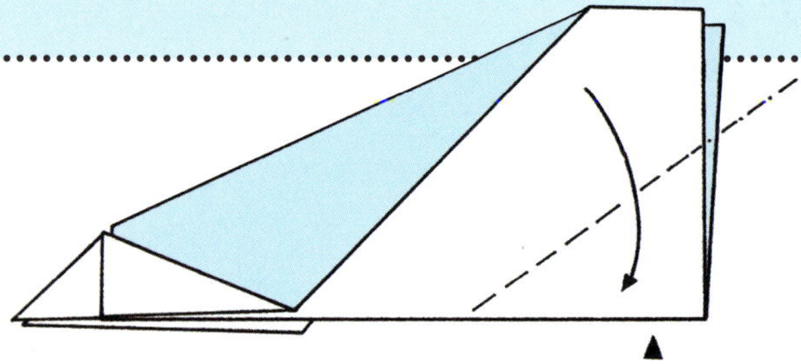

9

Talfalten im angegebenen Bereich. Das Dreieck versenken.

10

Obere Kante an die untere Kante talfalten, mit der anderen Talfalte wiederholen.

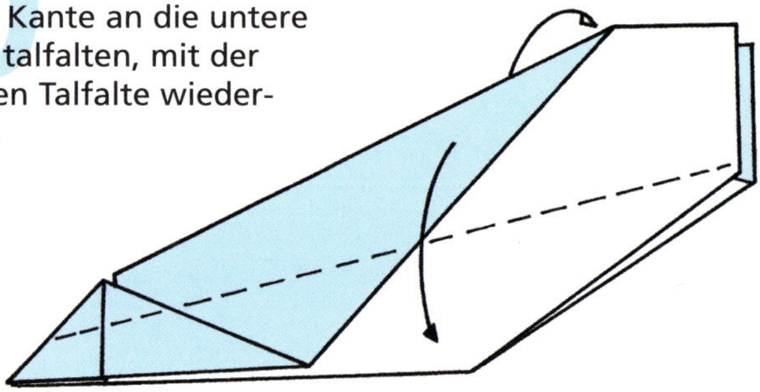

11

Jetzt kann der Präsidentenflieger starten.

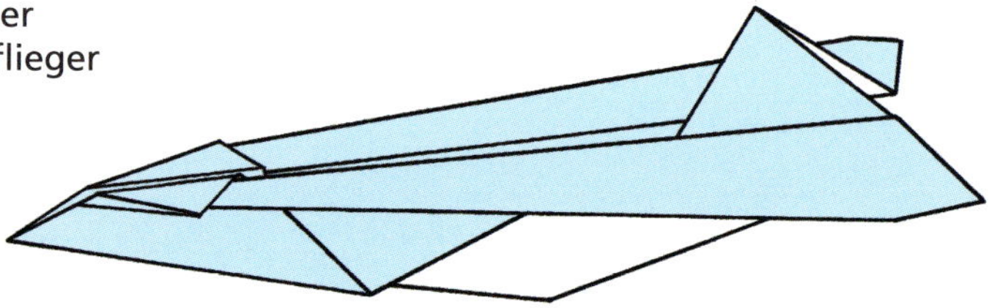

Tipp:
Nur exaktes Falten garantiert später perfekte Flugeigenschaften. Auch ein bisschen Übung gehört dazu.

WINGS

Wurftechnik:
Den Flieger behutsam parallel zum Boden abwerfen. Dem Flieger nicht zu viel Schwung geben, da sich sonst die Falze öffnen können. Ein idealer Segler und Kurvenflieger.

WINGS

Faltbeginn: Die farbige Seite liegt hinten
Papierformat: DIN A4, 60–80 g/m²

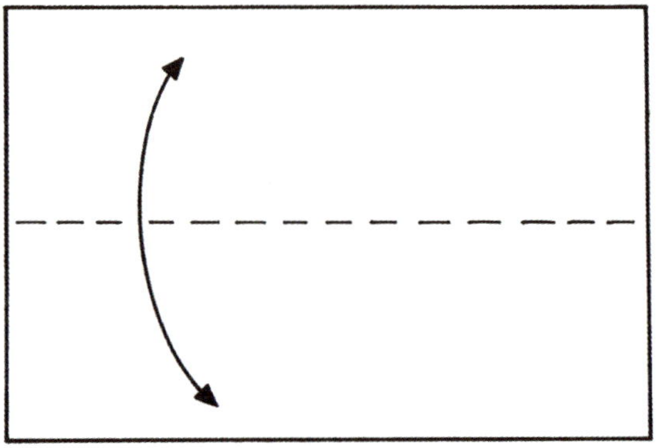

1 Durch Talfalten im angegebenen Bereich die Mittellinie finden.

2 Die linke obere Ecke an Punkt A auf der Mittellinie falten und dann wieder entfalten.

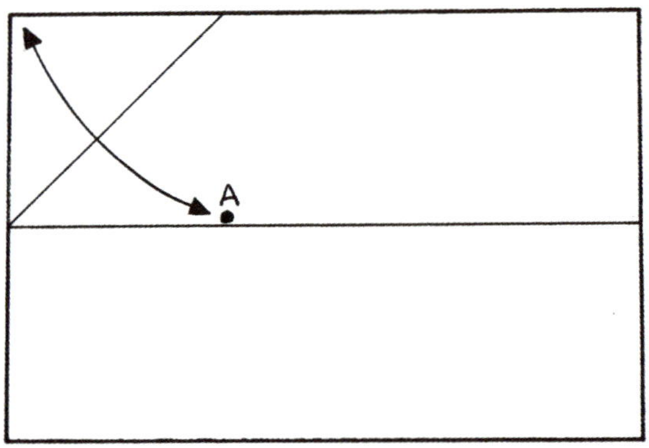

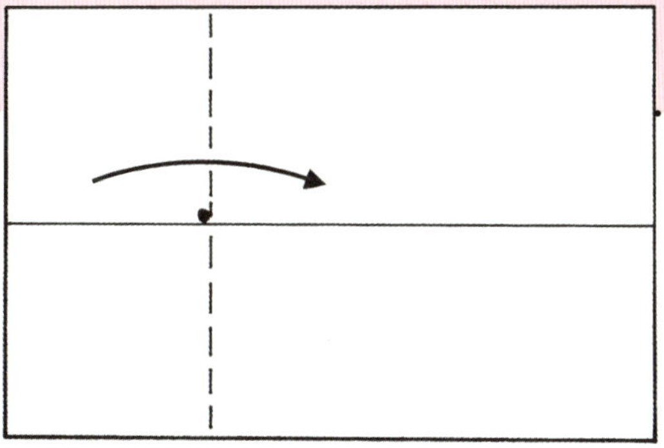

3 Linke seitliche Kante durch Punkt A nach rechts talfalten.

4 Die linke und rechte Ecke mit den Spitzen an die Mittellinie talfalten.

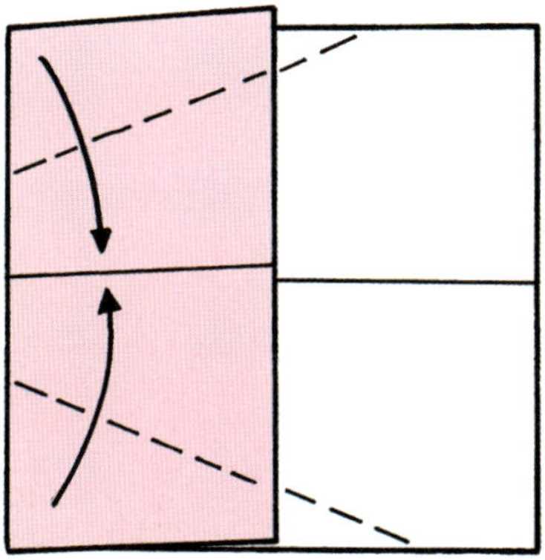

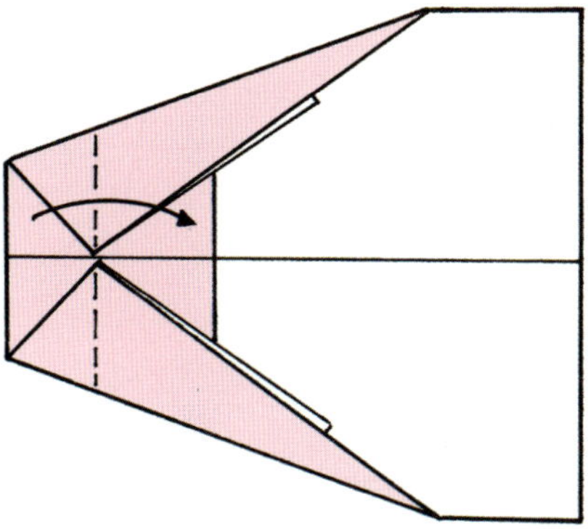

5 Die vordere senkrechte Kante durch die Spitzen der beiden Dreiecke zur Mitte hin falten.

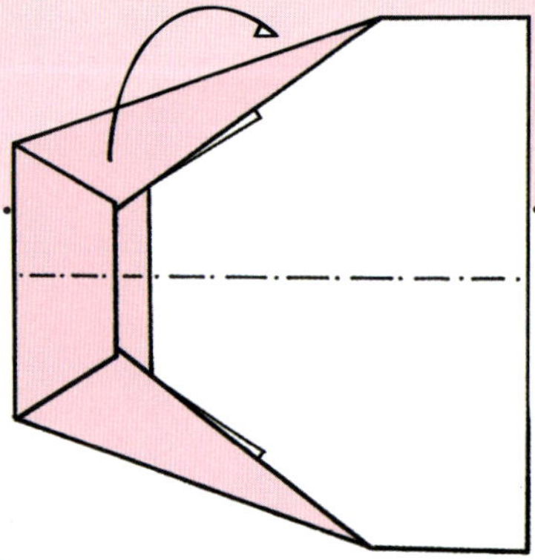

6

Die Konstruktion durch die Mittellinie nach hinten hin zusammenfalten und gut zusammendrücken.

Tipp:
Achten Sie darauf, dass Rumpf und Tragflächen einen 90-Grad-Winkel bilden. Exaktes Falten erhöht die Flugeigenschaften.

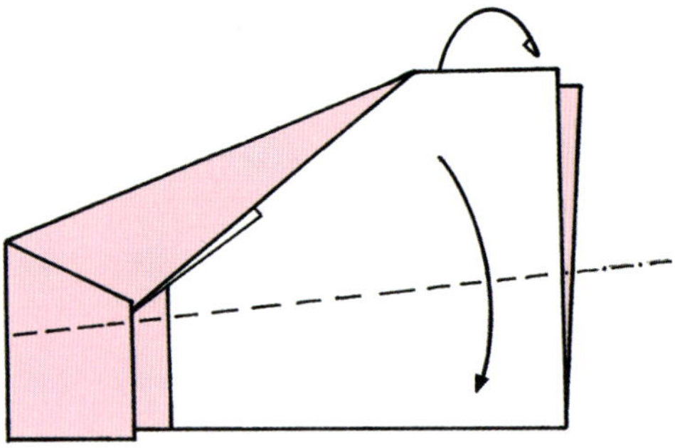

7

Die Tragflächen in angegebener Richtung nach unten falten.

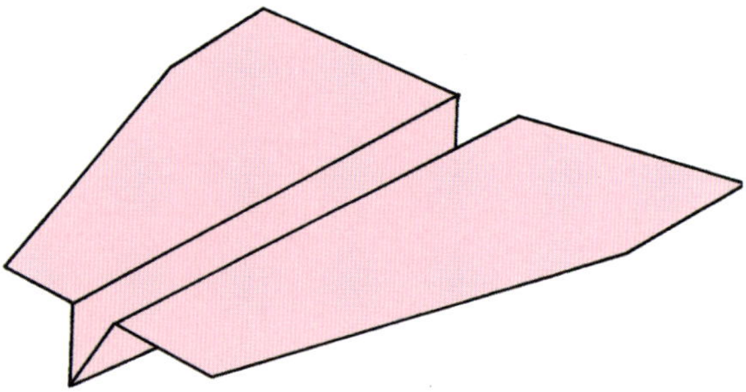

8

Der Flieger kann nun an den Start gehen.

Osiris

Wurftechnik:
Kräftig nach vorne geworfen legt er mit großer Geschwindigkeit große Strecken zurück. Steil hochgeworfen fliegt er im Bogen zum Punkt zurück.

Osiris

Faltbeginn: Die farbige Seite liegt vorn
Papierformat: DIN A4, 60–80 g/m²

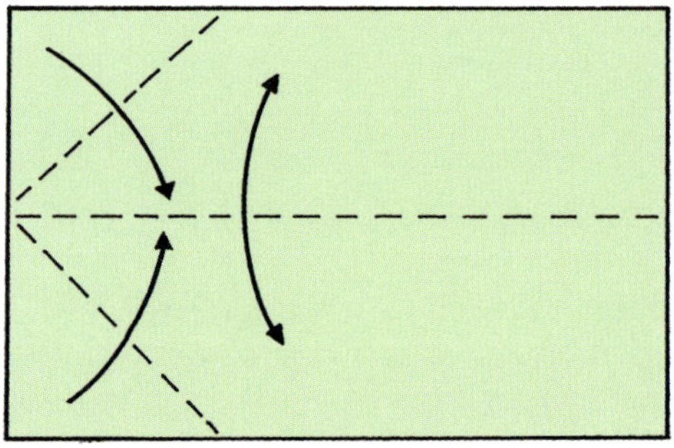

1

Obere Kante an die untere Kante falten und entfalten. Obere und untere Ecke zur gefundenen Mittellinie bringen.

2

Die Konstruktion sieht jetzt so aus.
Die Figur wenden.

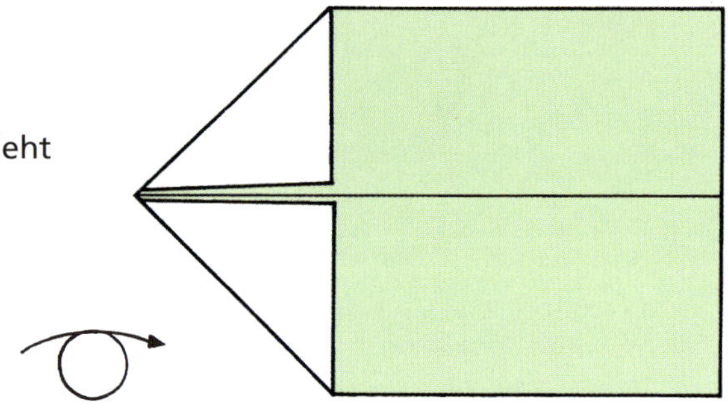

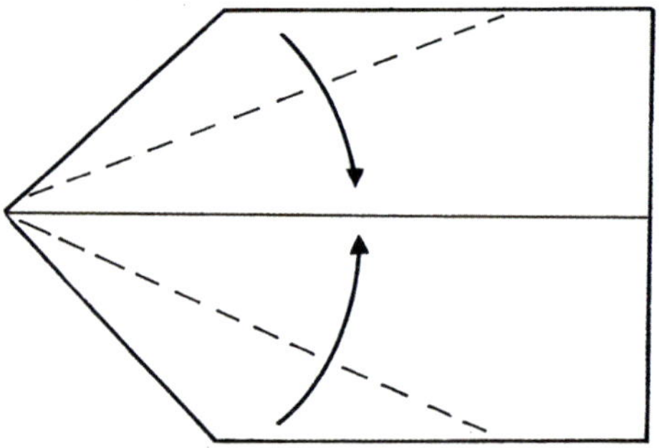

3

Talfalten im angegebenen Bereich. Dabei die unten liegenden Dreiecke nach oben bringen.

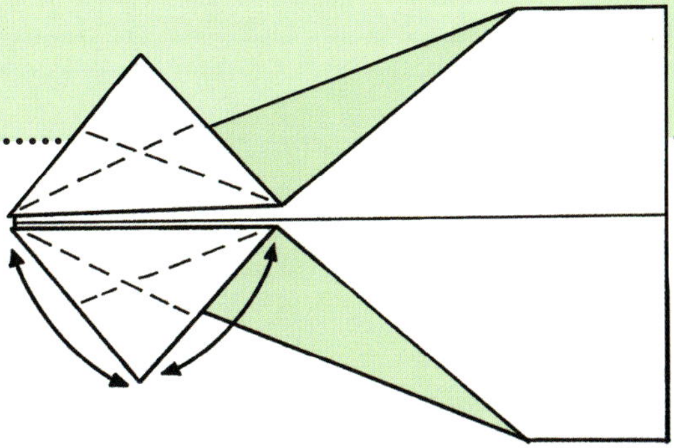

4 Diagonale Talfalten im angegebenen Bereich falten und entfalten. Auch mit dem zweiten Dreieck.

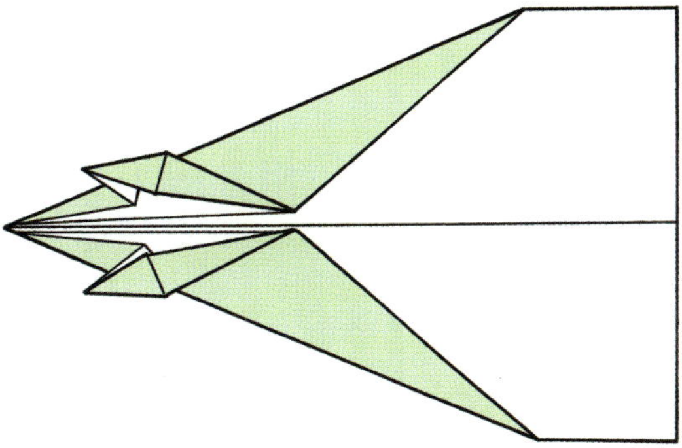

5 Zwischen Daumen und Zeigefinger die vorgefalteten Falten in der Mitte zusammendrücken und zur Mittellinie bringen.

6 Vorfalten im angegebenen Bereich mit beiden kleinen Dreiecken. Falten und entfalten.

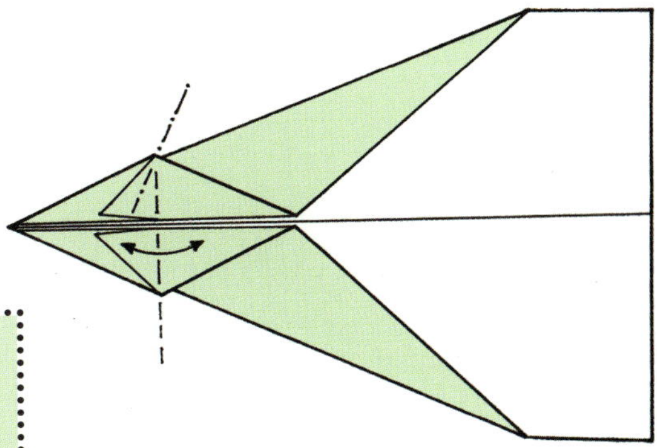

Tipp:
Der Flieger erreicht eine hohe Geschwindigkeit und Weite. Er muss kräftig und leicht nach unten abgeworfen werden. Längere Falten immer am Lineal entlang mit dem Falzbein vorrillen.

7 Die kleinen Dreiecke nach oben stellen und flach drücken. Es entstehen zwei Tüten. Davon eine Spitze nach innen falten. Die gegenüberliegende Spitze hineinstecken. Exakte Talfalte im mittleren Bereich.

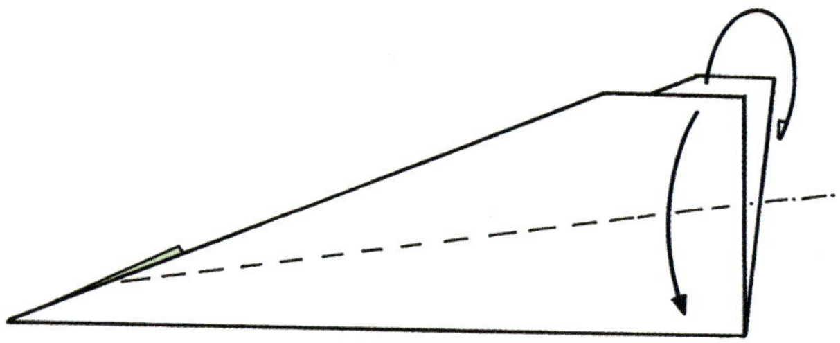

8 Talfalte im angegebenen Bereich. Die Falte sollte nicht genau in der Spitze auslaufen. Auch die hintere Tragfläche falten. Dann die Kanzel sorgfältig über die Tragflächen bringen.

9 Der Flieger kann jetzt abheben!

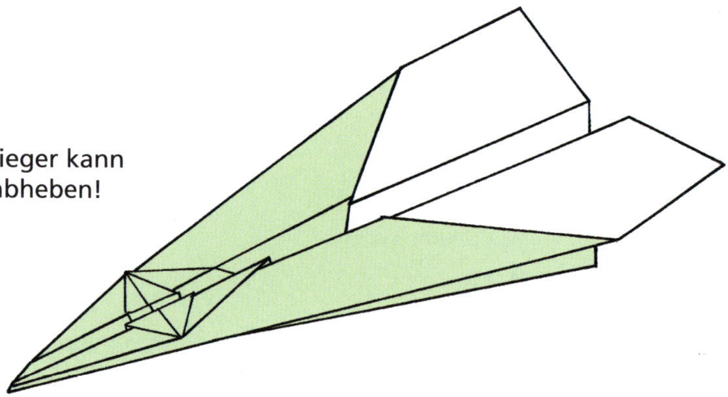

MIRAKULIX

Wurftechnik:
Kraftvoll nach vorne geworfen erreicht der Flieger sein Ziel.

MIRAKULIX

Faltbeginn: Die farbige Seite liegt hinten
Papierformat: DIN A4, 60–80 g/m²

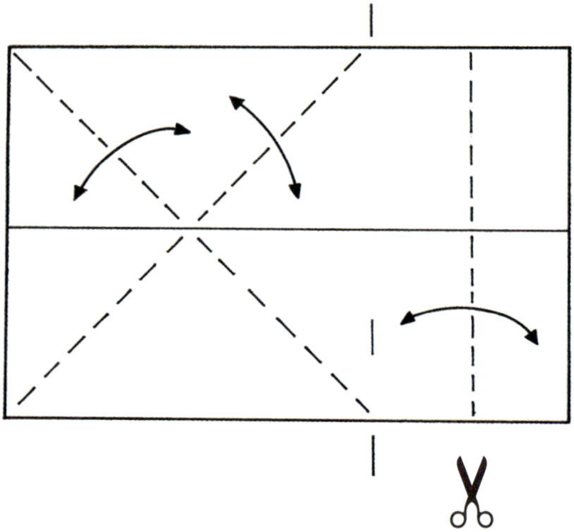

1 Finden der Mittellinie durch Falten und Entfalten. Im vorderen Bereich diagonale Talfalten. Falten und entfalten. Noch bis zur Makierung Talfalten und wieder entfalten. Den Streifen abtrennen für den Schwanz.

2 Eine Bergfalte nach hinten falten und wieder enfalten. Den entstandenen Mittelpunkt nach unten drücken. Das Dreieck zusammenschieben.

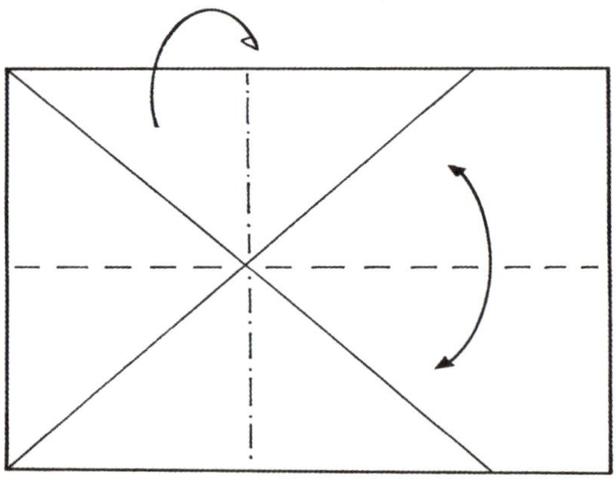

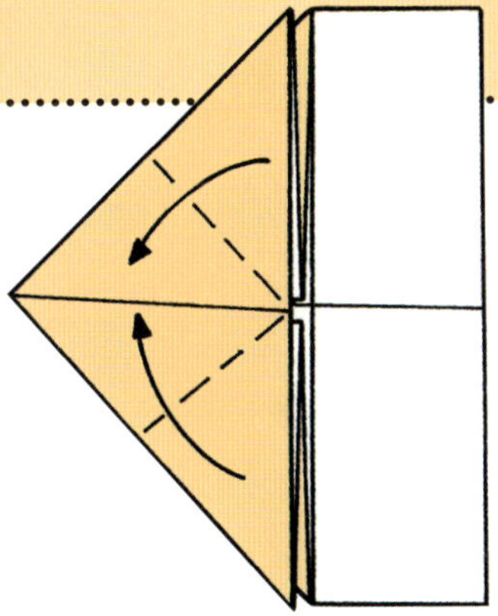

3 Seitliche Spitzen der oberen Lage nach vorne bringen.

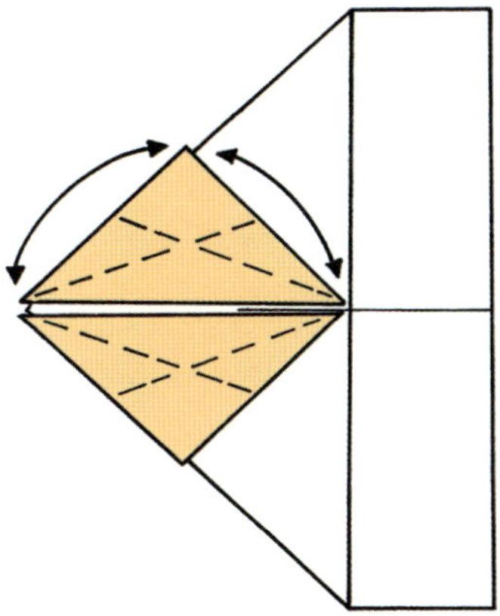

4 Diagonale Talfalten in beiden angegebenen Bereichen.

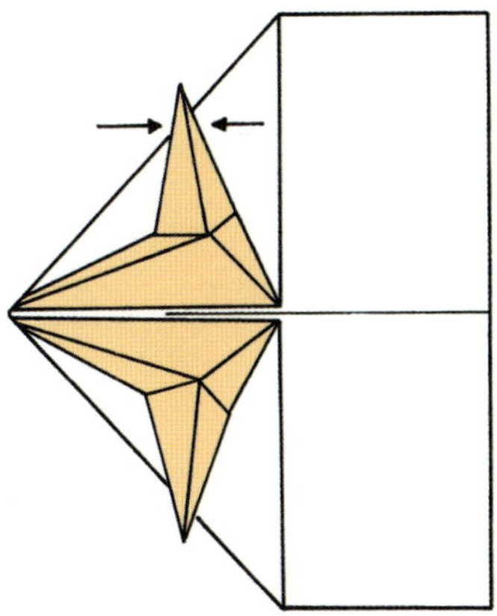

5 Zwischen Daumen und Zeigefinger auf beiden Seiten ein kleines Dreieck bilden.

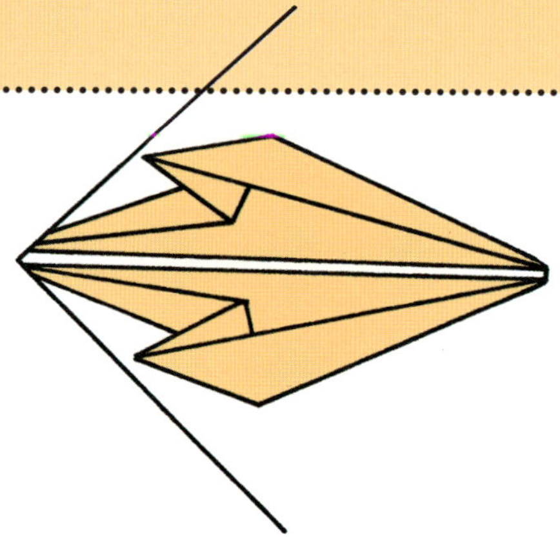

6

Detailzeichnung
Beide kleinen Dreiecke zur Spitze hin falten.

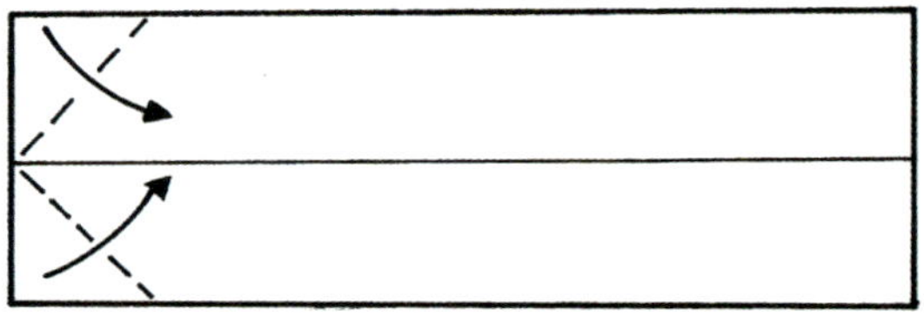

7

Den kleinen Streifen, in der Mitte talfalten und entfalten. Vorne noch zwei kleine Dreiecke falten.

8

Den Streifen vorne in die Spitze stecken. Eine Bergfalte im angegebenen Bereich. Gut zusammendrücken.

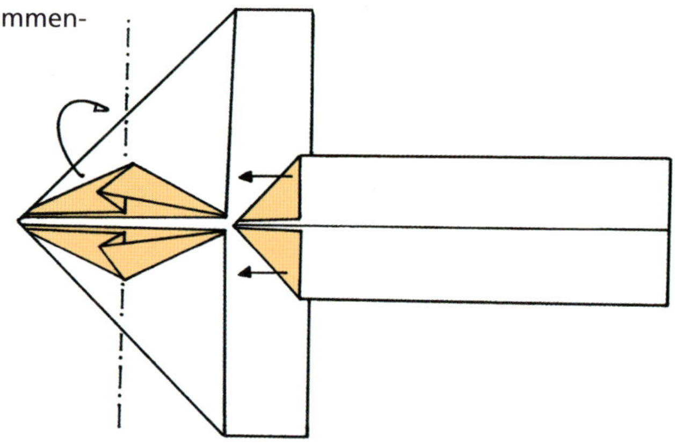

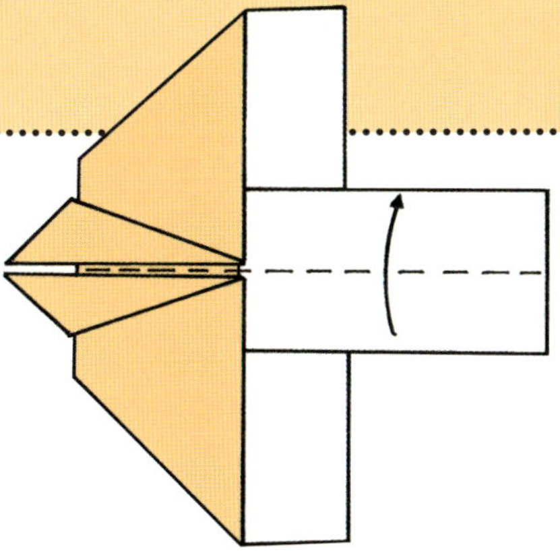

9

Den Flieger nun durch Talfalten zusammendrücken.

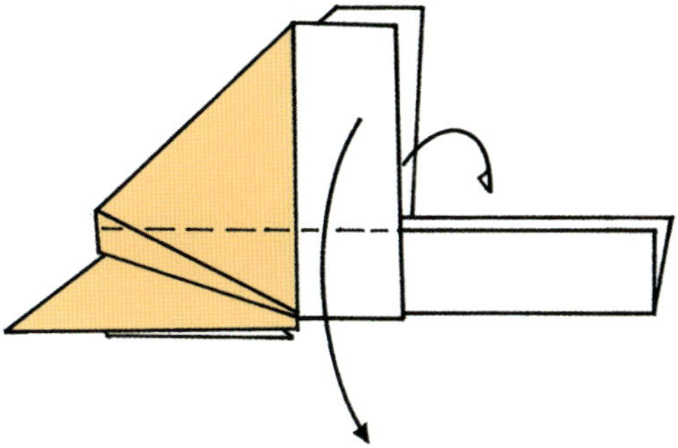

10

Die Flügel wie abgebildet nach unten talfalten.

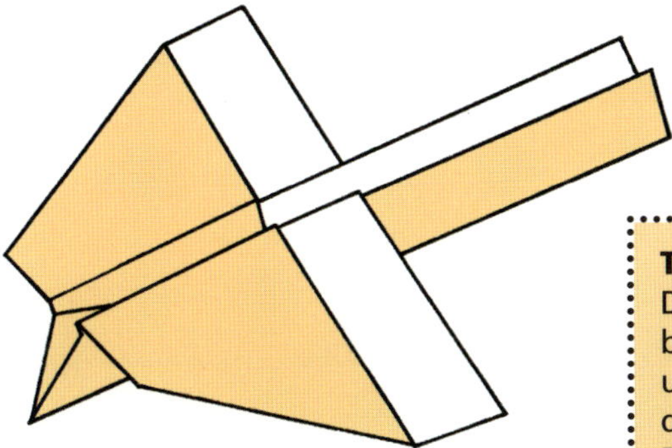

11

Der Flieger ist nun start klar!

Der Flieger auf dem Foto ist aus doppelseitig bedrucktem Papier gefaltet.

Tipp:
Die Konstruktion gut von beiden Seiten nacharbeiten und mit dem Falzbein flachdrücken. Unterschiedliche Papierbreiten beim Schwanz verändern die Flugtauglichkeit. Das ist der Flieger, der vielen bekannt ist. Der Maler Paul Klee hat ihn in einige seiner Werke einbezogen. Die Schwalbe weckt bei uns Kindheitsträume.

Galaxis

Wurftechnik:
Ein optisch interessanter Flieger. Er muss kräftig und leicht nach unten abgeworfen werden.

GALAXIS

Faltbeginn: Die farbige Seite liegt hinten
Papierformat: DIN A4, 60–80 g/m²

1

Ein Quadrat aus einem DIN-Format herstellen. Finden der Mittellinie.

Die vordere Kante im angegebenen Bereich zur Mitte hin falten. Den entstandenen Rand mit dem Falzbein auf beiden Seiten gut flach drücken.

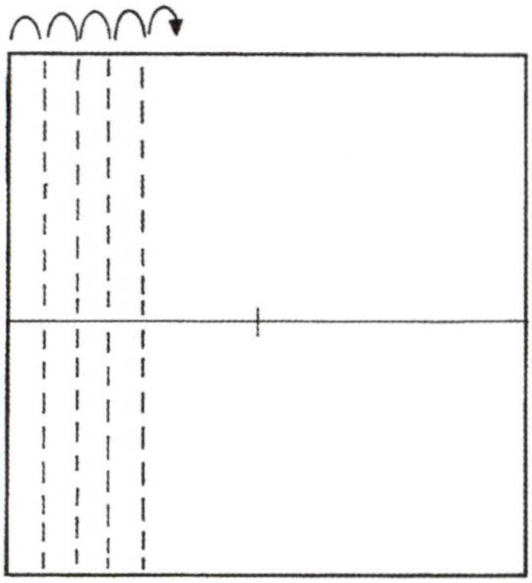

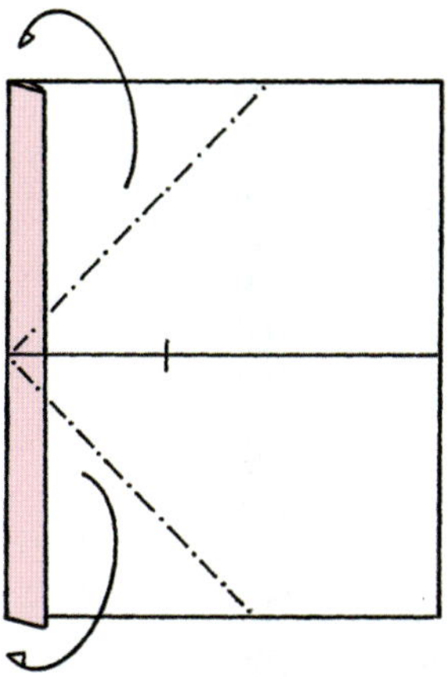

2

Beide vorderen Ecken nach hinten hin an die Mittellinie bergfalten.

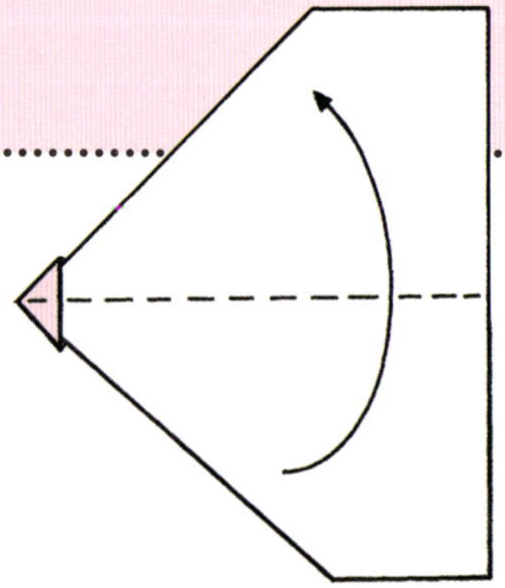

3

Der Flieger sieht jetzt so aus. Durch Talfalten Tragfläche auf Tragfläche bringen.

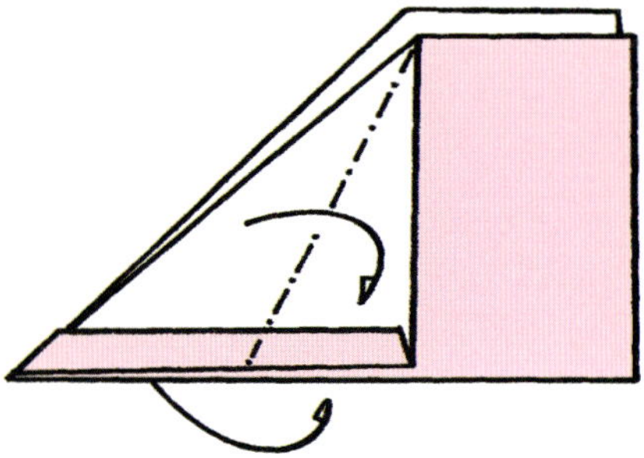

4

Bergfalten im angegebenen Bereich.

5

Erneutes Talfalten im angegebenen Bereich.

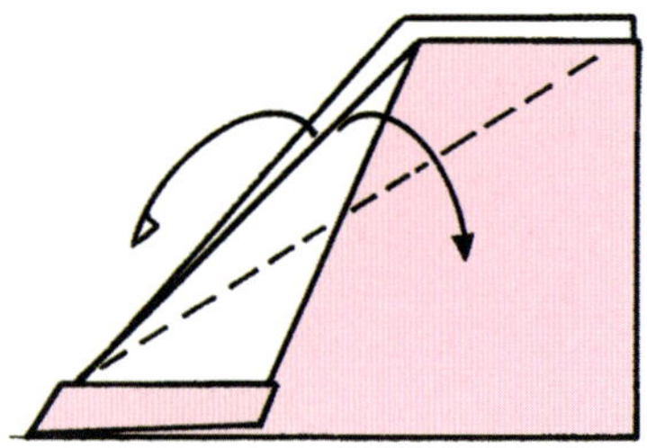

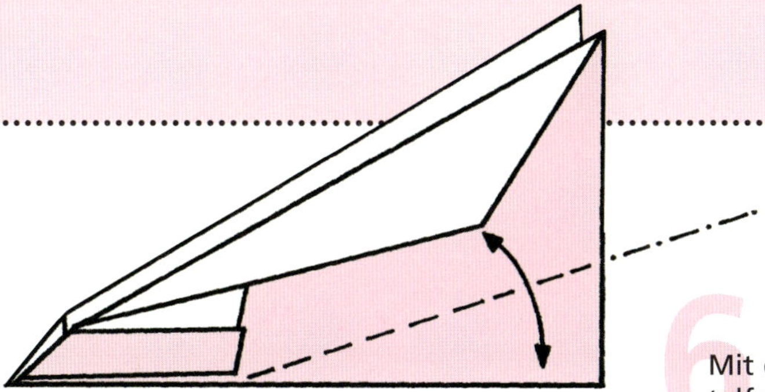

6

Mit der unteren Kante talfalten. Falten und entfalten.

7

Die untere Kante nach innen versenken.

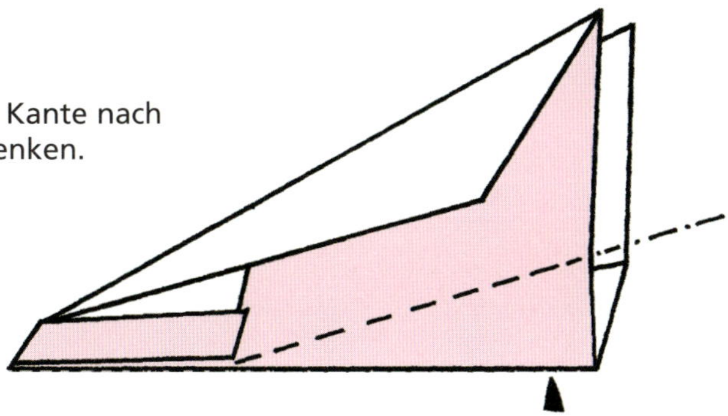

Tipp:
Die beiden Lagen unterhalb der Tragflächen eventuell im vorderen Bereich mit Tesafilm fixieren. Die Winglets sollten beim Geradeausflug im 90-Grad-Winkel zu den Tragflächen stehen.

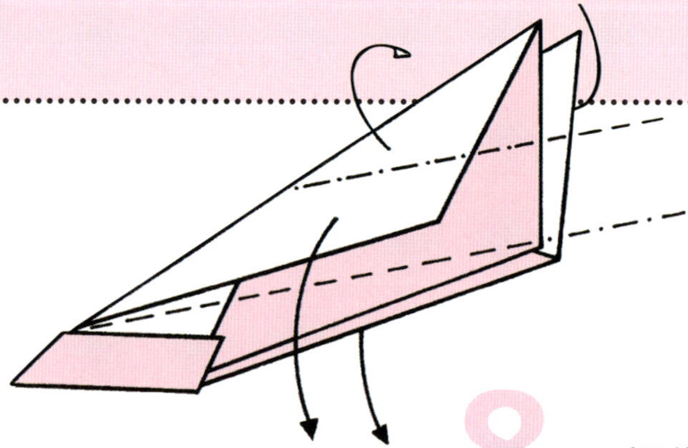

8

Berg- und Talfalten im angegebenen Bereich.

Achtung! Die Falten laufen parallel zueinander. Mit dem Falzbein unbedingt vorfalzen!

9

Der fertige Flieger!

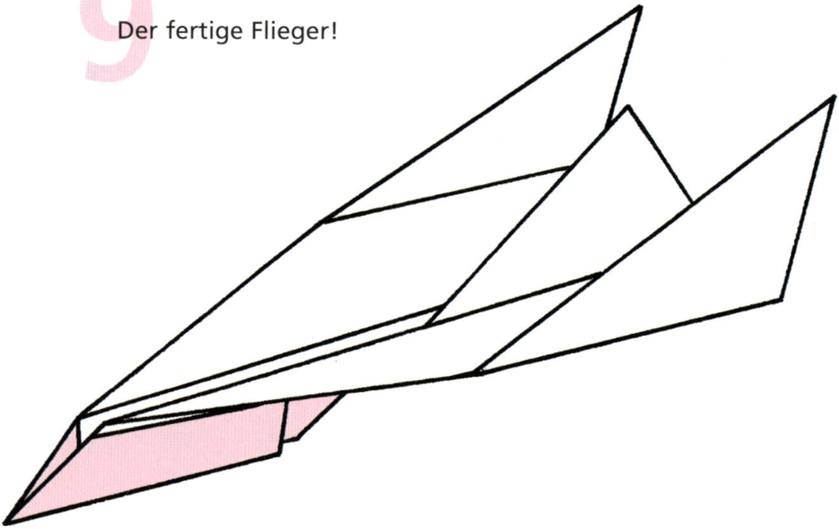

Obelix Air

Wurftechnik:
Mit wenig Schub den Flieger geradeaus werfen. Darauf achten, dass die Tragflächen auf einer Ebene sind, oder leicht nach oben zeigen.

Obelix Air

Faltbeginn: Die farbige Seite liegt vorn
Papierformat: DIN A4, 60–80 g/m²

1 Finden der Mittellinie durch talfalten. Beide vorderen Ecken an die gefundene Mittellinie falten.

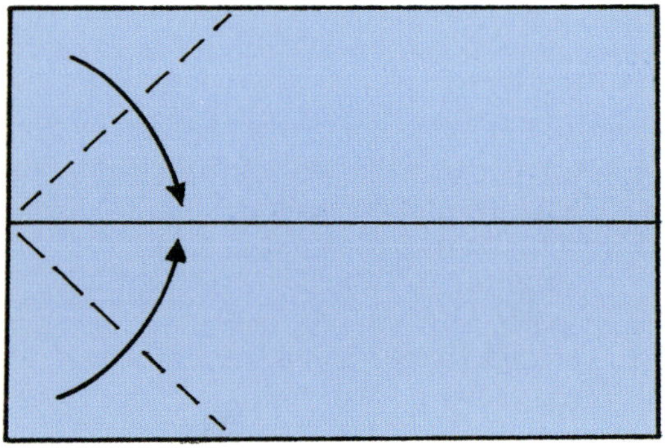

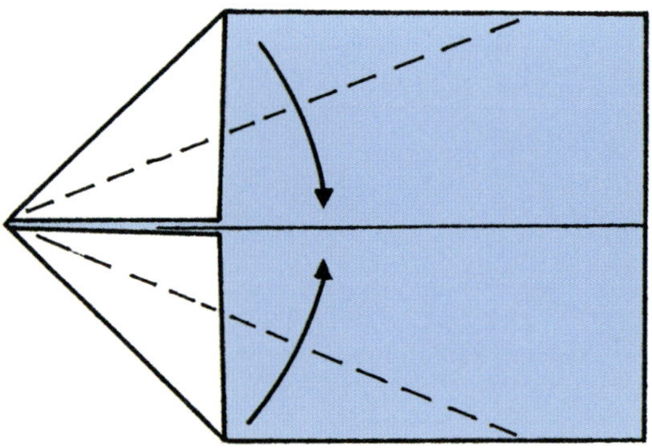

2 Erneute Talfalte im angegebenen Bereich.

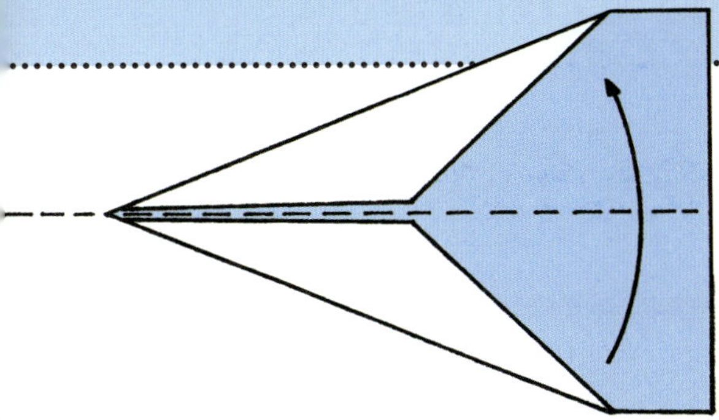

3 Die Konstruktion zusammenfalten.

4 Beide Tragflächen nach unten falten und wieder entfalten. Die Rumpfhöhe und den Winkel der Tragflächen können Sie selbst bestimmen.

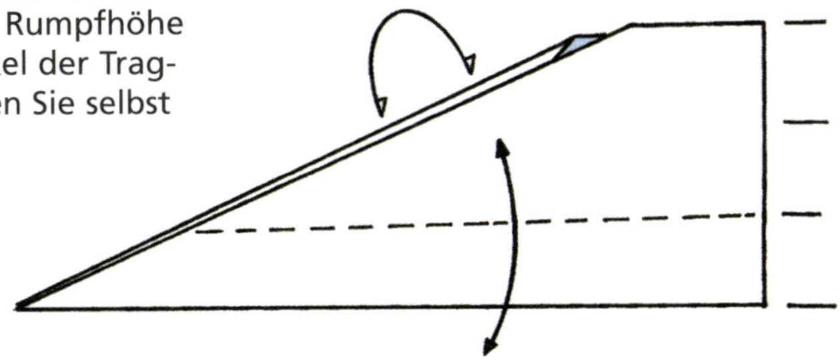

5 Falten im angegebenen Bereich und das Leitwerk nach innen hin versenken.

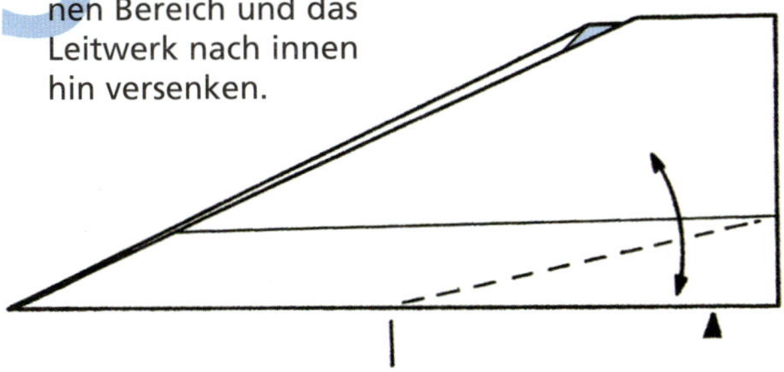

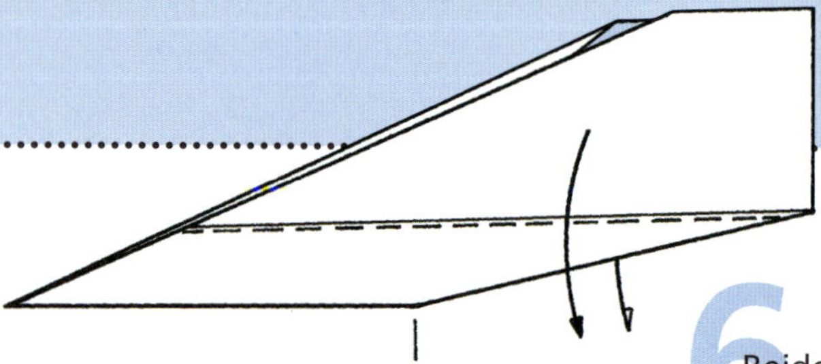

6 Beide Tragflächen nach unten falten.

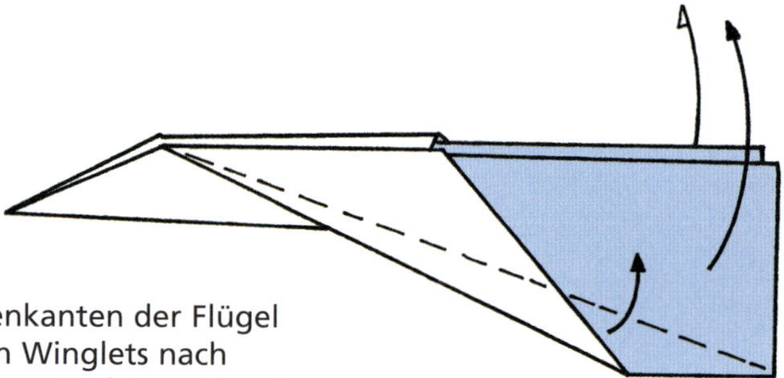

7 Die Außenkanten der Flügel zu langen Winglets nach oben falten. Exakt am Lineal entlang vorfalzen.

8 Die Tragfläche in Position bringen und ab geht's an den Start!

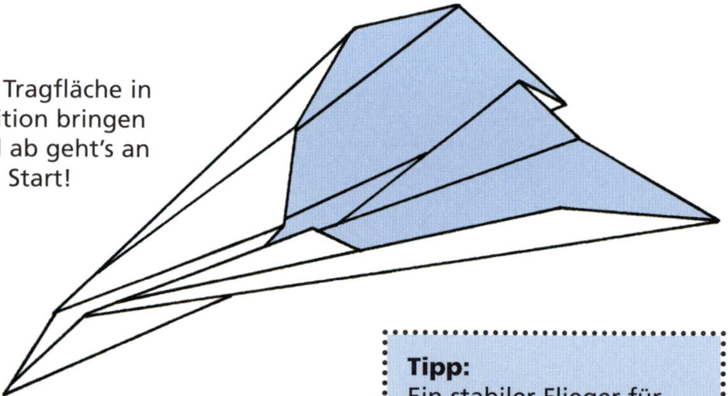

Tipp:
Ein stabiler Flieger für schnelle und weite Flüge.

ORION

Wurftechnik:
Halten Sie den Flieger an der dicksten Stelle des Rumpfes und werfen Sie ihn stoßartig in Kopfhöhe geradeaus.

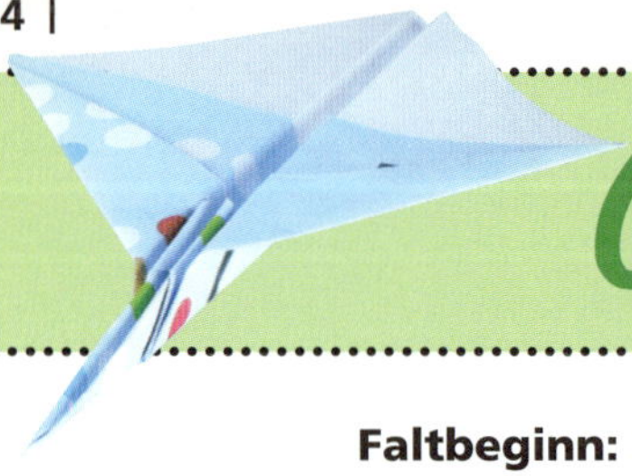

Orion

Faltbeginn: Die farbige Seite liegt hinten
Papierformat: DIN A4, 60–80 g/m²

1 Stellen Sie aus einem DIN-Format ein Quadrat her. Die linke obere Spitze an die seitliche gegenüberliegende senkrechte Seite falten. Im angegebenen Bereich abschneiden.

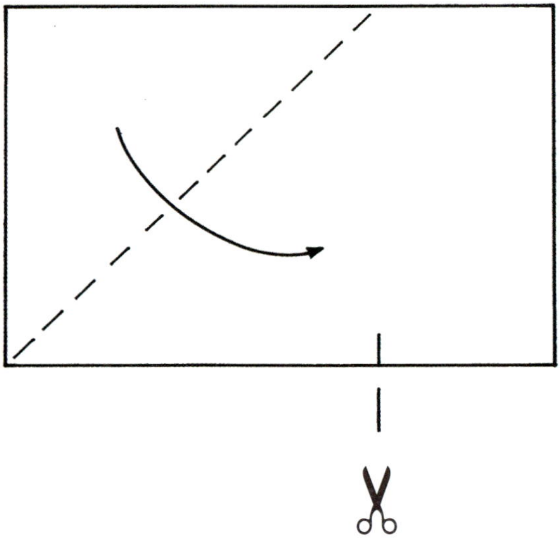

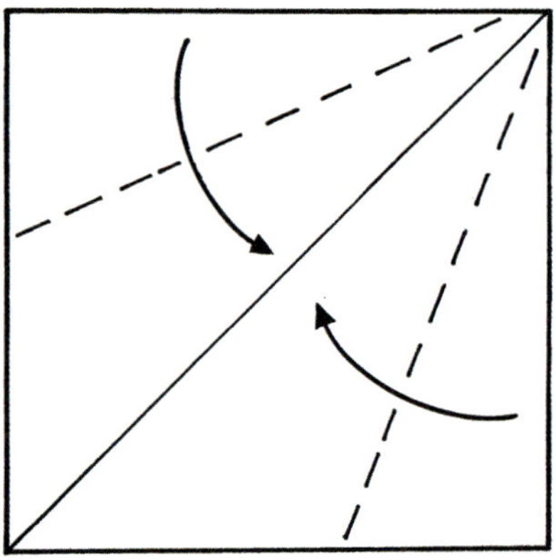

2 Talfalten im angegebenen Bereich.

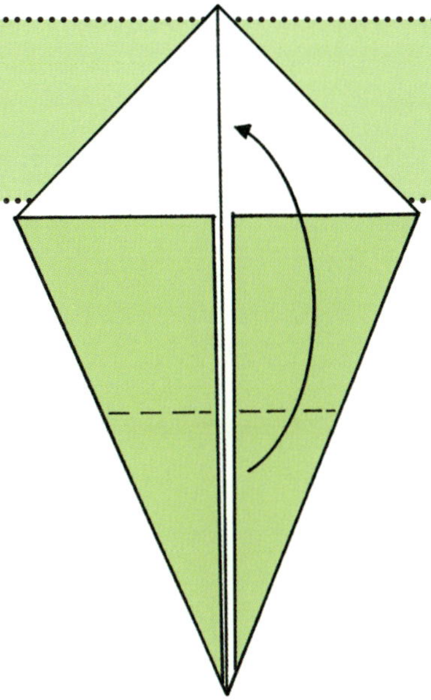

3 Nun die untere Spitze nach oben falten.

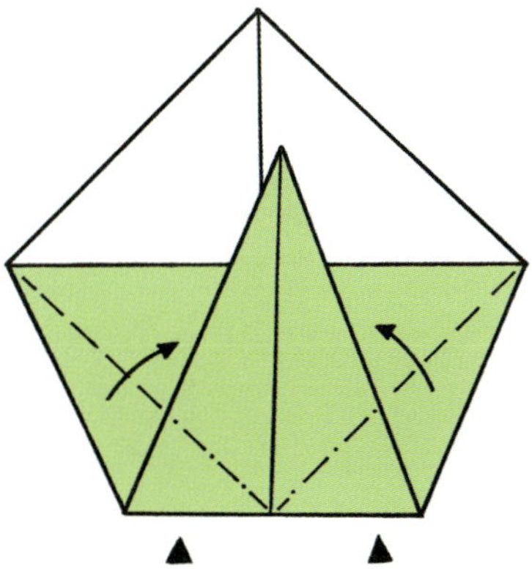

4 Im angegebenen Bereich berg- und talfalten. Beide unteren Ecken zur Mitte hin versenken.

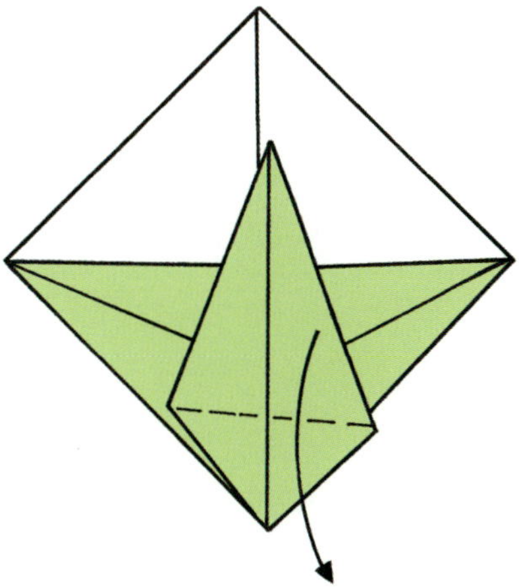

5 Jetzt die oben liegende Spitze nach unten talfalten.

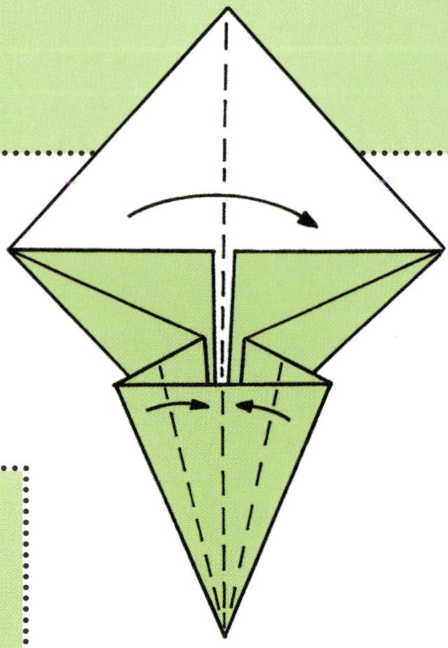

6 Beide seitlichen Spitzen zur Mittellinie hin talfalten. Danach den Flieger durch eine mittlere Talfalte zusammenfalten.

Tipp:
Wenn man diese Konstruktion fliegen lässt, sollte niemand im Wege stehen. Die spitze Nase könnte Verletzungen verursachen.

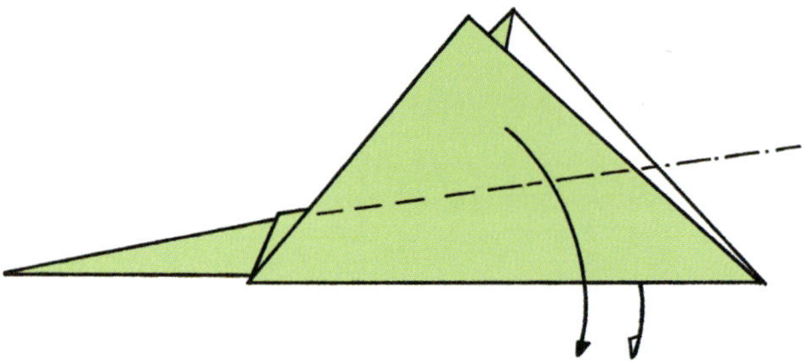

7 Im angegebenen Bereich nach hinten ansteigend talfalten. Faltvorgang auf der Rückseite wiederholen.

8 Jetzt kann Orion auf die Startbahn rollen!

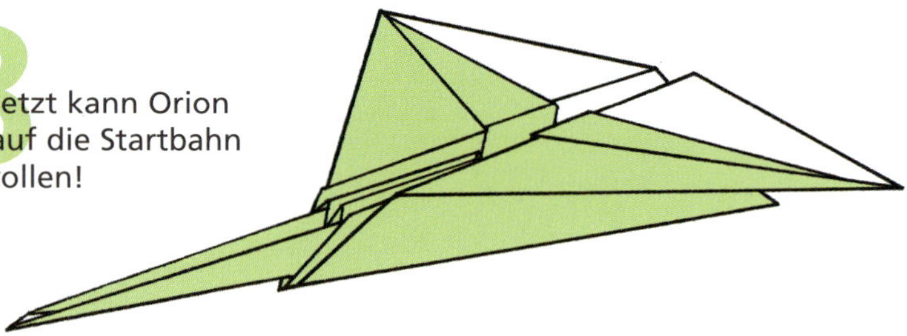

IKARUS

Wurftechnik:
Dieser Flieger muß kräftig abgeworfen werden.

Ikarus

Faltbeginn: Die farbige Seite liegt vorn
Papierformat: DIN A4, 60–80 g/m²

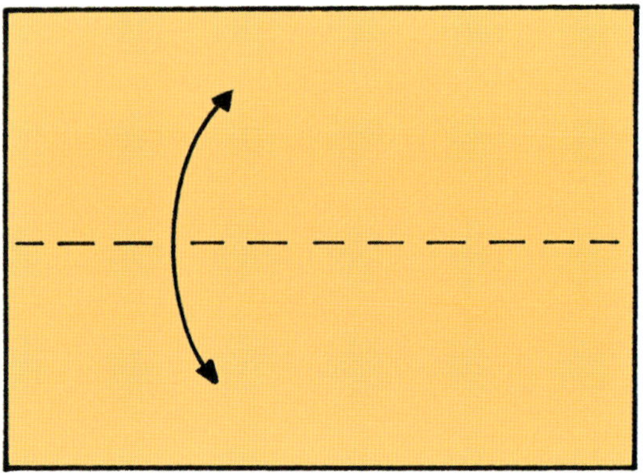

1 Die seitliche Kante an die gegenüberliegende Kante talfalten und wieder entfalten.

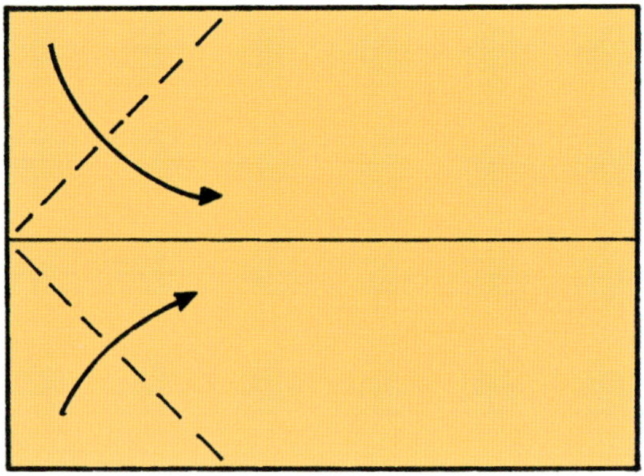

2 Die beiden seitlichen Spitzen an die Mittellinien falten.

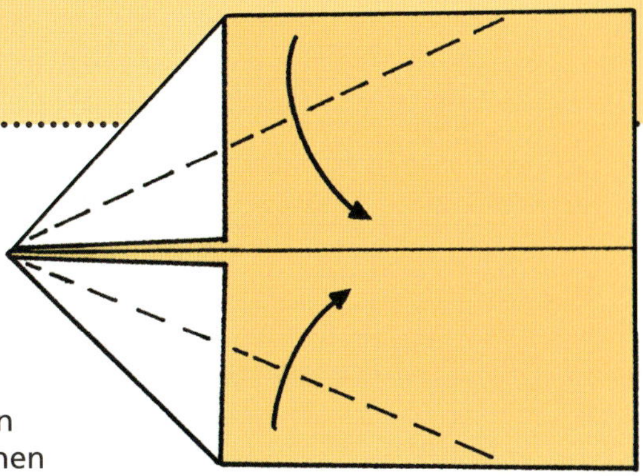

3 Jetzt die beiden neu entstandenen seitlichen Spitzen zur Mitte falten.

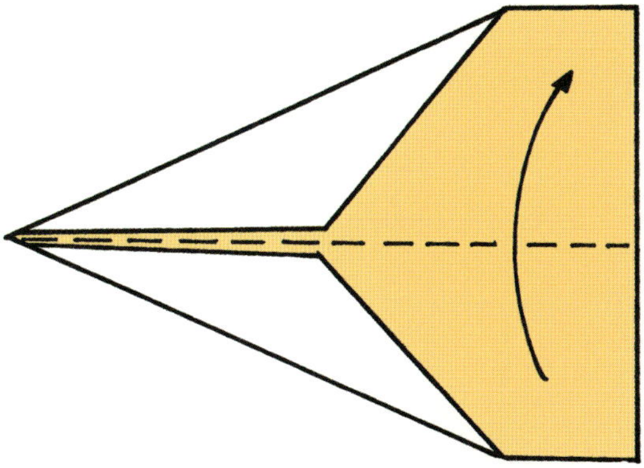

4 Eine Talfalte im mittleren Bereich.

5 Eine Bergfalte im angegebenen Bereich! Nun die untere seitliche Kante versenken.

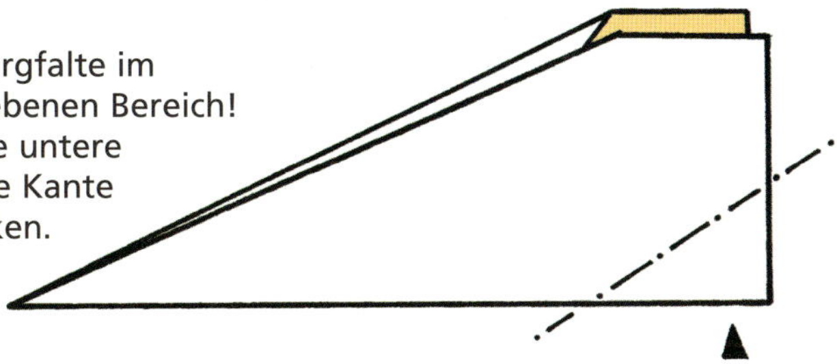

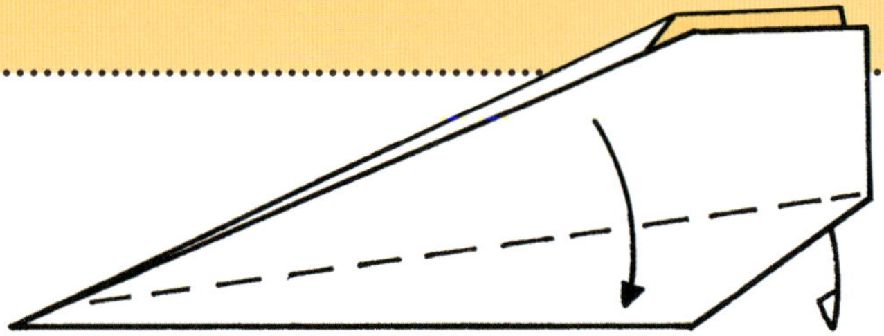

6 Unsere Konstruktion sieht jetzt so aus. Noch talfalten der beiden Flügel.

Tipp:
Experimentieren Sie mit den Flug- und Wurftechniken, die am Anfang des Buches erklärt werden.

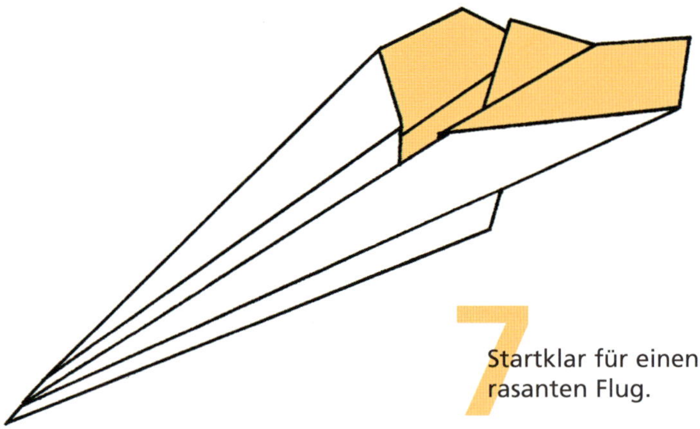

7 Startklar für einen rasanten Flug.

ADMIRAL

Wurftechnik:
Hier dürfte es sich um den gebräuchlichsten Flieger handeln. Er lässt sich schnell falten, erreicht eine hohe Geschwindigkeit und eine große Weite.

ADMIRAL

Faltbeginn: Die farbige Seite liegt hinten
Papierformat: DIN A4, 60–80 g/m²

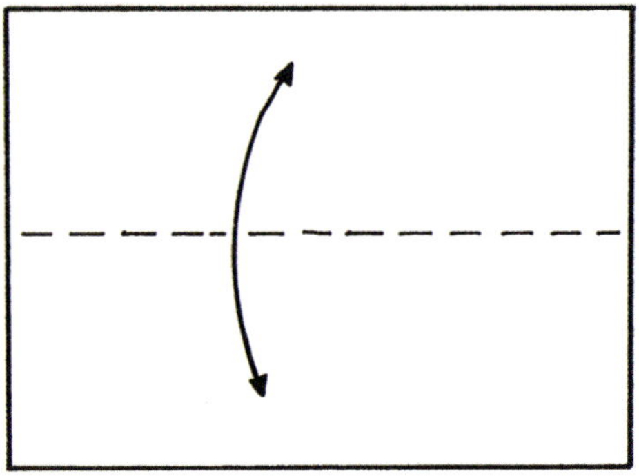

1 Finden der Mittellinie durch Falten und entfalten.

2 Nun die vorderen Ecken im angegebenen Bereich an die gefundene Mittellinie falten.

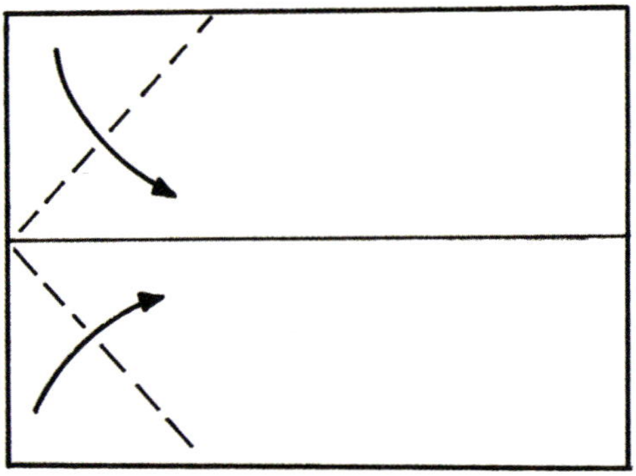

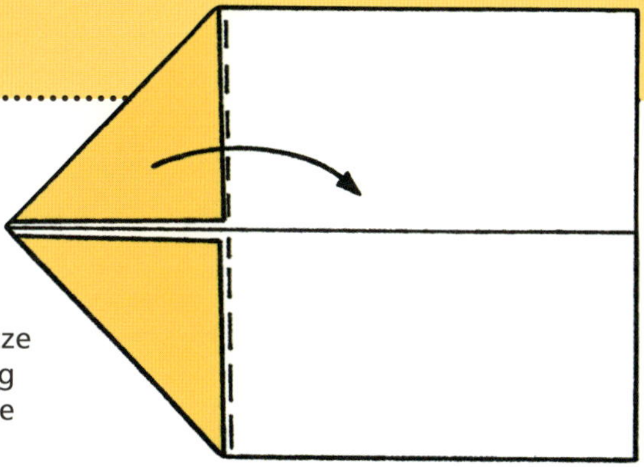

3

Die vordere Spitze in diese Richtung an die Mittellinie bringen.

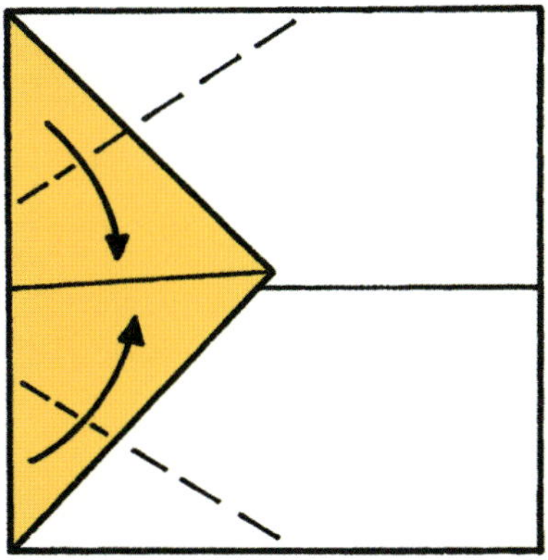

4

Erneut beide vorderen Ecken zur Mittellinie falten.

5

Das kleine mittlere Dreieck nach oben falten und gut andrücken. Die Figur wenden.

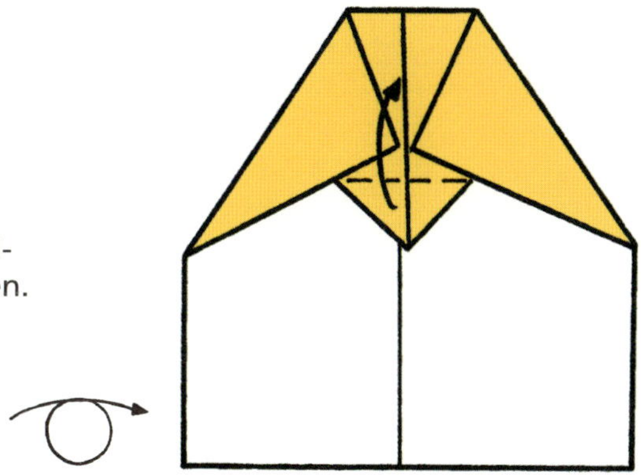

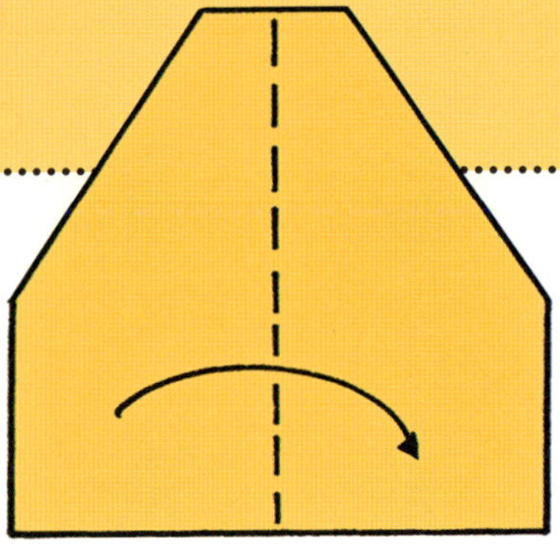

6 Die linke Kante auf die rechte Außen-kante falten.

7 Die Tragflächen im angegebenen Bereich nach unten bringen.

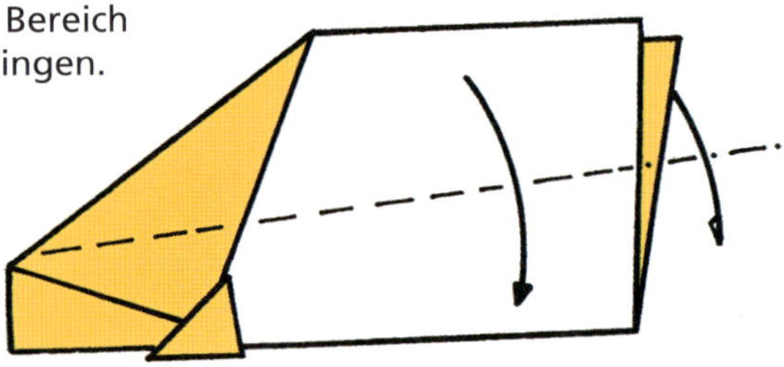

Tipp:
Kräftig, steil nach oben geworfen gleitet er in großen Kreisen zum Boden zurück.

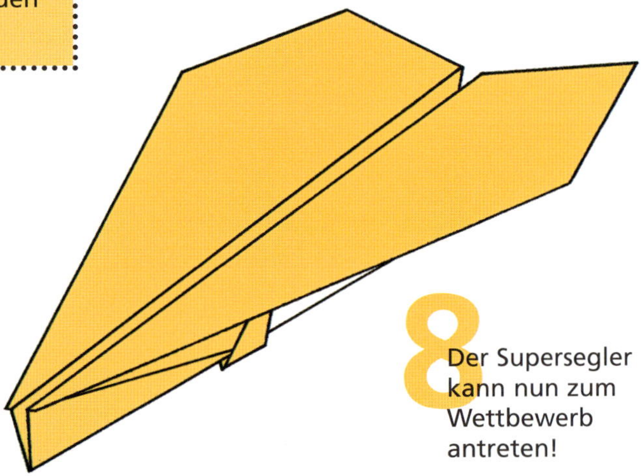

8 Der Supersegler kann nun zum Wettbewerb antreten!

Alpha Centauri

Wurftechnik:
Behutsam auf die Luft gesetzt beschreibt dieser vielseitige Flieger einen Bogen und landet sanft am Boden. Durch leichtes Hochbiegen der Flügelenden wird beim Flug die Nase nach oben gedrückt und der Flieger fliegt Kreise und Loopings. Hierfür mit viel Kraft steil nach oben werfen. Stabilität bekommt er durch seine großen Flügelenden.

Alpha Centauri

Faltbeginn: Die farbige Seite liegt hinten
Papierformat: DIN A4, 60–80 g/m²

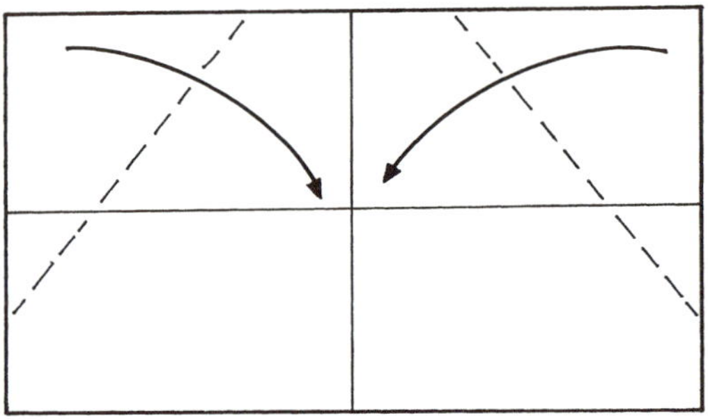

1 Finden der waagerechten und der senkrechten Mittellinie.

2 Talfalten im angegebener Bereich.

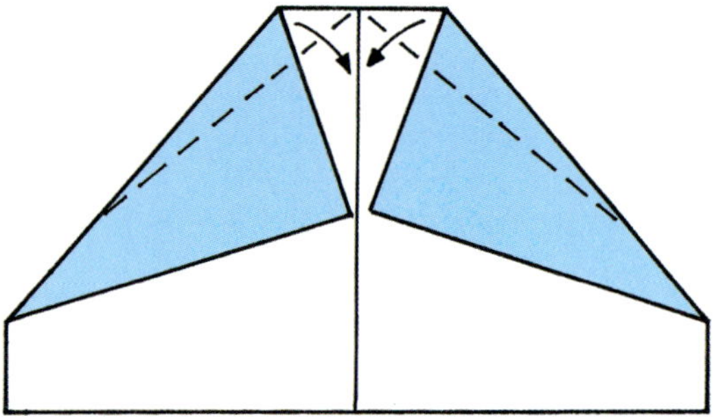

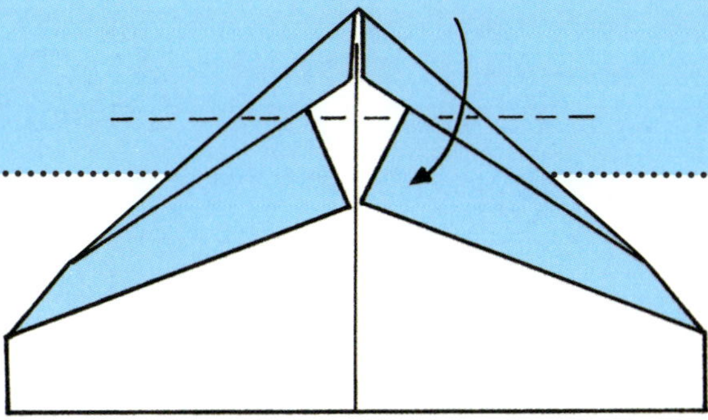

3

Die Spitze zur Mitte falten. Falten und entfalten. Nun die obere Spitze an die eben gefaltete waagerechte Linie falten.

4

Obere Kante erneut aufrollen.

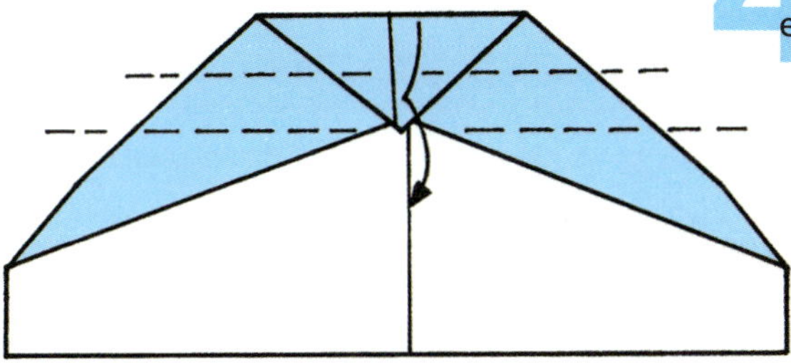

5

Die Konstruktion nach hinten zusammenfalten.

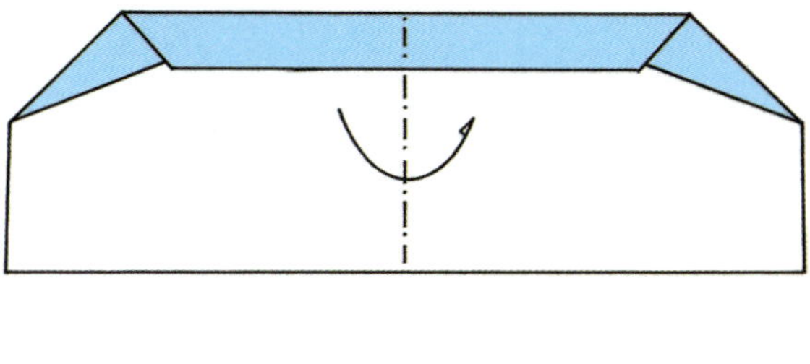

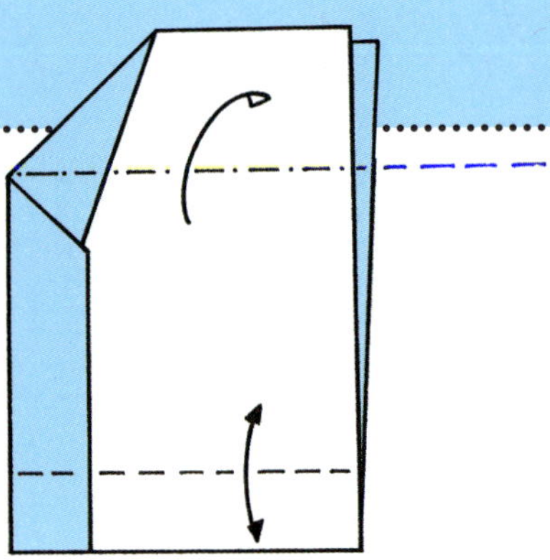

6 Den Tragflächenbereich nach unten falten. Den Rumpf 2,5 cm von unten talfalten.

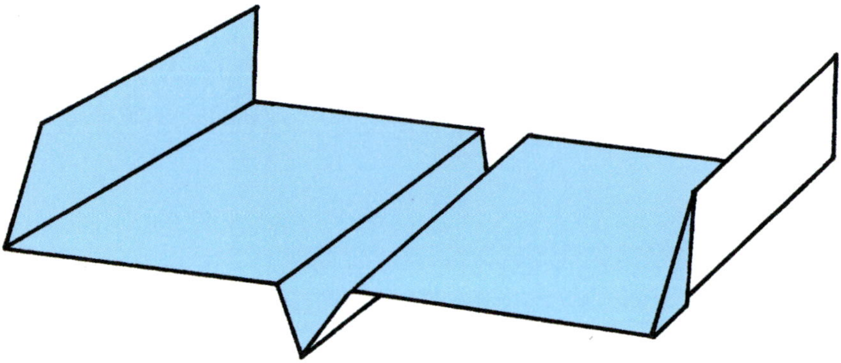

7 Noch die Winglets in Position bringen. Startklar!

Tipp:
Die Konstruktion mit ihren großen Tragflächen ist einfach zu falten und ein erstklassiger Gleiter. Seine großen Flugeigenschaften machen ihn zu einem absoluten Individualisten in unserer Flotte. Es ist nicht einfach seine Flugroute oder den Landepunkt vorherzusagen.

Flash Gordon

Wurftechnik:
Halten Sie die Konstruktion beim Abfliegen unter dem kleinen oberen Quadrat und schieben Sie diese sachte auf die Luft. Wenn Sie fester werfen, fliegt sie auch bei verstelltem Höhenleitwerk gerne Kurven.

Flash Gordon

Faltbeginn: Die farbige Seite liegt vorn
Papierformat: DIN A4, 60–80 g/m²

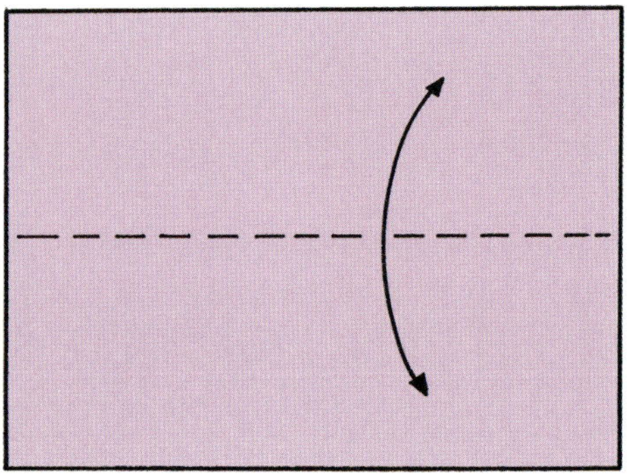

1 Finden Sie die Mittellinie durch Falten und Entfalten.

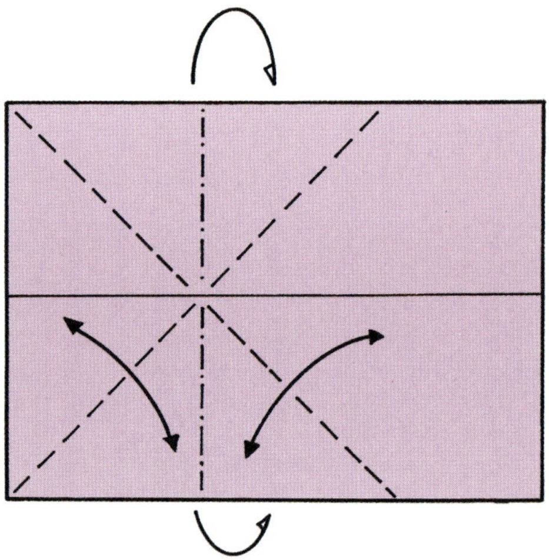

2 Tal- und bergfalten Sie im angegebenen Bereich. Durch Zusammenführen der Bergfalte zur Mitte der Konstruktion entsteht ein zusammengeschobenes Dreieck.

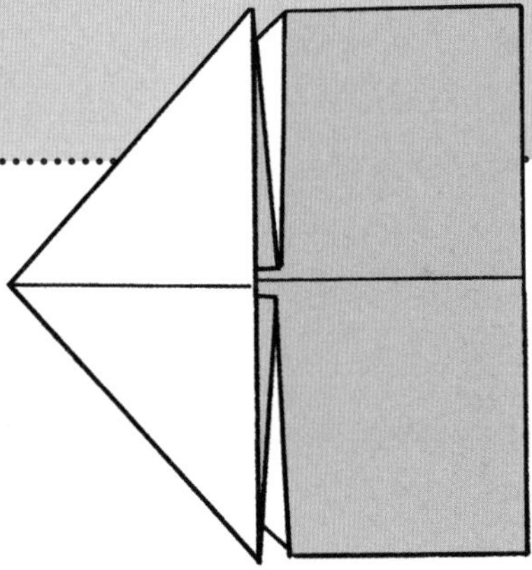

3 Die Konstruktion sieht jetzt so aus.

4 Beide seitlichen Spitzen der oberen Lage nach vorne bringen.

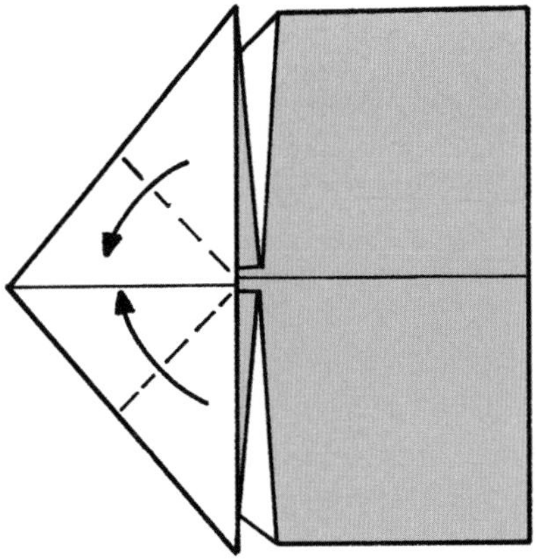

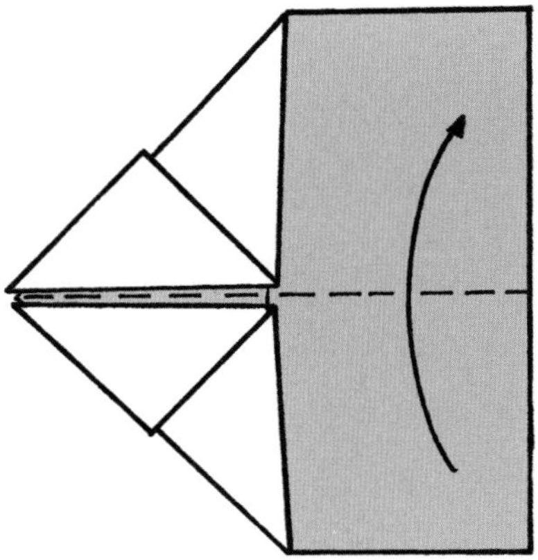

5 Durch Talfalten zusammenfalten.

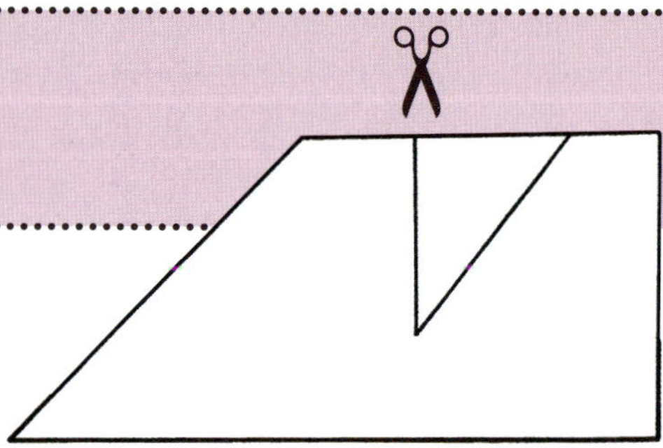

6

Die Seitenteile gut mit dem Falzbein glatt streichen. Schneiden Sie ein Dreieck in angegebener Form aus.

7

Talfalten und bergfalten im angegebenen Bereich. Die Seitenruder mit Tesafilm zusammenkleben.

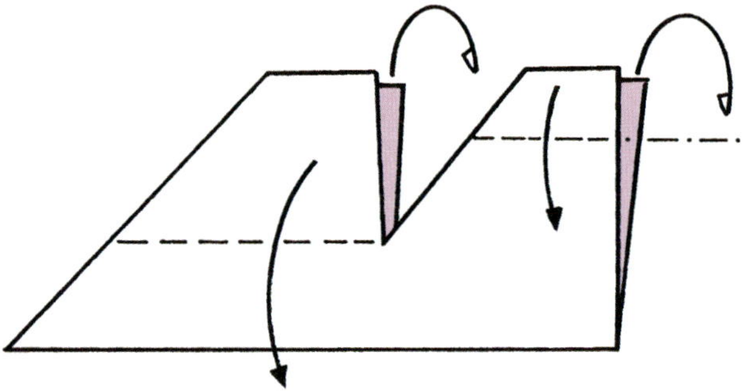

Tipp:
Flügel und Seitenleitwerk sollten rechtwinklig zum Rumpf stehen. Die hinteren losen Teile gut mit Tesafilm fixieren.

8

Flash Gordon kann nun losdüsen!

Solaris 1

Wurftechnik:
Hier haben Sie einen guten Segler für weite Strecken. Bei Bedarf an der Spitze mit einer kleinen Büroklammer beschweren. Den Flieger kräftig abwerfen.

Solaris 1

Faltbeginn: Die farbige Seite liegt vorn
Papierformat: DIN A4, 60–80 g/m²

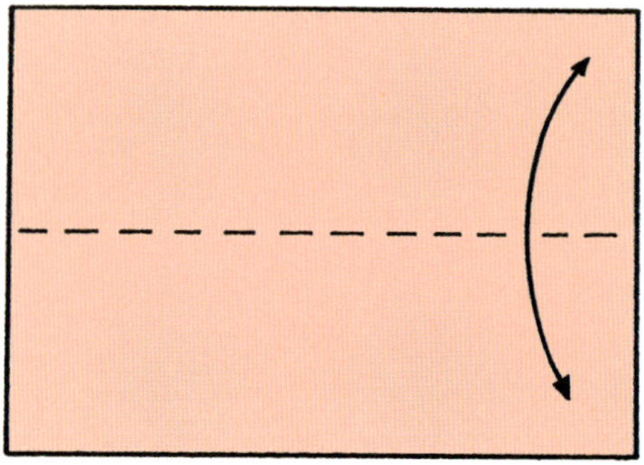

1 Durch Talfalten die Mittellinie ermitteln.

2 Danach die beiden vorderen Spitzen an die Mittellinie falten.

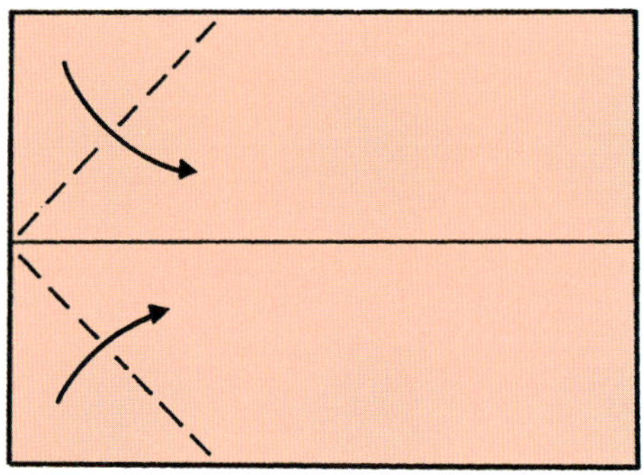

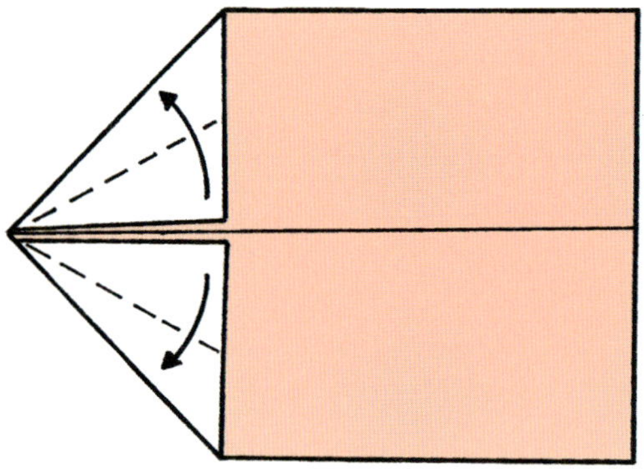

3 Die an der Mittellinie liegenden Spitzen wieder zurück an die oberen.

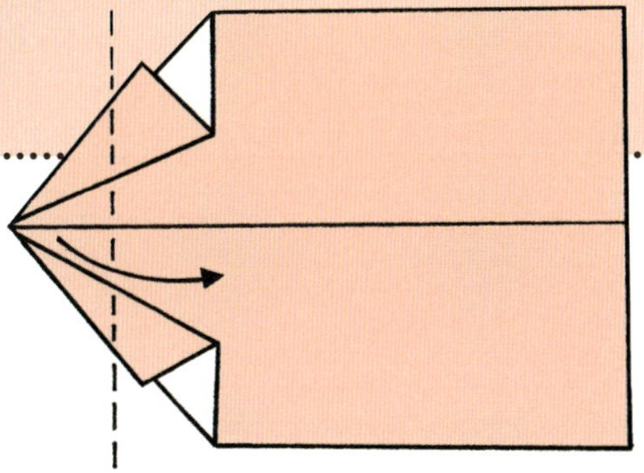

4

Die Spitze im angegebenen Bereich talfalten.

5

Beide seitlichen vorderen Kanten zur Mitte hin talfalten.

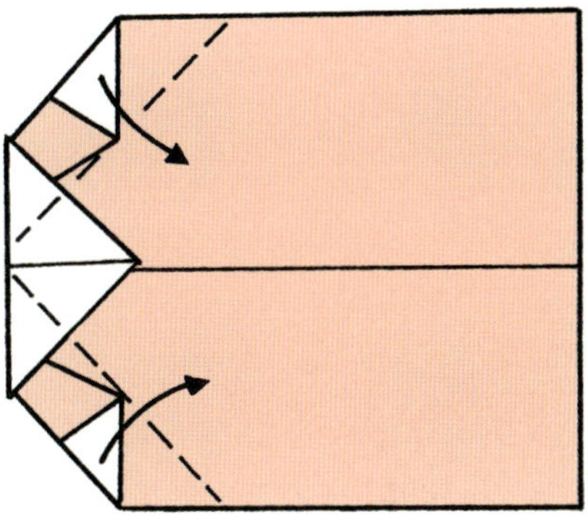

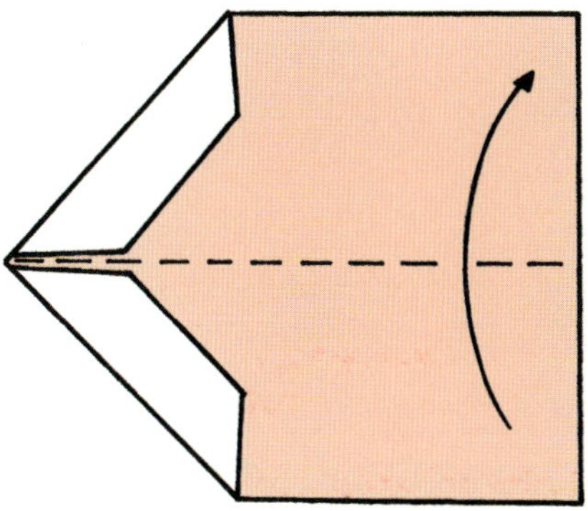

6

Jetzt unsere Konstruktion in der Mitte talfalten und gut und exakt aufeinander falten.

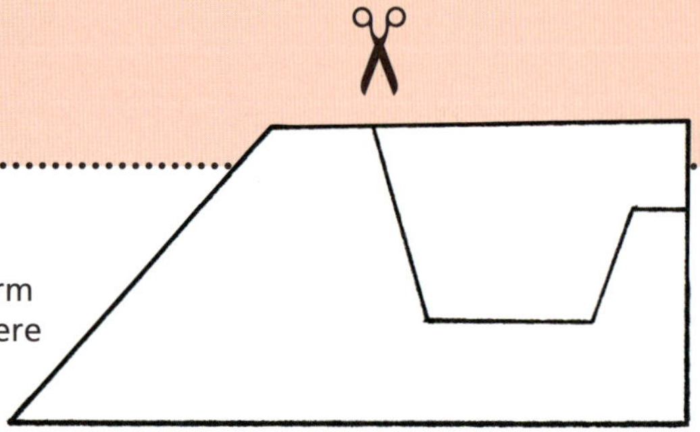

7

Die angegebene Form mit Cutter oder Schere ausschneiden.

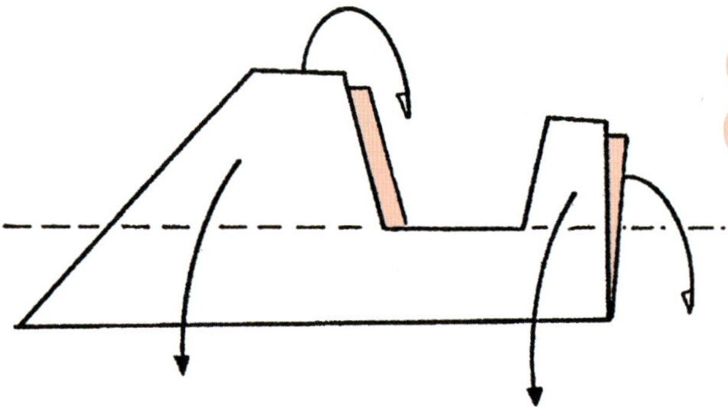

8

Flügel und Seitenruder auf beiden Seiten talfalten. Die Höhenruder mit einem Stück Tesafilm fixieren.

Tipp:
Achten Sie darauf, dass der Rumpf des Fliegers ganz gerade ist. Die Flügel und Seitenruder sollten einen rechten Winkel zum Rumpf bilden.

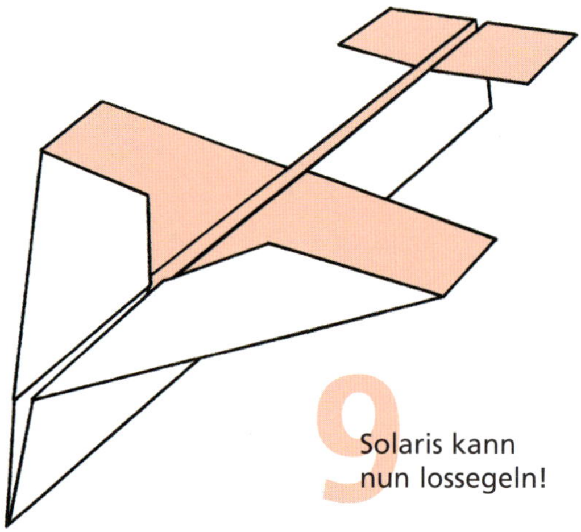

9

Solaris kann nun lossegeln!

BAT MAN

Wurftechnik:
Werfen Sie den Flieger mit wenig Schwung, ist er ein guter Segler.

Bat Man

Faltbeginn: Die farbige Seite liegt hinten
Papierformat: DIN A4, 60–80 g/m²

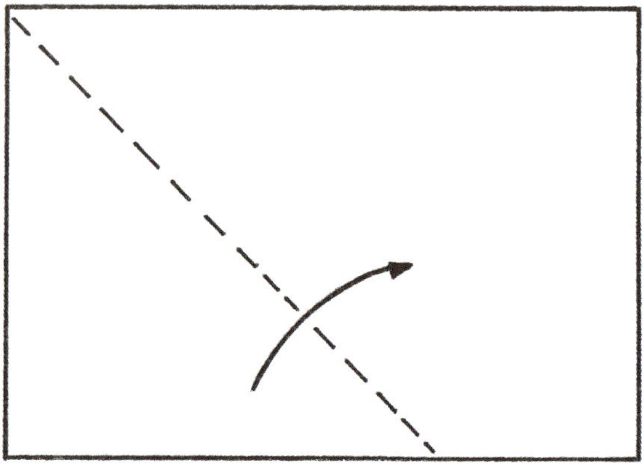

1 Falten Sie die linke untere Spitze exakt an die obere Kante.

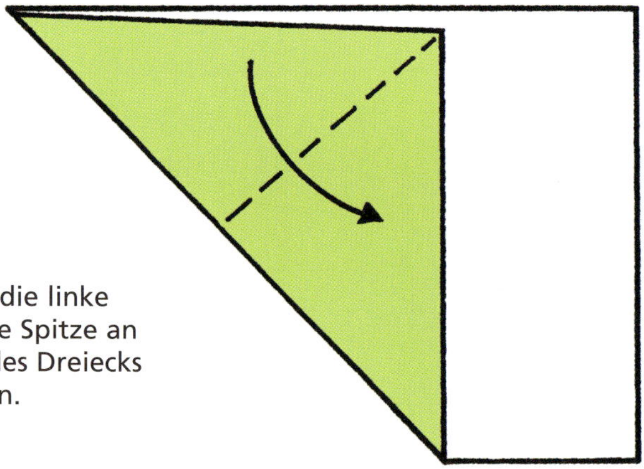

2 Nun die linke obere Spitze an die des Dreiecks falten.

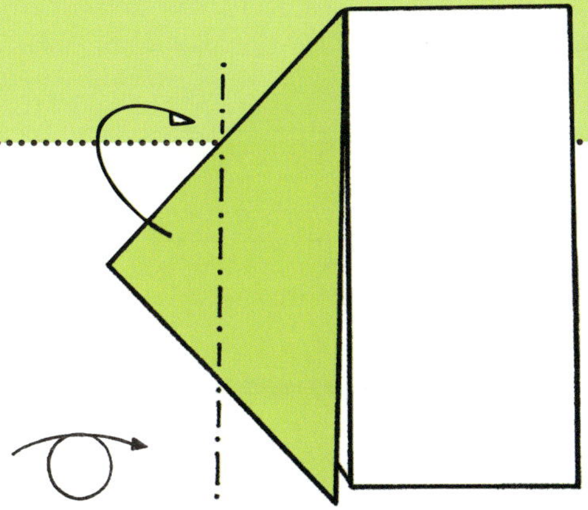

3

Die vordere Spitze nach hinten hin bergfalten. Die Figur wenden.

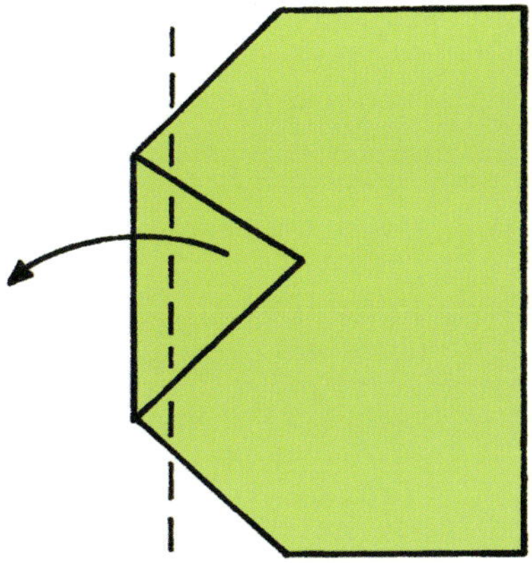

4

Die Spitze nun wieder im angegebenen Bereich talfalten.

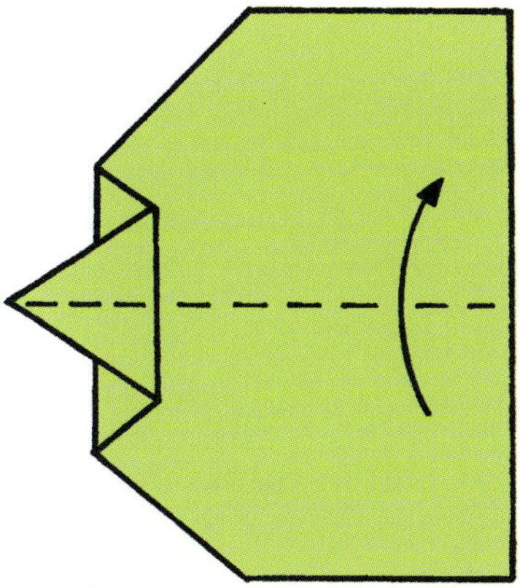

5

Beide Flügel exakt aufeinander talfalten.

6 Das angegebene Dreieck auschneiden.

7 Talfalten im gesamten unteren Bereich auf beiden Seiten.Die beiden Dreiecke nach oben bergfalten. Die gefalteten Ecken sollten im 90-Grad-Winkel nach oben stehen.

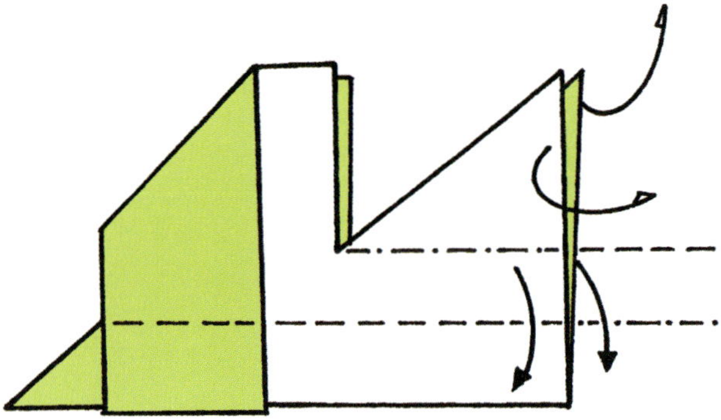

Tipp:
Den doppelt liegenden Flügel mit einem Stück Tesafilm fixieren. Den Flieger exakt im 90-Grad-Winkel ausrichten.

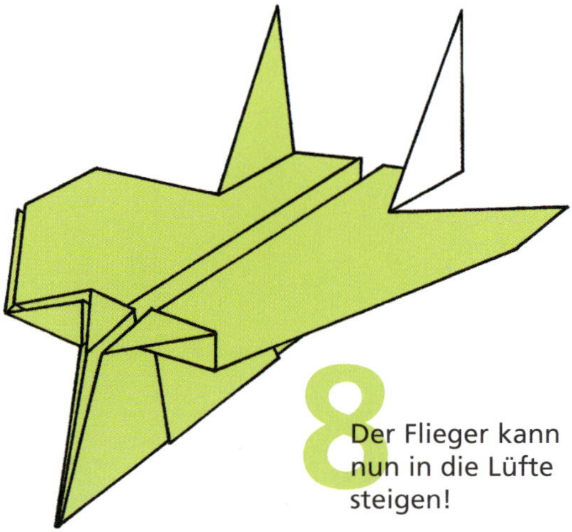

8 Der Flieger kann nun in die Lüfte steigen!

Asterix

Wurftechnik:
Als Looping geworfen klettert der Flieger nach oben. Wenn er seinen höchsten Punkt erreicht hat, kippt er zur Seite und fliegt im Bogen zur Erde zurück. Soll er horizontale Bögen fliegen, muss er kräftig nach links geworfen werden.

ASTERIX

Faltbeginn: Die farbige Seite liegt hinten
Papierformat: DIN A4, 60–80 g/m²

1 Ein Blatt in der Mitte talfalten und wieder entfalten.

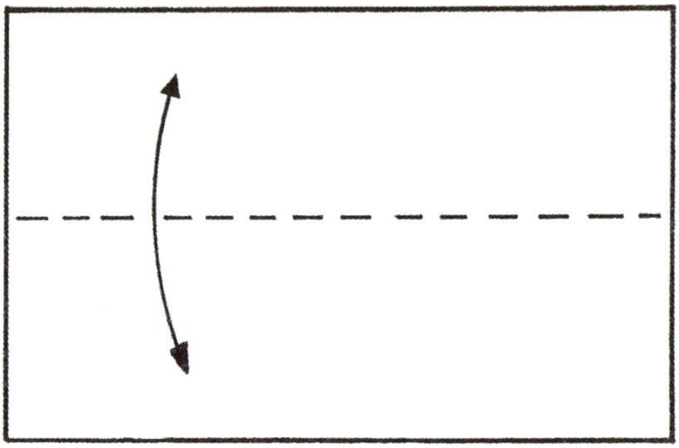

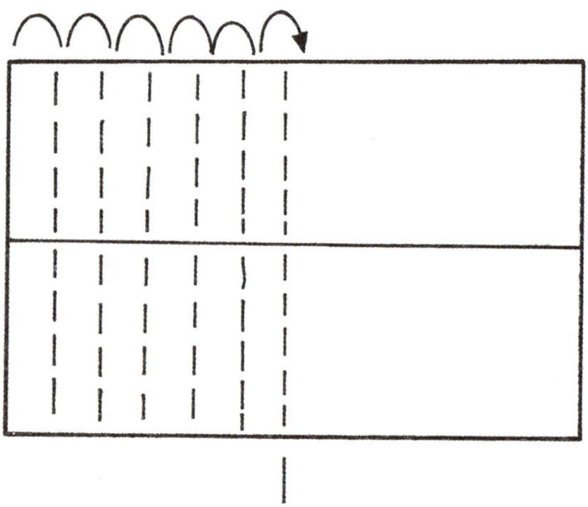

2 Die vordere Kante 6 x zur Blattmitte hin einfalten.

3

Ein fester Rand ist entstanden. Diesen mit einem Falzbein von beiden Seiten gut zusammenstreichen.

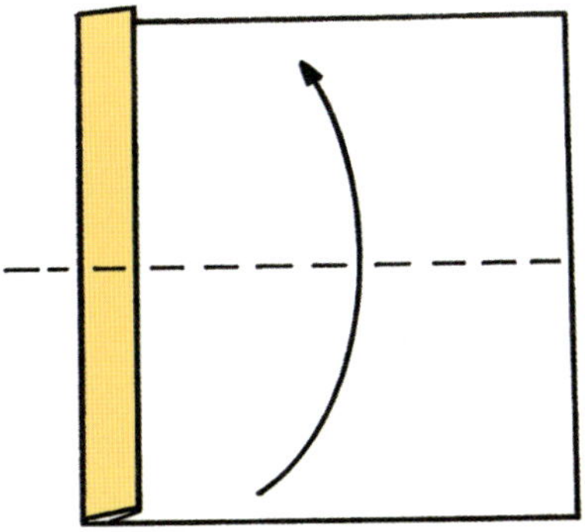

4

Die untere Kante exakt an die obere falten. Vorsicht! Im vorderen Bereich mit Gefühl zusammendrücken.

5

Eine Gegenbruchfalte im angegebenen Bereich falten und entfalten.
Das entstandene Dreieck nach innen hin versenken.

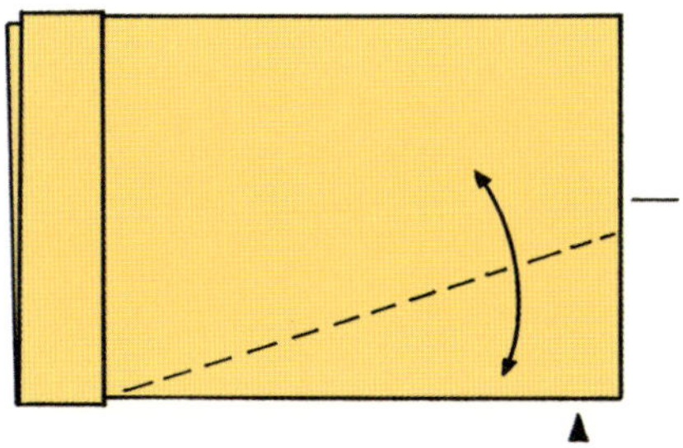

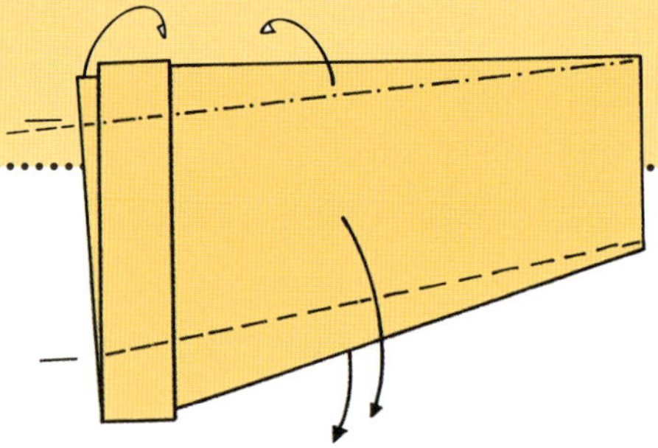

6

Talfalten im angegebenen Bereich. Abstand vorn 2 cm, nach hinten hin auslaufend.

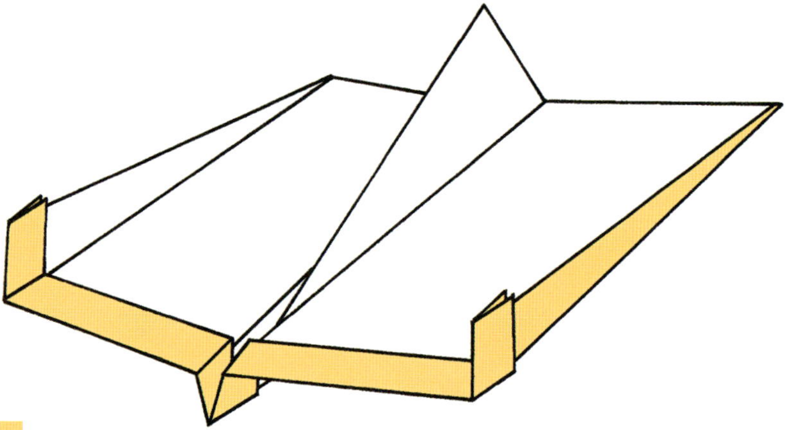

7

Exaktes Ausgleichen der Kanten und gutes Aufstellen der Winglets garantieren Superloopings. Guten Flug! Er kehrt bestimmt zu Ihnen zurück.

Der Flieger auf dem Foto ist aus Doppelseitig bedrucktem Papier gefaltet.

Tipp:
Dieser Flieger kann einige Kunststücke. Nach einem gelungenen Looping gleitet er sanft dahin. Alle Faltungen gut mit dem Falzbein glatt streichen. Exaktes Ausrichten der Seitenruder und Flügel zum Rumpf garantieren einen sauberen Flug. Die Spitze kann mit einem Stück Tesafilm fixiert werden, damit der Flieger in Form bleibt.

Cherubin

Wurftechnik:
Werfen Sie den Flieger parallel zum Boden mit nicht zu starkem Schwung nach vorne, legt er große Entfernungen zurück. Leicht und schräg zur Seite geworfen fliegt er große Bögen.

CHERUBIN

Faltbeginn: Die farbige Seite liegt vorn
Papierformat: DIN A4, 60–80 g/m²

1 Ein Blatt querformatig falten in angegebener Richtung.

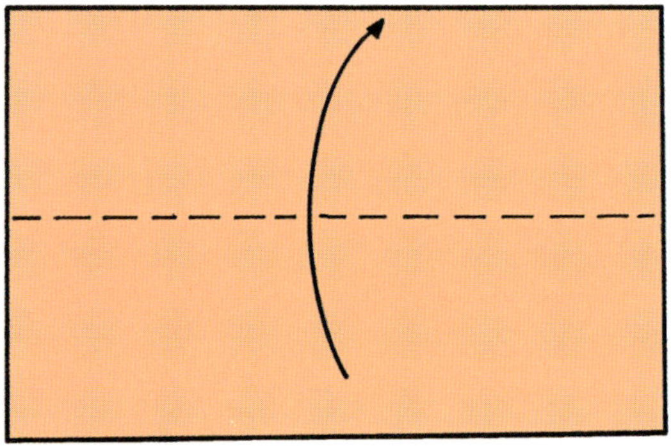

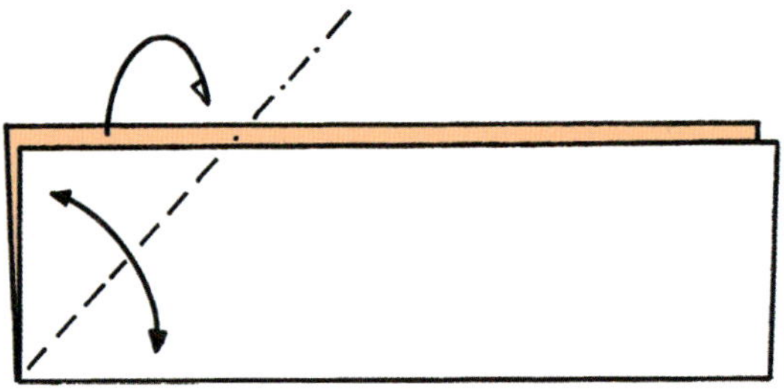

2 Die linke obere Ecke der vorderen Lage an die untere Kante falten und entfalten.

3 Erneut die beiden Kanten an die gefundene Diagonale bringen.

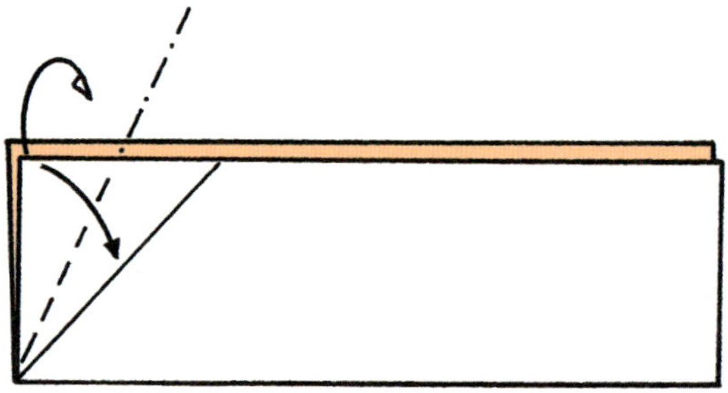

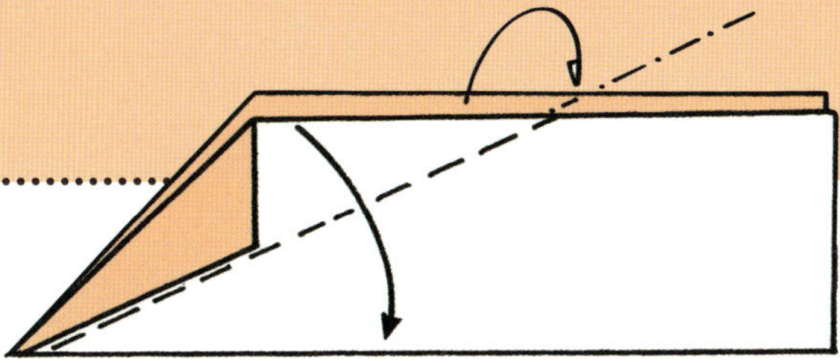

4 Jetzt beide Seiten an die untere Kante talfalten.

5 Mit dem Lineal und Falzbein eine Verbindung falzen und mit Cutter oder Schere abschneiden.

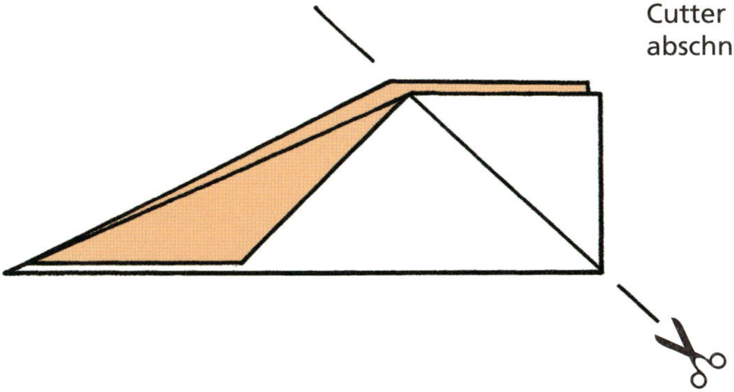

6 Die Tragfläche nach unten talfalten. Der Rumpf sollte 2 cm hoch sein.

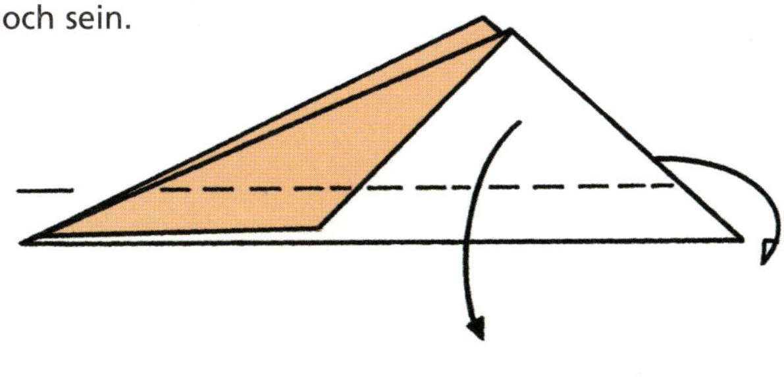

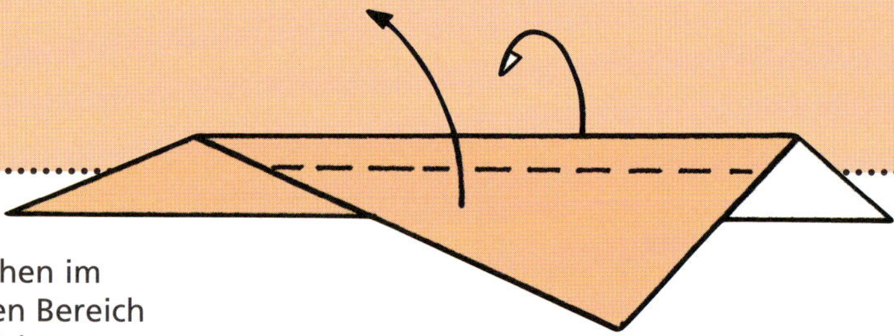

7 Die Tragflächen im angegebenen Bereich nach oben falten.

8 Winglets falten und die Tragflächen nach unten bringen. Der Rumpf kann mit einem Tesafilm verschlossen werden.

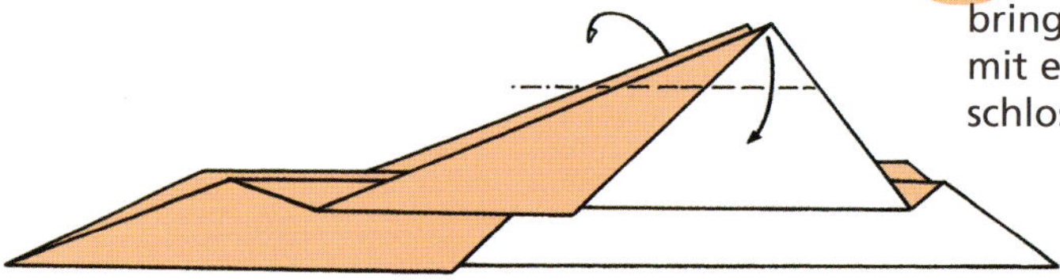

Tipp:
Der pfeilförmige Flieger überbrückt mit Leichtigkeit große Entfernungen. Verbessert man ihn noch ein wenig, kann er sogar an Langstrecken-Wettbewerben teilnehmen. Wichtig ist gutes Vorfalzen mit dem Falzbein am Lineal entlang und absolut seitensymmetrisch. Den Mittelteil mit Tesafilm fixieren.

9 Der fertige Superflieger!

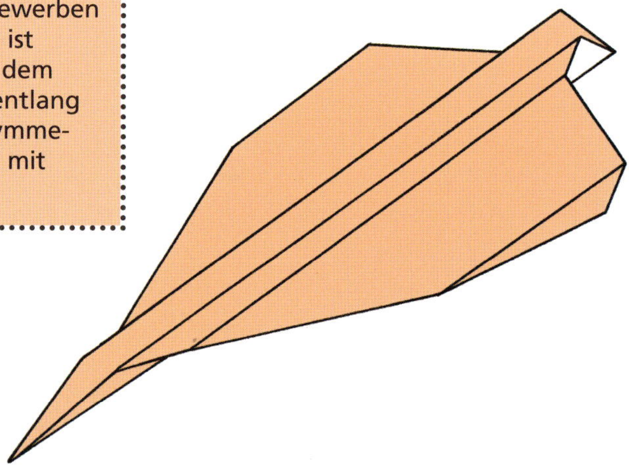

Seraphin

Wurftechnik:
Den Flieger mit wenig Kraft parallel zum Boden abwerfen. Um höhere Geschwindigkeiten zu erreichen, den Rumpf mit Tesafilm fixieren und fester abwerfen.

Seraphin

Faltbeginn: Die farbige Seite liegt vorn
Papierformat: DIN A4, 60–80 g/m²

1 Ein Blatt querformatig falten in angegebener Richtung.

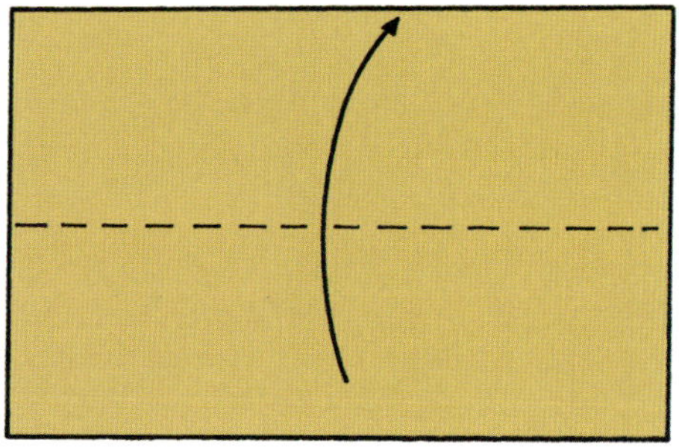

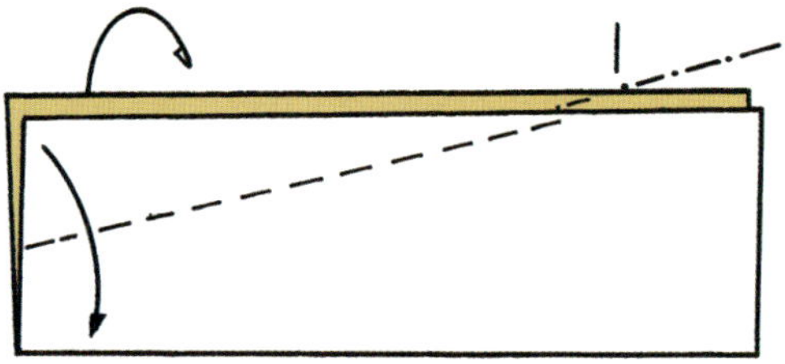

2 Die Spitze der oberen Lage bis zur Markierung an die untere Kante bringen. Diese ist etwa 5 cm von der oberen Kante entfernt. Den Faltvorgang auf der Rückseite wiederholen.

3 Die linke obere Ecke der vorderen Lage an die untere Kante talfalten.

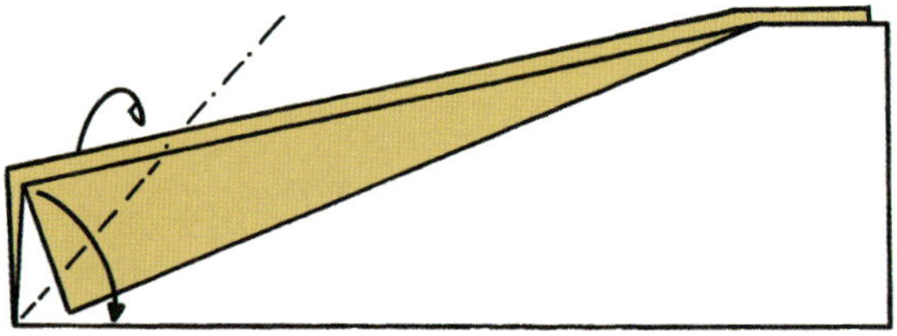

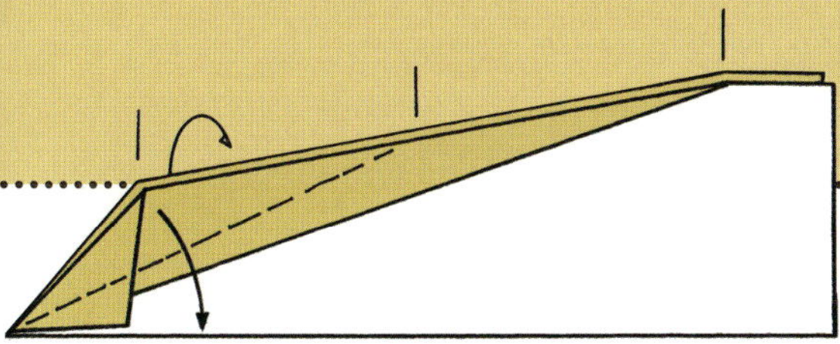

4 Erneut die obere Ecke an die untere Kante talfalten, auslaufend in der mittleren Markierung.

5 Talfalten im angegebenen Bereich. Faltvorgang auf der Rückseite wiederholen. Bringe die Tragflächen soweit nach unten, dass der Flieger von vorne gesehen eine Y-Form hat. Die Winglets sollten im 90°-Winkel dazu stehen.

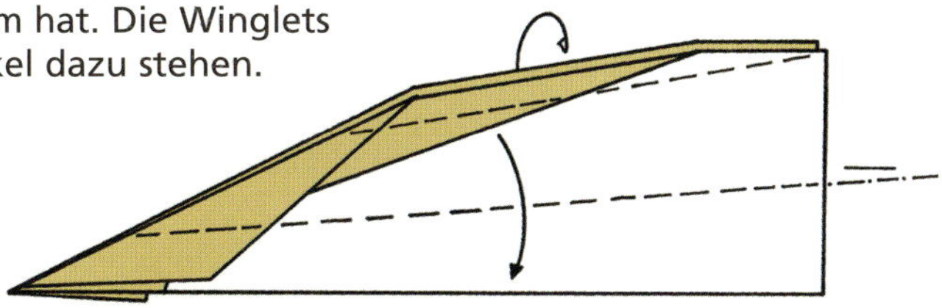

Tipp:
Er sieht aus wie ein einfacher Pfeil, fliegt wie ein Pfeil und sticht alle anderen pfeilförmigen Flieger aus. Exaktes Falten und richtiges Abwerfen sind die Voraussetzungen.

6 Der pfeilschnelle Flieger ist fertig und kann an Start gebracht werden.

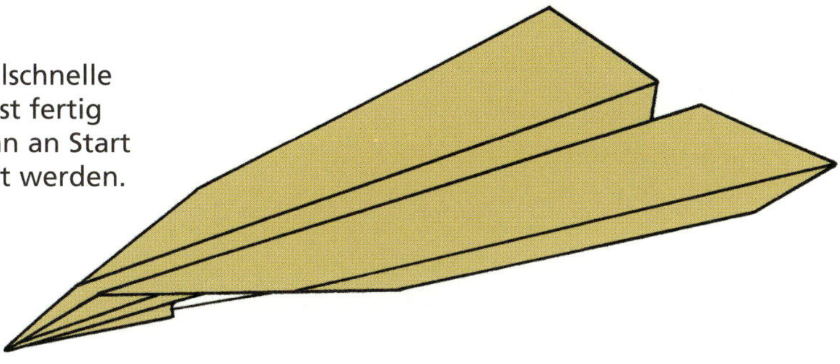

Cassiopeia

Wurftechnik:
Halten Sie den Flieger im vorderen Bereich. Beginnen Sie den Abwurf mit wenig Schwung und in einer leichten Neigung nach unten.

CASSIOPEIA

Faltbeginn: Die farbige Seite liegt hinten
Papierformat: DIN A4, 60–80 g/m²

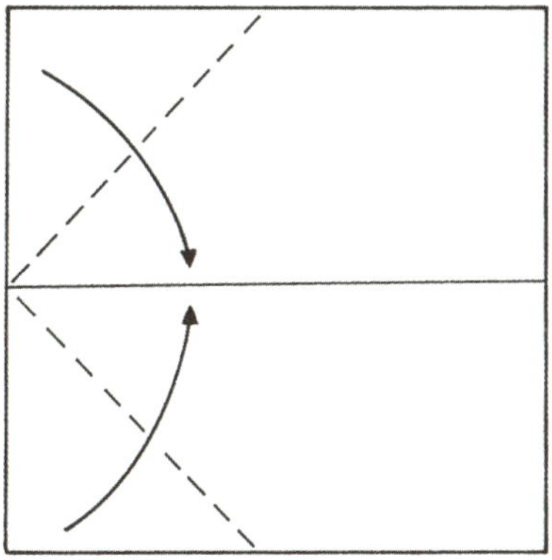

1 Stellen Sie ein Quadrat Papier aus einem DIN-Format her. Finden Sie die Mittellinie. Dann die vorderen Ecken an die Mittellinie talfalten.

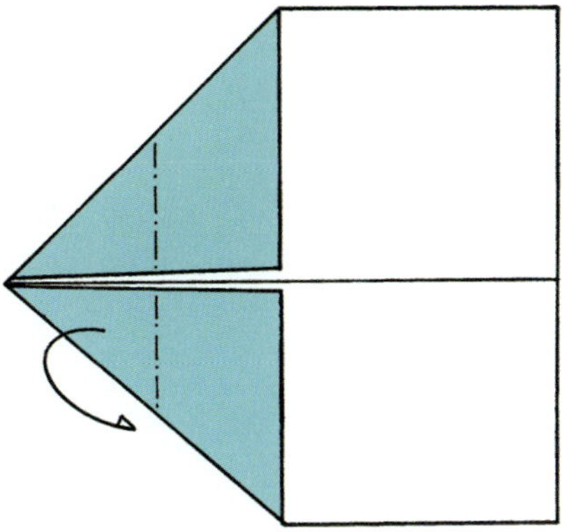

2 Die Spitze nach hinten bergfalten und gut flach drücken.

3 Talfalten im angegebenen Bereich und gut mit dem Falzbein flach drücken.

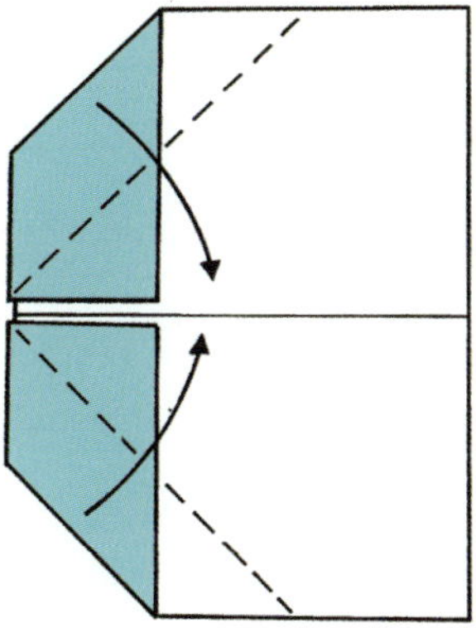

4

Beide eben gefalteten Vorgänge wieder entfalten. Auch die hinten liegende vordere Spitze wieder nach vorne bringen.

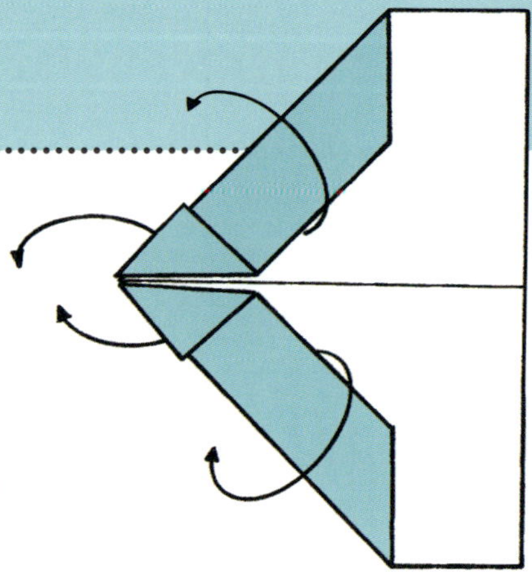

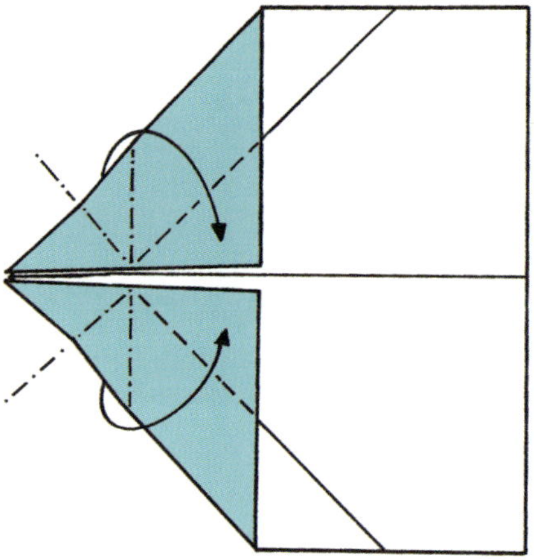

5

Die Bergfalten im vorderen Bereich zusammenschieben und flach drücken. Es ist ein kleines Quadrat entstanden.

6

Machen Sie Vorfalten im angegebenen Bereich. Falten Sie die Spitze der oberen Lage in die angegebene Richtung.

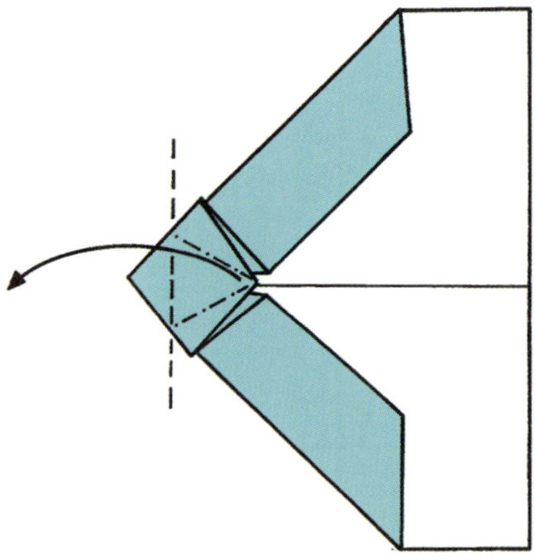

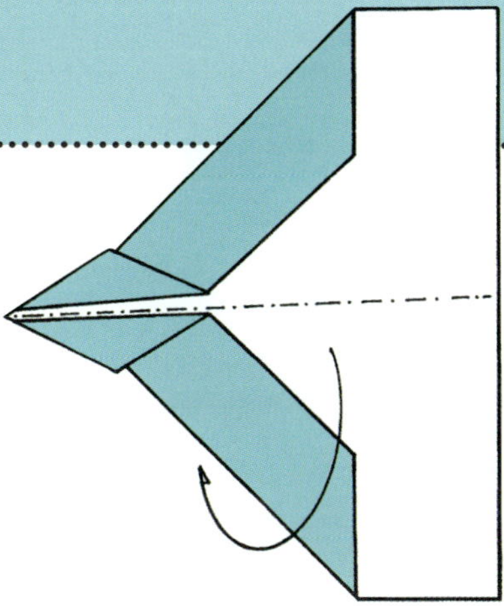

7 Der Flieger sieht jetzt so aus! Nach hinten hin zusammenfalten.

8 Die untere Kante talfalten im angegebenen Bereich.

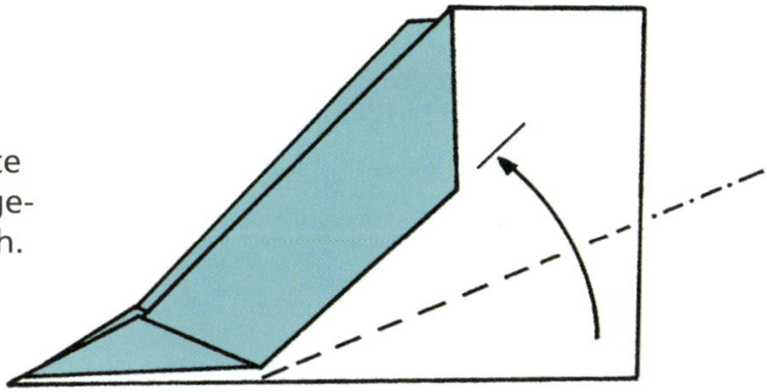

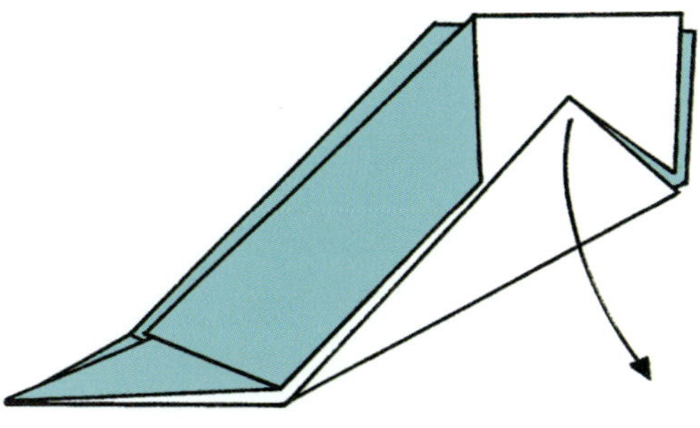

9 Diese Faltung wieder entfalten.

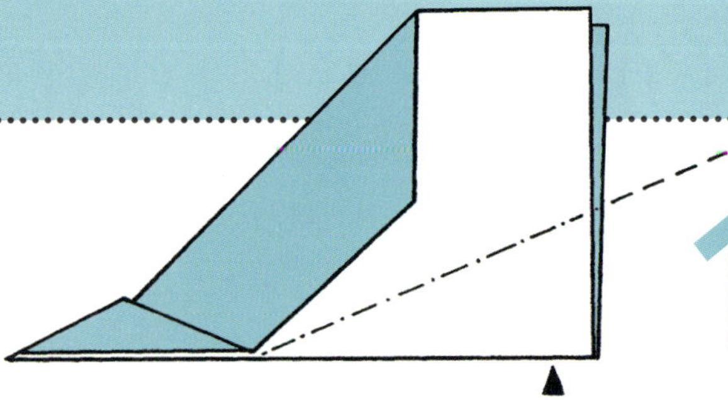

10

Das vorgefaltete Dreieck nach innen hin versenken.

11

Die Tragflächen nach unten hin talfalten.

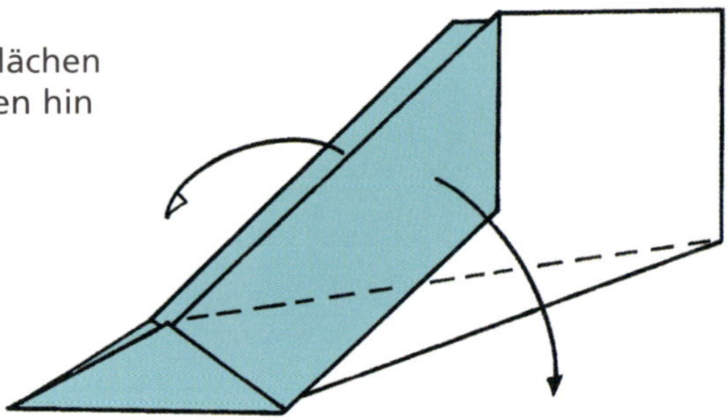

Tipp:
Nur Präzision beim Falten garantiert später perfekte Flugeigenschaften. Sorgfältiges Einfliegen und Trimmen gehört bei jedem Modell dazu. Natürlich auch ein bisschen Übung.

12

Der Flieger ist startklar!

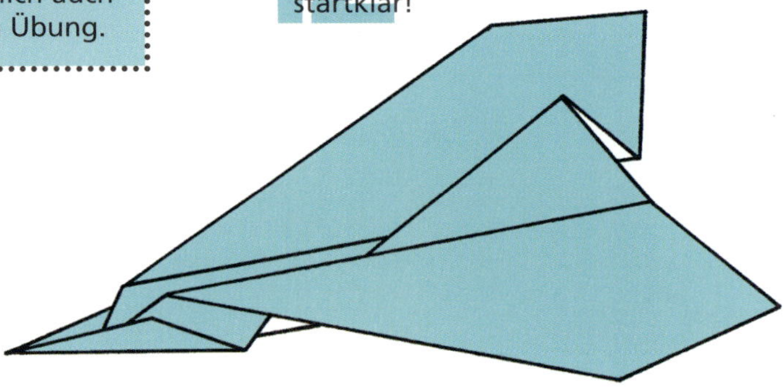

Robin Hood

Wurftechnik:
Starten Sie den Flieger mit wenig Schwung geradeaus und waagerecht. Wenn Sie die äußeren Flügelspitzen richtig einstellen, wird Ihr Flieger schöne Loopings drehen.

Robin Hood

Faltbeginn: Die farbige Seite liegt vorn
Papierformat: DIN A4, 60–80 g/m²

1 Die äußeren Kanten aufeinander talfalten und wieder entfalten.

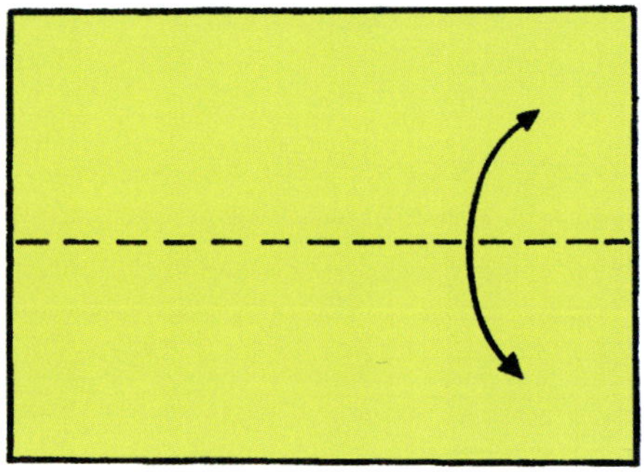

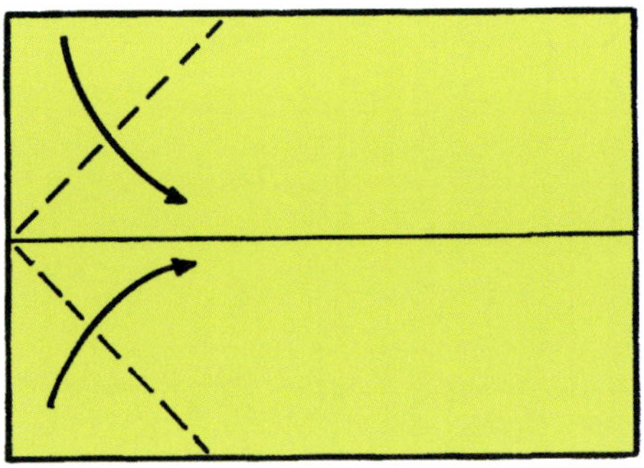

2 Beide Ecken an die Mittellinie talfalten.

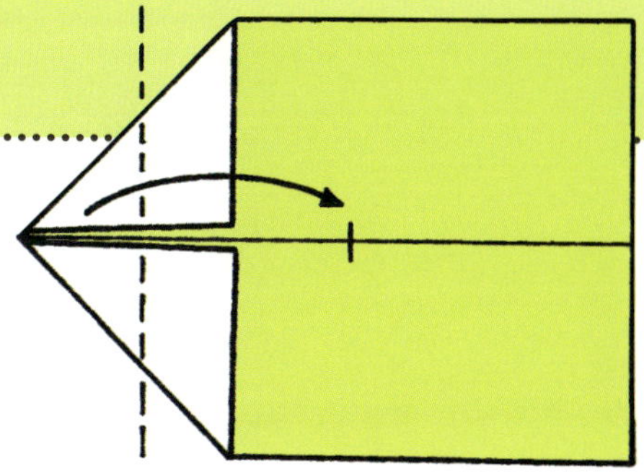

3 Die Spitze im gekennzeichneten Bereich talfalten.

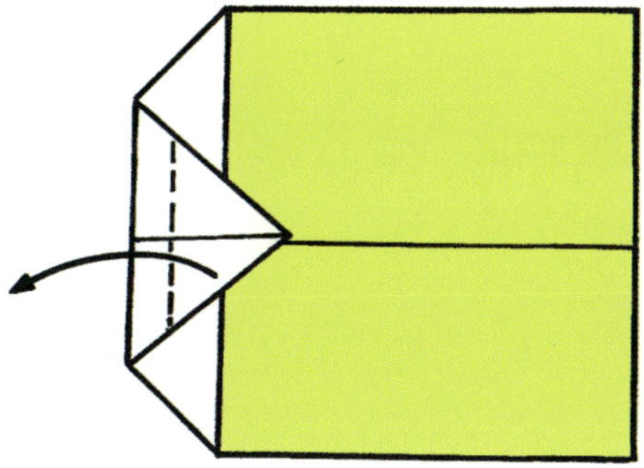

4 Jetzt die Spitze wieder talfalten und dabei nach vorne bringen.

5 Den Flieger exakt aufeinander falten und mit dem Falzbein gut glatt streichen.

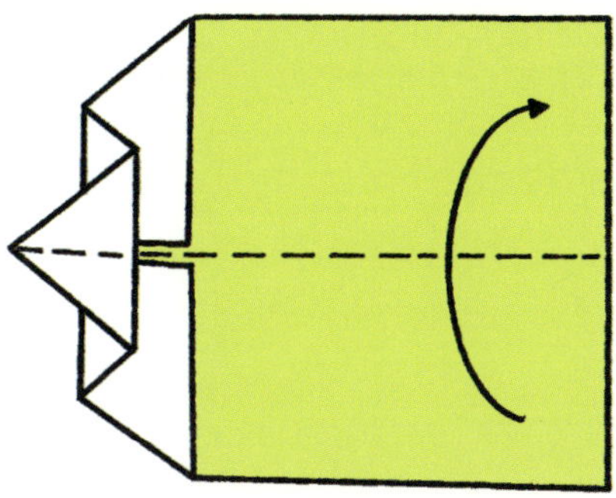

6

Eine Ei-Form aus dem hinteren Teil der Konstruktion ausschneiden.

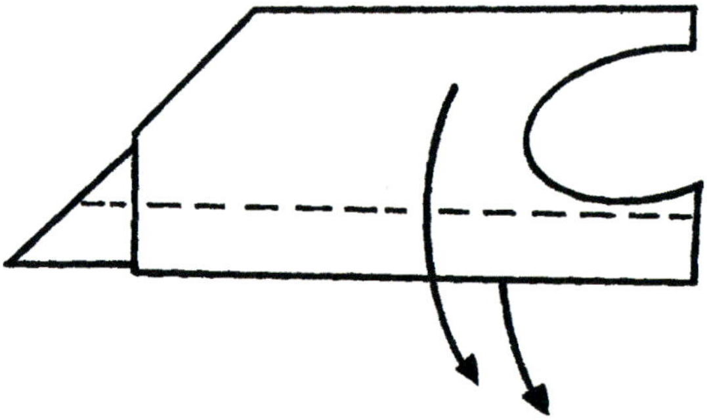

7

Noch die beiden Tragflächen talfalten.

Tipp:
Ein idealer Looping-Flieger. Versuchen Sie, die Konstruktion aus einem kleineren DIN-Format zu falten. Sie wird dann noch schneller und dreht noch mehr Kreise.

8

Der fertige Flieger!

Lyrika Cantabilis

Wurftechnik:
Die hinteren Flügelspitzen leicht nach oben biegen, sodass ein leichter Bogen entsteht. Mit einer runden Armbewegung kräftig von unten nach oben oder in umgekehrter Richtung abwerfen.

Lyrika Cantabilis

Faltbeginn: Die farbige Seite liegt hinten
Papierformat: DIN A4, 60–80 g/m²

1 Durch Falten und Entfalten die Mittellinie ermitteln.

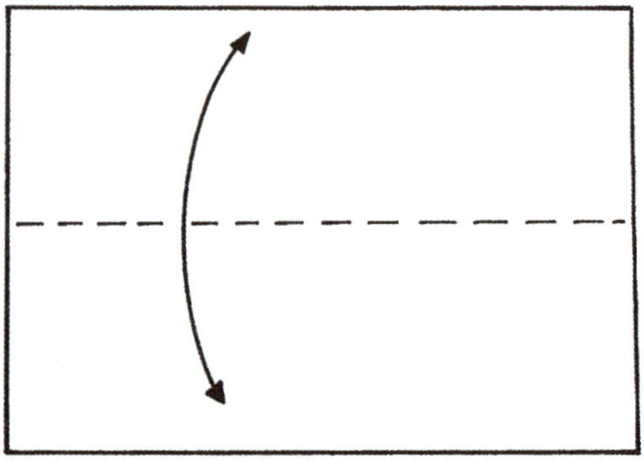

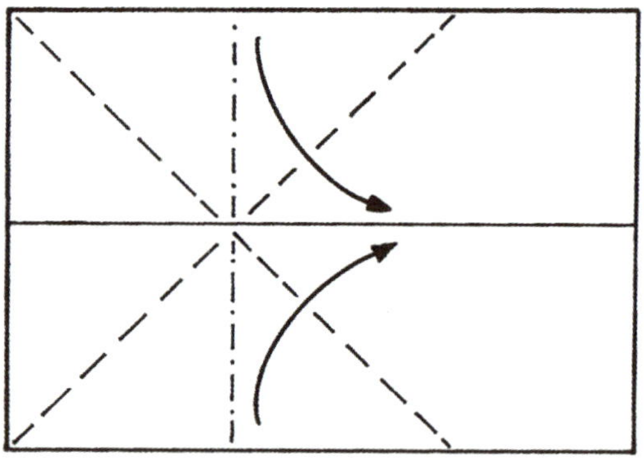

2 Berg- und talfalten im angegebenen Bereich.

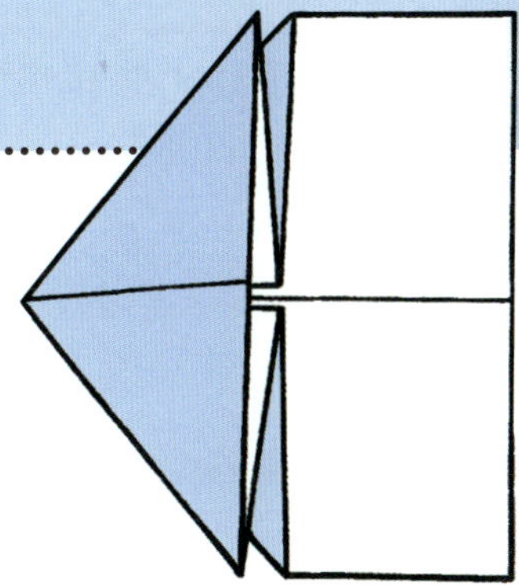

3 Durch Zusammenführen der Bergfalte zur Mitte entsteht im vorderen Bereich ein zusammengeschobenes Dreieck.

4 Von der Spitze der unteren Lage Talfalten zur Mitte hin falten.

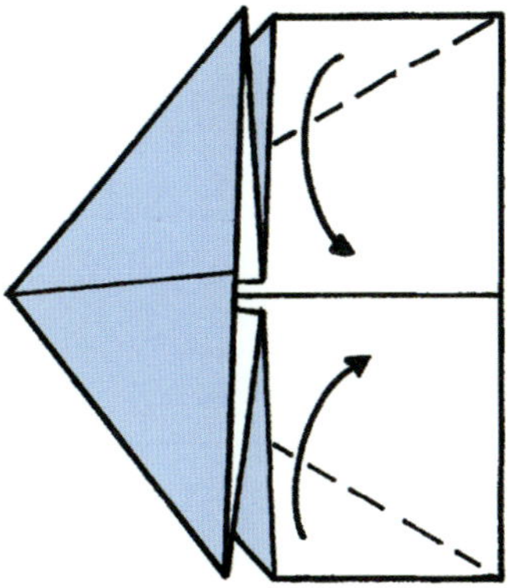

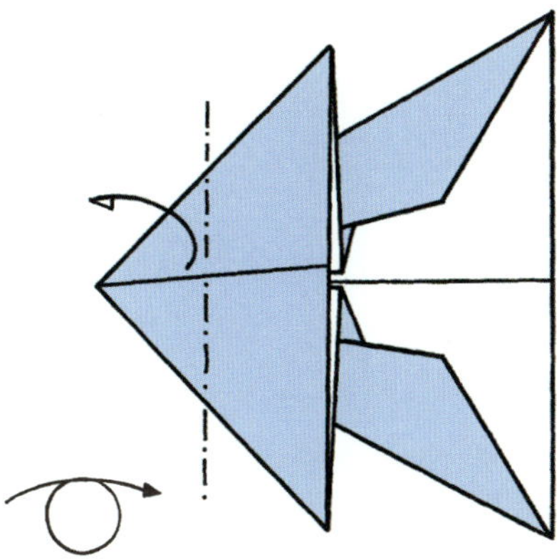

5 Die Spitze des Dreiecks im angegebenen Bereich nach hinten bergfalten. Die Konstruktion wenden.

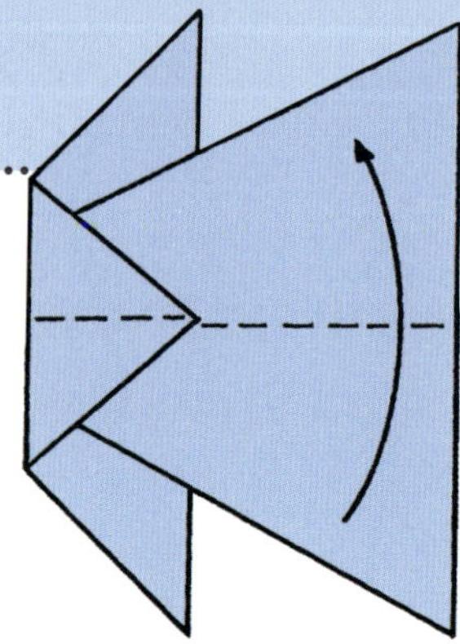

6

Talfalten im mittleren Bereich. Exakt die Flügel aufeinander falten.

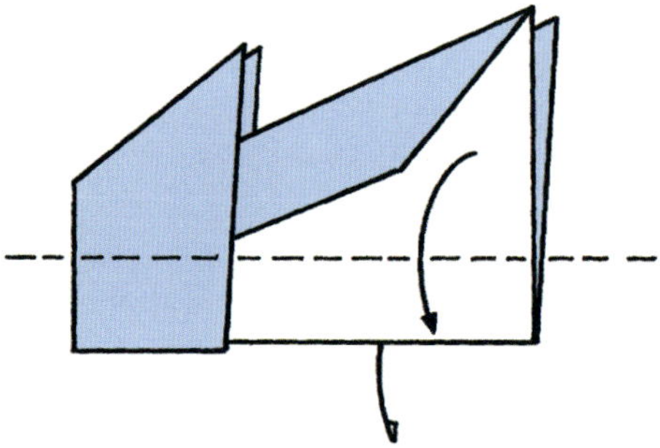

7

Talfalten im angegebenen Bereich. Auch hinten falten.

Tipp:
Alle Faltungen gut mit dem Falzbein glatt streichen. Die Kanzel unten mit Tesafilm fixieren.

8

Der Flieger ist fertig!

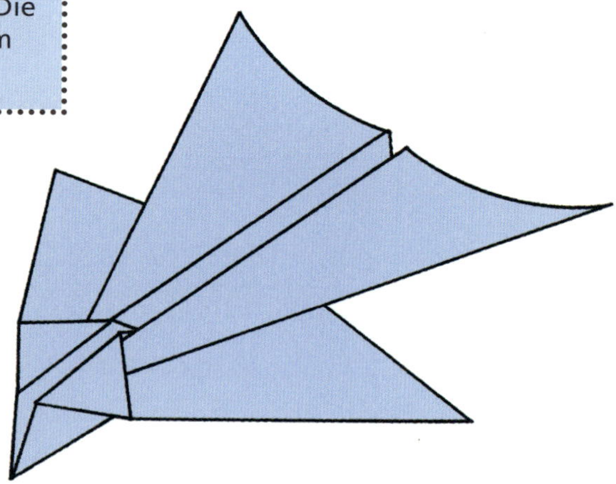

Phoenix

Wurftechnik:
Werfen Sie den Flieger im 45-Grad-Winkel nach oben. Wünschen Sie einen Segler, sollten Sie ihn jedoch sanft und waagerecht abwerfen.

Phoenix

Faltbeginn: Die farbige Seite liegt hinten
Papierformat: DIN A4, 60–80 g/m²

1 Ermitteln Sie die Mittellinie durch Falten und Entfalten.

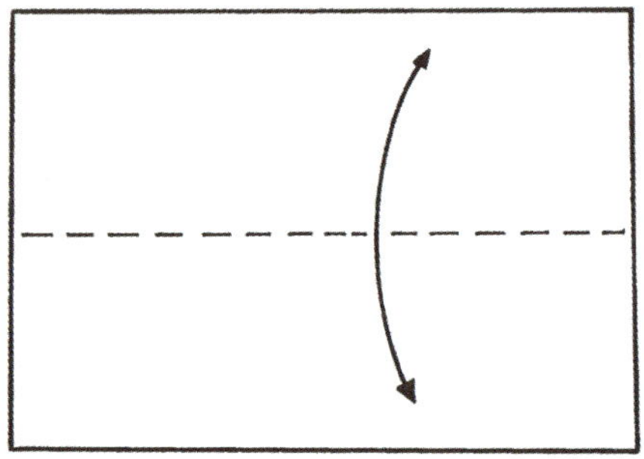

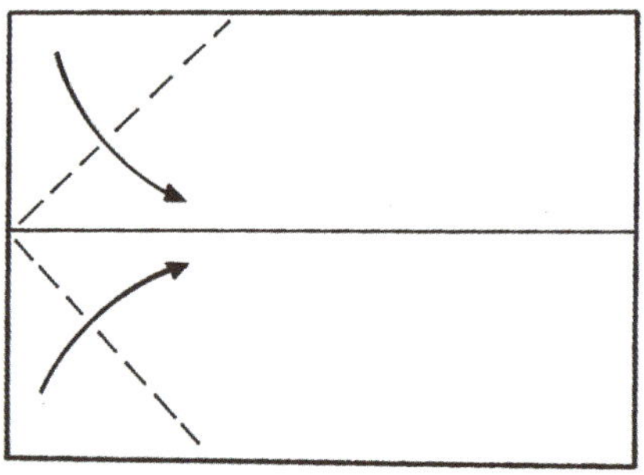

2 Die seitlichen Spitzen zur Mittellinie talfalten.

3 Die Spitze im angegebenen Bereich nach hinten bergfalten.

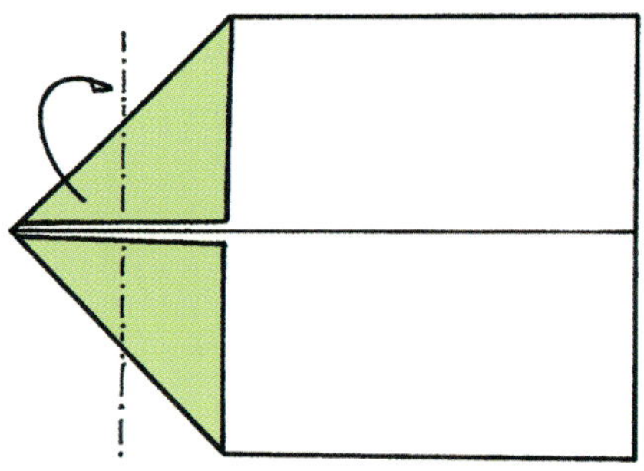

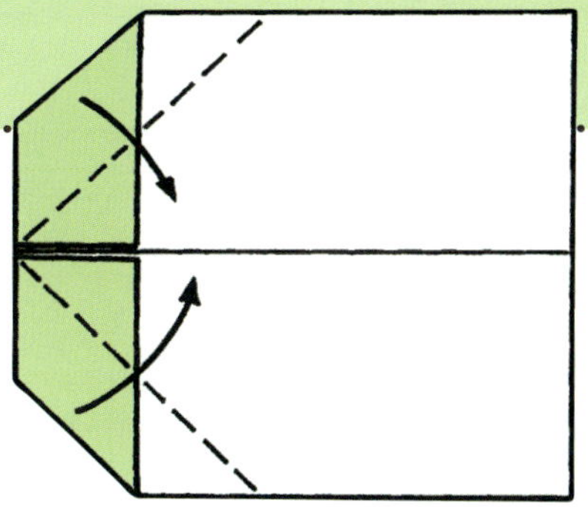

4 Beide vorderen Ecken zur Mitte hin talfalten und gut mit dem Falzbein flach drücken.

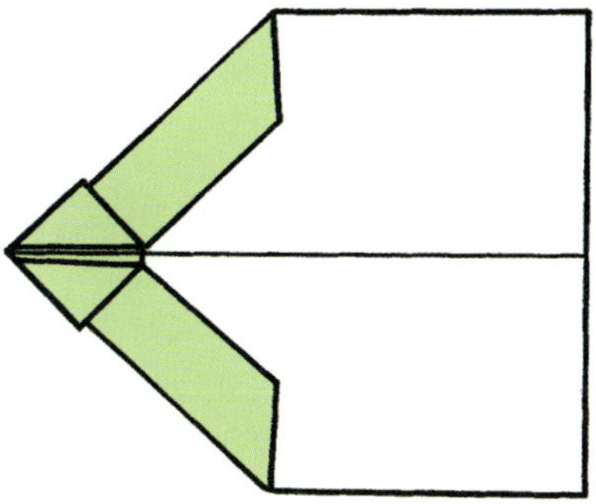

5 Unsere Konstruktion sieht jetzt so aus. Die Figur wenden.

6 Beide Flügel exakt aufeinander falten.

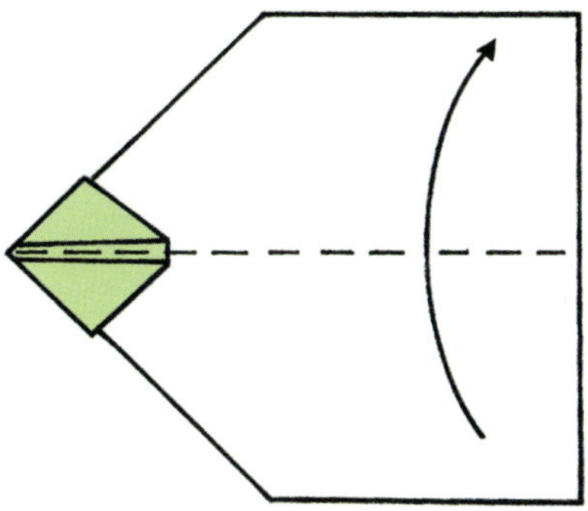

Tipp:
Den Flieger eventuell an der Bugunterkante mit Tesafilm fixieren.

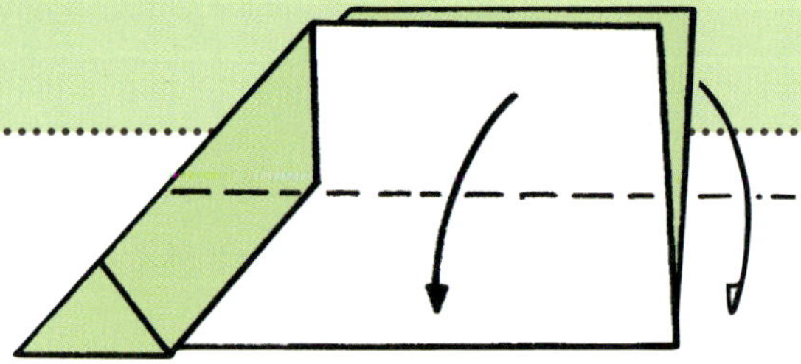

7

Die obere Kante an die untere Kante talfalten. Faltvorgang auf der Rückseite wiederholen.

8

Noch eine Talfalte im angegebenen Bereich, wieder entfalten. Das entstandene Dreieck nach innen versenken.

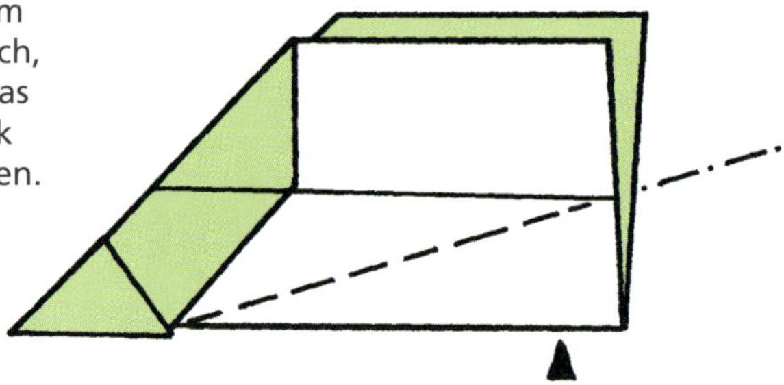

9

Der futuristische Flieger kann nun abheben!

Major Tom

Wurftechnik:
Fassen Sie den Flieger am kleinen Rumpfdreieck und werfen Sie ihn mit wenig Schwung in waagerechter Linie ab. Wirft man ihn hoch, wird er seitlich abstürzen, sich aber dann wieder stabilisieren. Wenn Sie die Ränder der Flügel etwas nach oben biegen, verbessert sich die Flugeigenschaft.

Major Tom

Faltbeginn: Die farbige Seite liegt hinten
Papierformat: DIN A4, 60–80 g/m^2

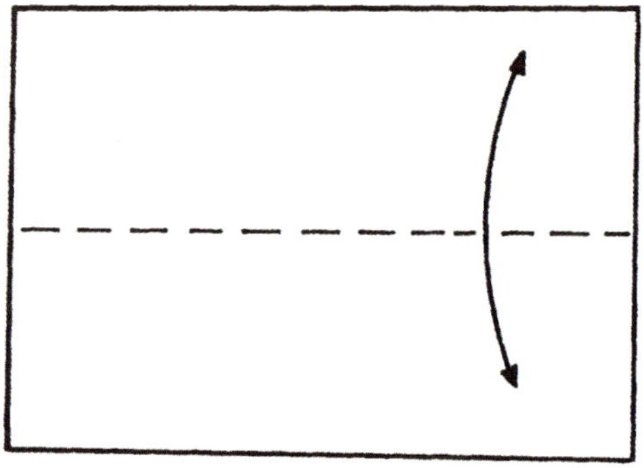

1 Talfalten Sie das Blatt in der Mitte und entfalten Sie es wieder.

2 Beide vorderen Ecken an die Mittellinie talfalten. Nicht ganz gegeneinander falten, damit nicht zu viel Spannung auf dem Papier liegt.

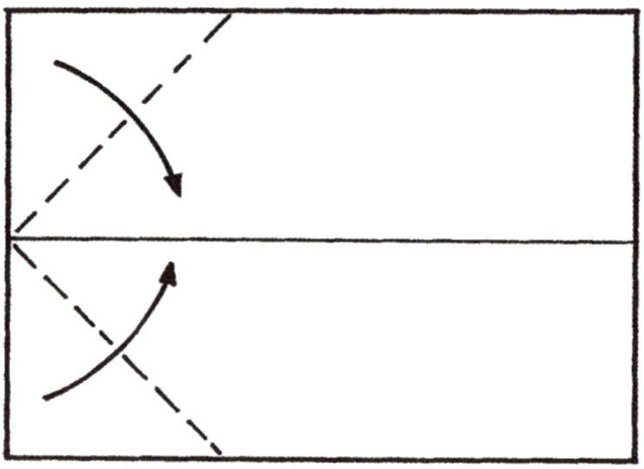

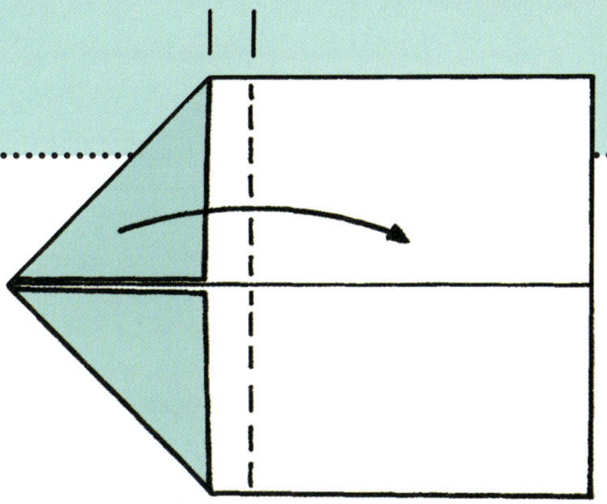

3

Die vordere Spitze nach hinten talfalten. Der Abstand zu den umgefalteten Spitzen beträgt 2 cm.

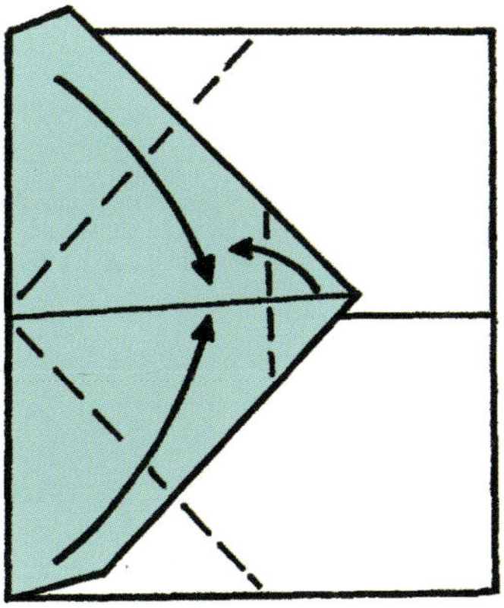

4

Erneut die beiden vorderen Ecken zur Mittellinie talfalten, wieder mit einem kleinen Abstand voneinander. Das kleine Dreieck über die beiden Dreiecke nach vorne falten. Gut mit dem Falzbein flach drücken.

5

Der Flieger sieht jetzt so aus. Beide Tragflächen exakt nach hinten hin aufeinander falten.

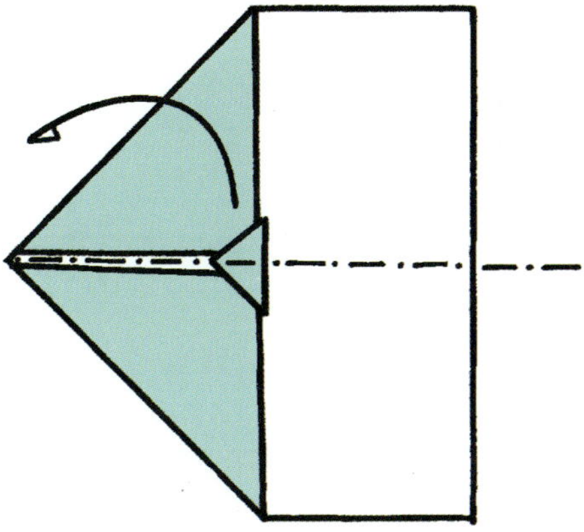

6

Beide Tragflächen an die untere Rumpf-kante talfalten.

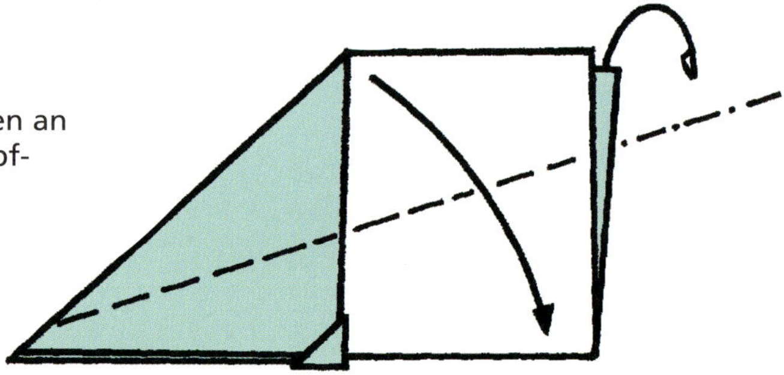

Tipp:
Falten Sie die Flügel exakt im 90-Grad-WInkel zum Rumpf.

7

Der Flieger kann nun losdüsen wie ein Pfeil.

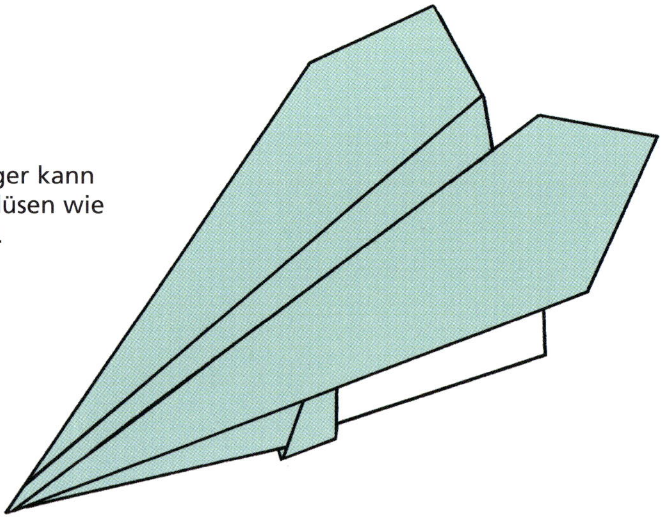

VIA LACTEA

Wurftechnik:
Halten Sie den Flieger im vorderen Bereich, beginnen Sie den Abwurf mit wenig Schwung und einer leichten Neigung nach unten.

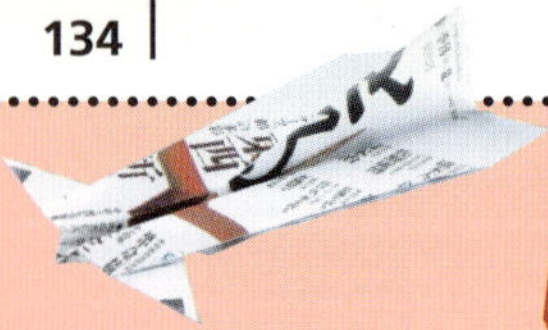

Via Lactea

Faltbeginn: Die farbige Seite liegt hinten
Papierformat: DIN A4, 60–80 g/m²

1 Finden der waagerechten Mittellinie. Die untere vordere Ecke über die Mittellinie falten. Oberhalb dieser entsteht ein Dreieck mit gleichen seitlichen Kantenlängen, dieses nach unten falten.

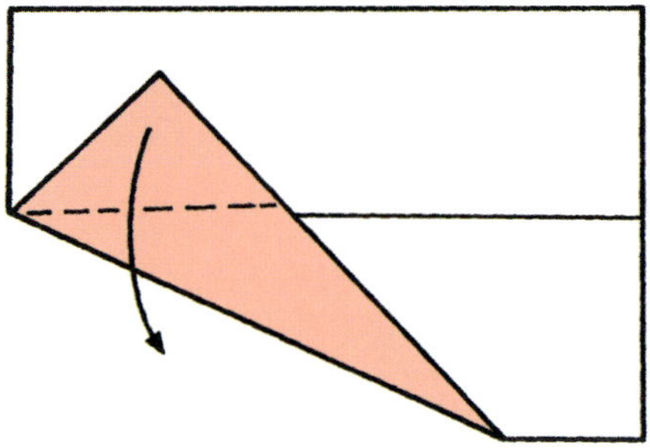

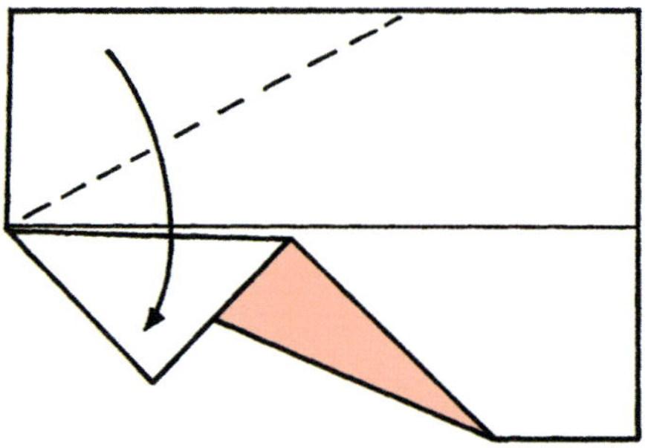

2 Die obere linke Ecke talfalten auf die linke Ecke unten.

3 Das Dreieck der oberen Lage zurückfalten.

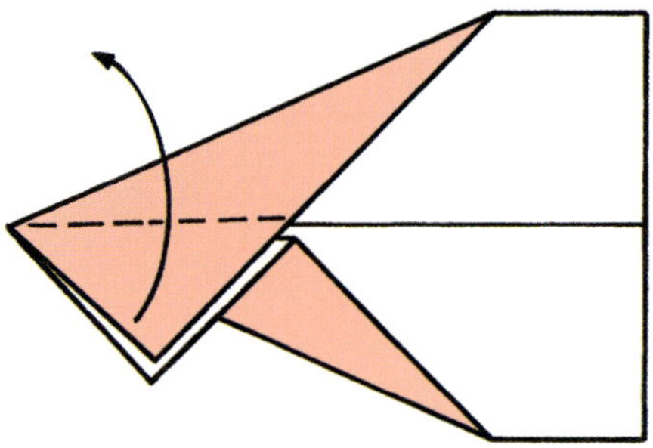

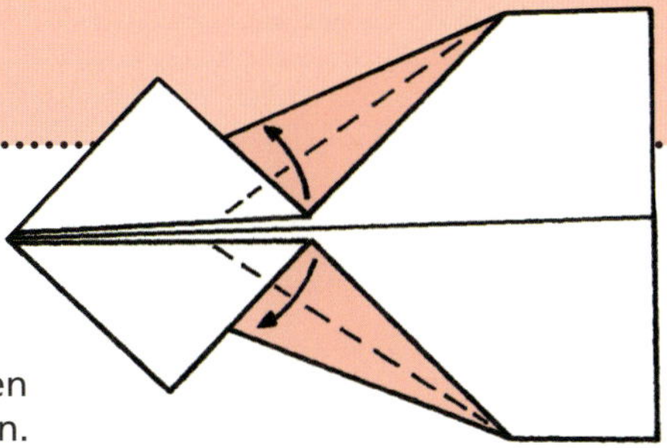

4 Innere diagonale Kanten an die äußeren talfalten. Am Lineal entlang mit dem Falzbein vorfalzen.

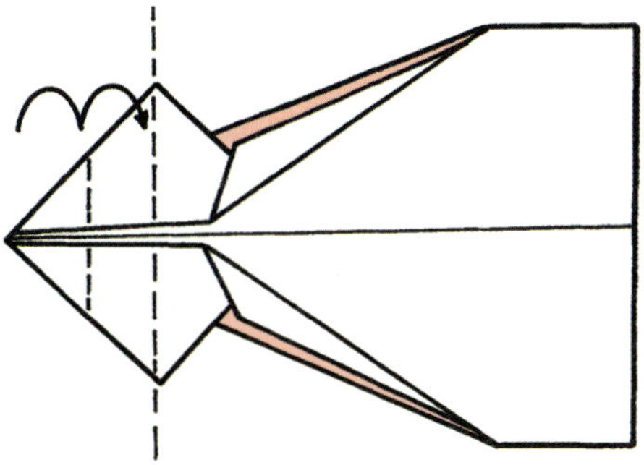

5 Die Spitze zweimal zusammenfalten.

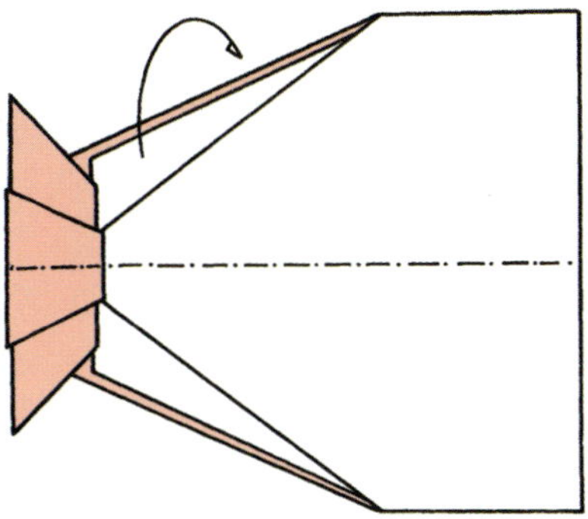

6 Die Konstruktion nach hinten zusammenfalten.

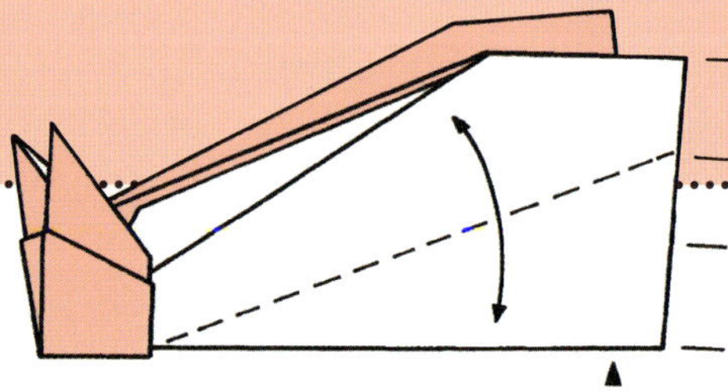

7

Talfalten im angegebenen Bereich und die untere rechte Kante versenken.

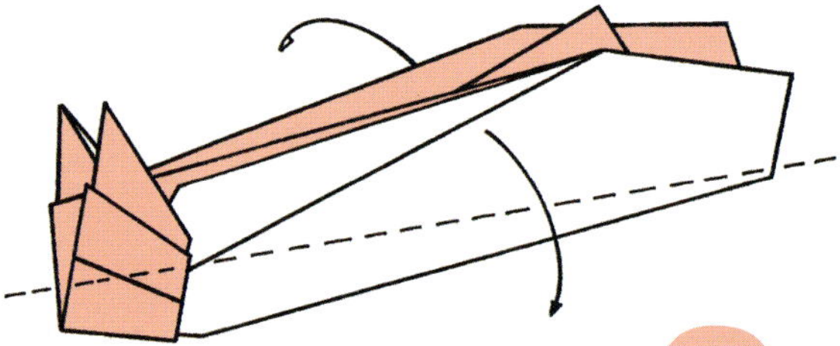

8

Die Konstruktion zusammenfalten. Talfalten im angegebenen Bereich, dabei die Tragflächen auseinander bringen.

Tipp:
Nur Präzision beim Falten garantiert später perfekte Flugeigenschaften. Sorgfältiges Einfliegen und Trimmen gehören bei jedem Modell dazu. Natürlich auch ein bisschen Übung.

9

Der Flieger kann jetzt abheben!

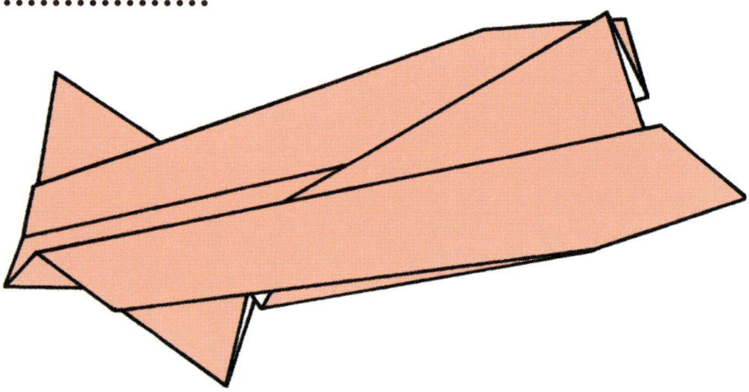

ENTERPRISE

Wurftechnik:
Den Segler mit leichtem Schwung abwerfen. Etwas härter im Bogen abgeworfen, kann er interessante Flugmanöver ausführen.

Enterprise

Faltbeginn: Die farbige Seite liegt vorn
Papierformat: DIN A4, 60–80 g/m²

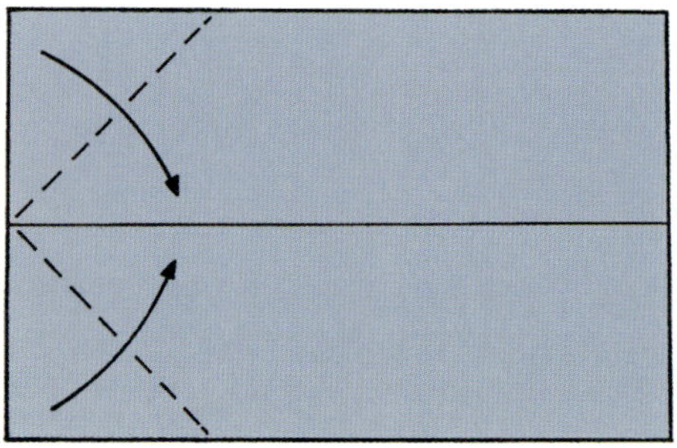

1 Finden der Mittellinie. Danach die vorderen Ecken an die Mittellinie bringen.

2 Die Spitze an die hintere Kante talfalten.

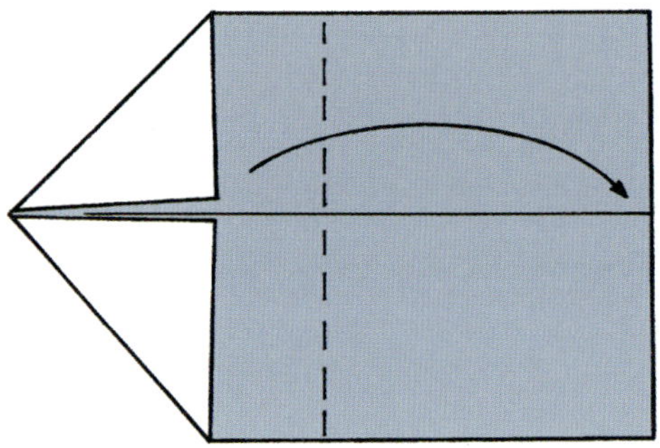

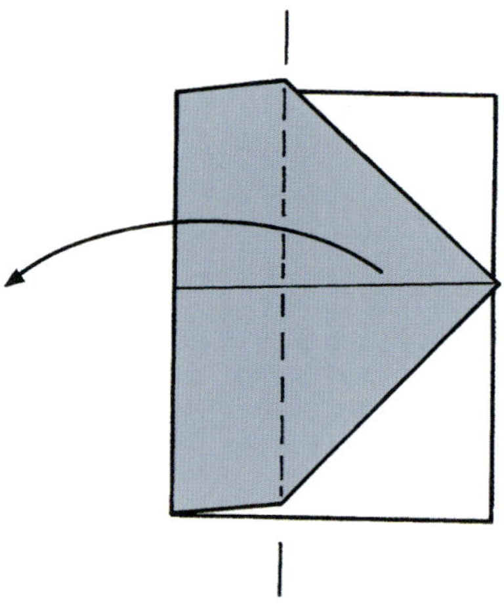

3 Die eben umgefaltete Spitze im angegebenen Bereich wieder zurück falten.

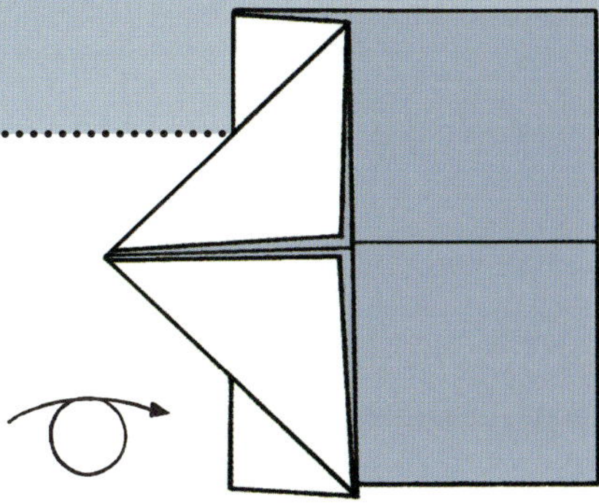

4

Der Flieger sieht jetzt so aus. Die Figur wenden.

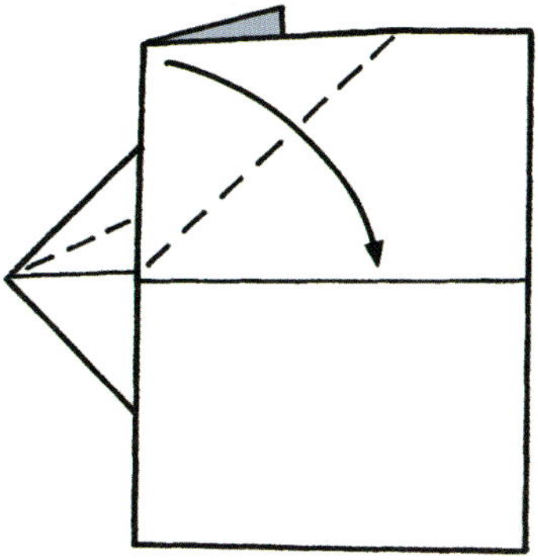

5

Die gekennzeichnete obere Ecke an die Mittellinie bringen. Dabei zieht sich die untere Lage mit an die Mittellinie.

6

Diesen Faltvorgang gut flach drücken und die Faltschritte 5 und 6 mit der unteren Ecke wiederholen.

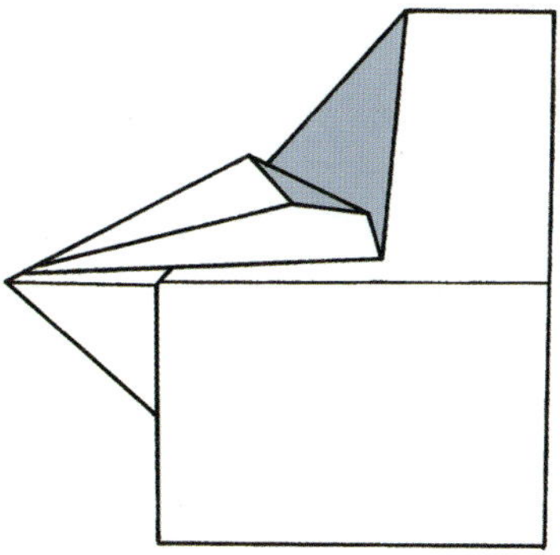

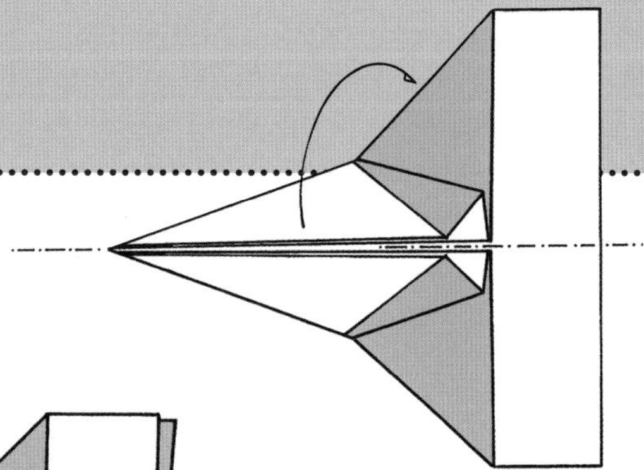

7 Den Flieger nach hinten bergfalten.

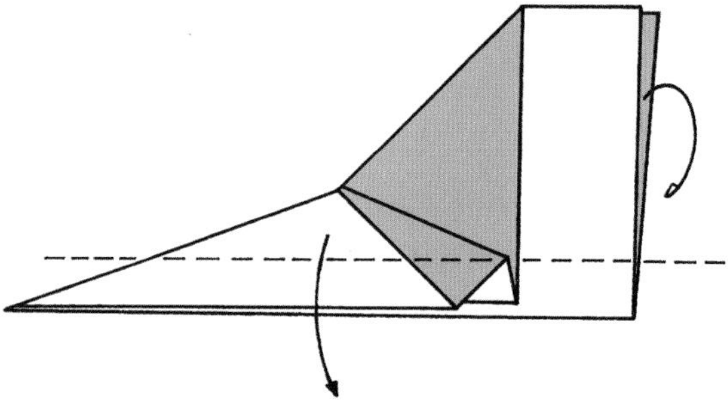

8 Beide Tragflächen nach unten talfalten und wieder in Position bringen.

Tipp:
Ist die Nase nach mehreren Flügen eingedrückt, können Sie diese unter das Rumpfvorderende falten und mit Tesafilm fixieren. Die beiden Lagen unterhalb der Tragflächen eventuell im vorderen Bereich mit Tesafilm fixieren.

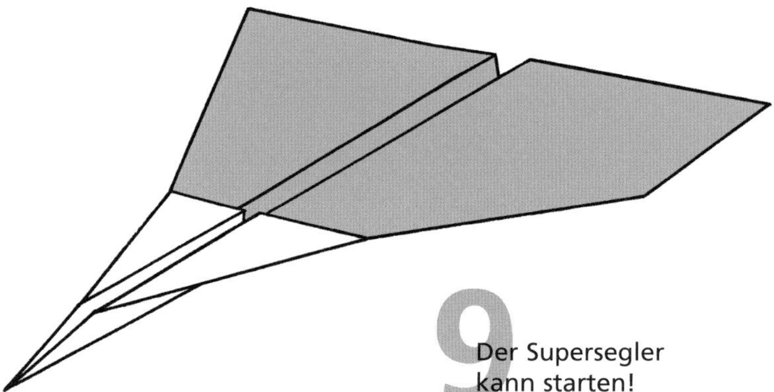

9 Der Supersegler kann starten!

ARIANE

Wurftechnik:
Halten Sie die Konstruktion am Dreieck fest. Der aufgerollte Ring zeigt nach vorne. Treiben Sie das Modell sachte, aber bestimmt in seine Flugbahn. Von einer Empore oder aus größerer Höhe abgeworfen gleitet er majestätisch dahin. Zu mehreren abgeworfen ergibt sich ein schönes Schauspiel!

ARIANE

Faltbeginn: Die farbige Seite liegt vorn
Papierformat: DIN A4, 60–80 g/m²

1 Linke untere Spitze an die gegenüberliegende Kante falten und entfalten.

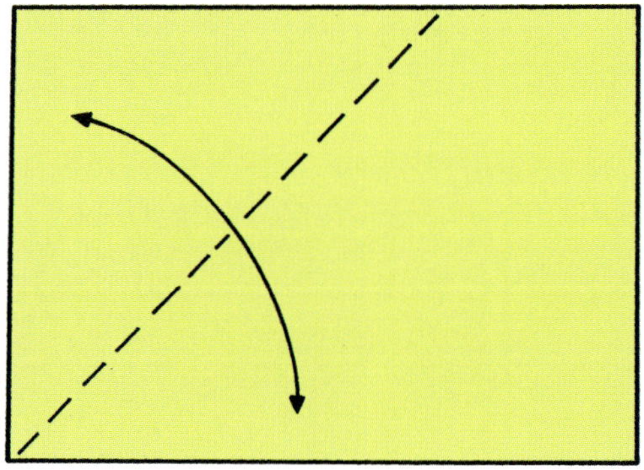

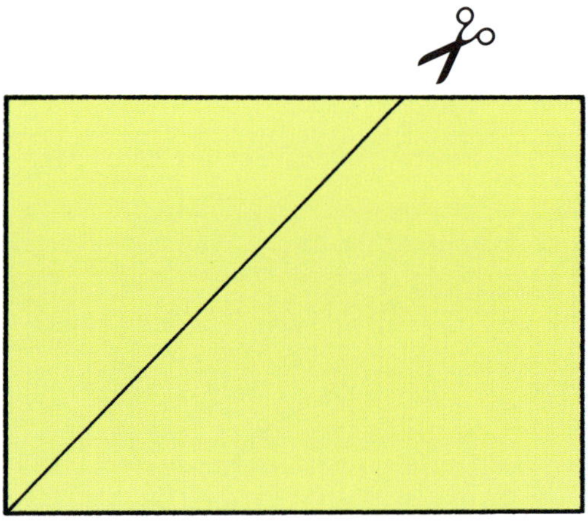

2 Mit dem Cutter oder einer Schere entlang der gefalteten Kante abschneiden.

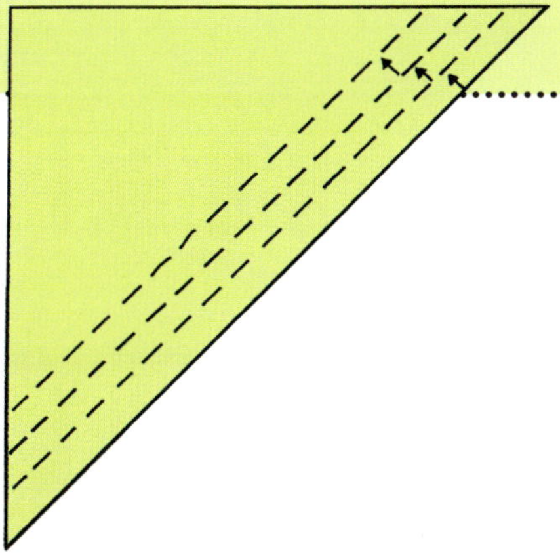

3 Im angegebenen Bereich talfalten. Die Kante wird sozusagen aufgerollt.

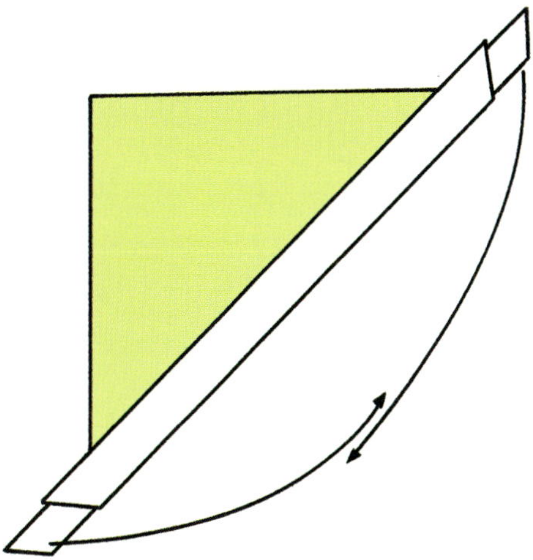

4 Die äußeren Enden ineinander stecken. Vorher die aufgerollte Kante über eine Tischkante ziehen. Dadurch entsteht eine bessere Rundung.

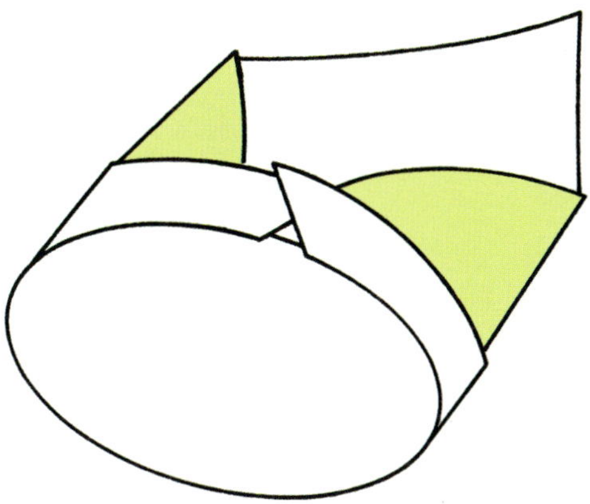

5 Nun kann die Segeltour losgehen!

ANDROMEDA

Wurftechnik:
Werfen Sie beide Modelle mit etwas Kraft, wie in der Anleitung am Anfang des Buches beschrieben.

Andromeda

Faltbeginn: Die farbige Seite liegt vorn
Papierformat: DIN A4, 60–80 g/m²

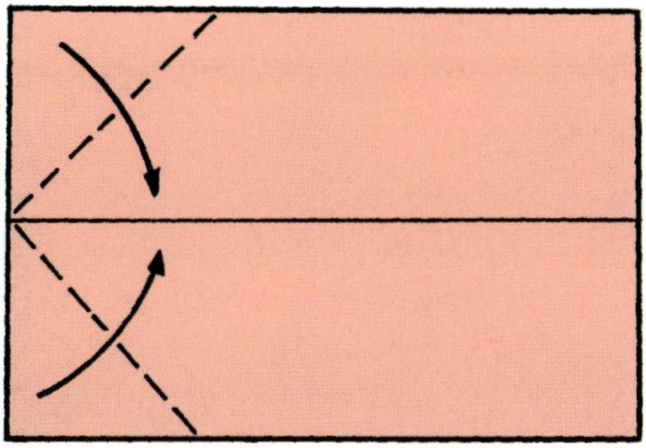

1 Finden der Mittellinie. Dann die vorderen Ecken an die Mittellinie bringen.

2 Die vordere Spitze im angegebenen Bereich talfalten.

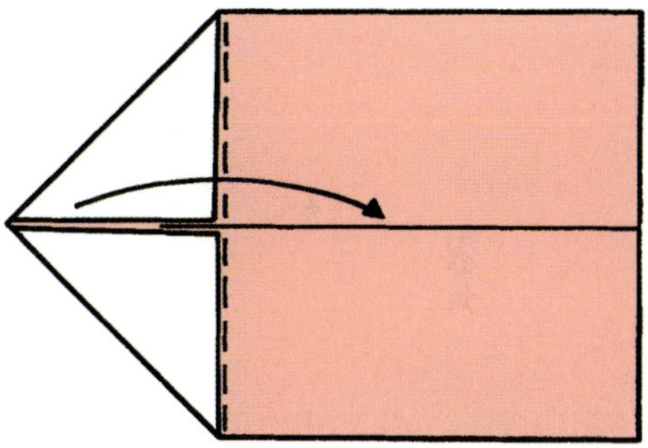

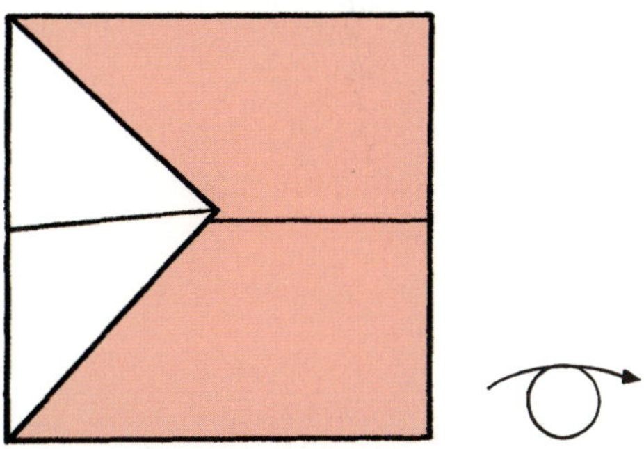

3 Der Flieger sieht jetzt so aus. Die Figur wenden.

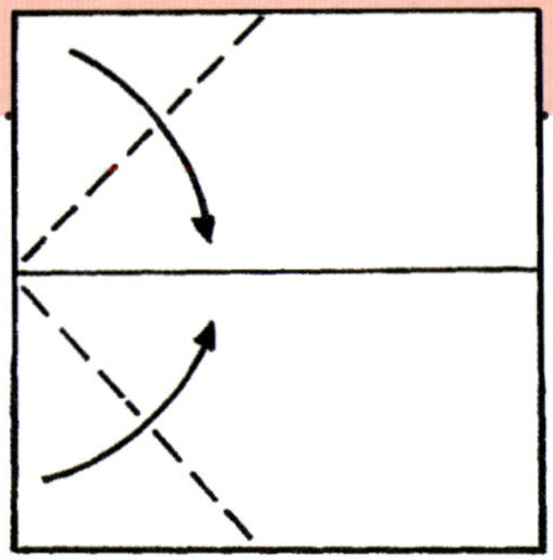

4

Die vorderen Ecken erneut zur Mittellinie talfalten.

5

Beide Hälften nach hinten bergfalten.

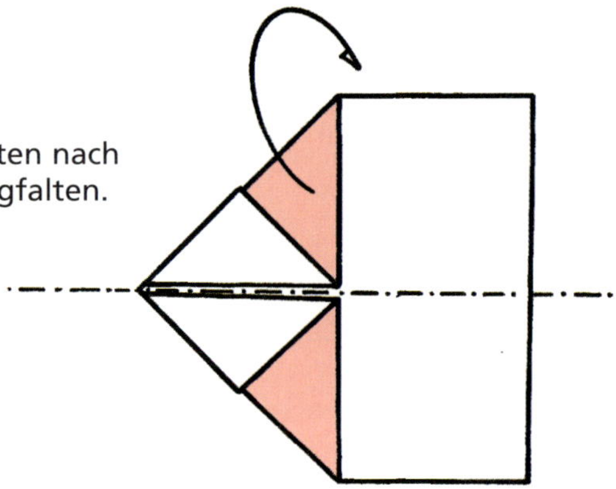

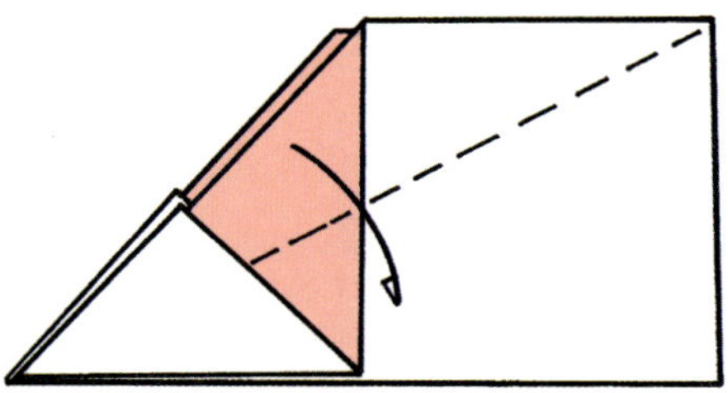

6

Talfalte im angegebenen Bereich, wobei die Talfalte innerhalb der vorderen Tasche in der Spitze ausläuft.

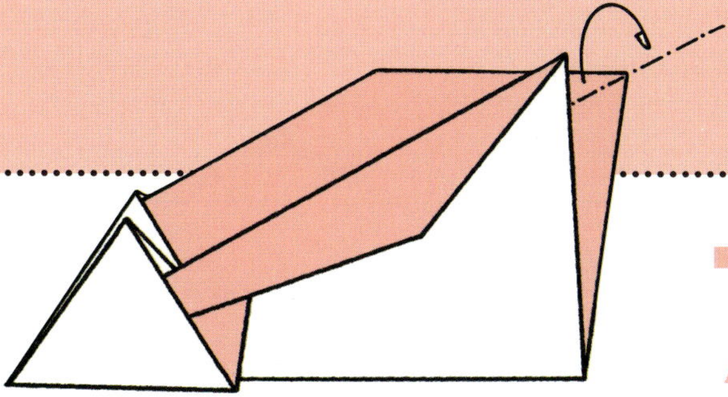

7 Auch mit dem hinteren Flügel wiederholen.

8 Tal- und bergfalten im angegebenen Bereich mit beiden Flügeln.

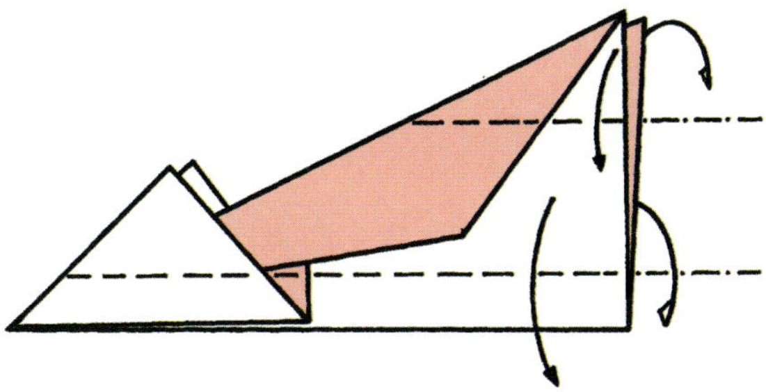

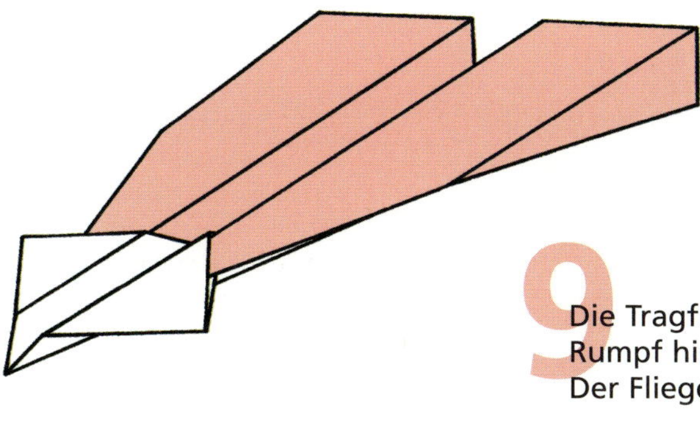

9 Die Tragflächen zum Rumpf hin ausformen. Der Flieger ist fertig!

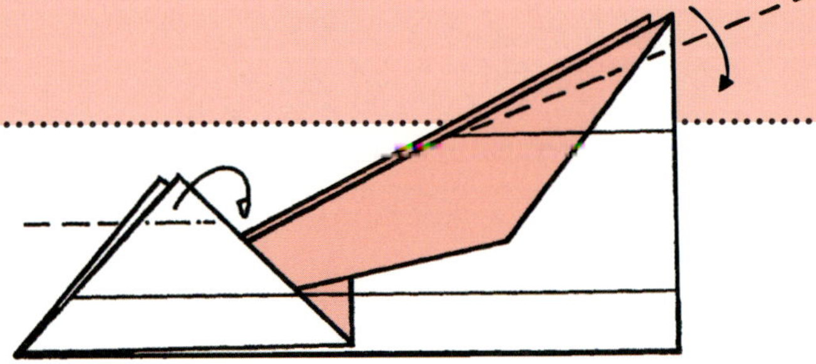

10

Die Variation der Konstruktion. Ab hier noch Berg- und Talfalten einbringen, wieder gut ausformen, und ein guter Kunstflugflieger ist fertig.

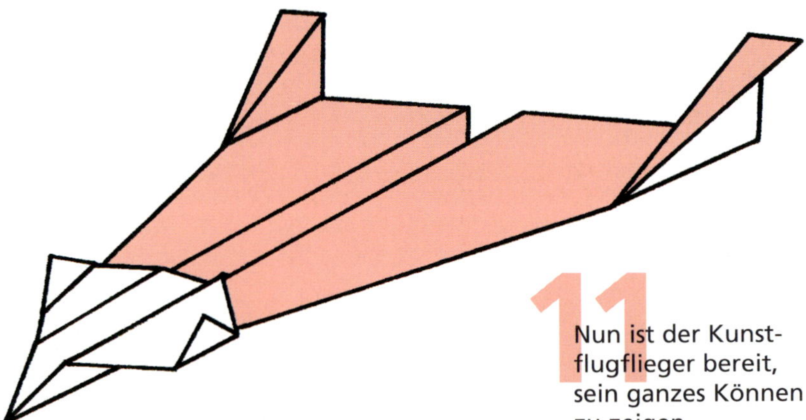

11

Nun ist der Kunstflugflieger bereit, sein ganzes Können zu zeigen.

Tipp:
Bei der Gleitflugausführung Nr. 9 die Winglets in 90°-Winkel nach unten falten. Bei der Kunstflugausführung Nr. 11 die vorgefalteten Falten in angegebener Richtung gut ausformen.

Circular

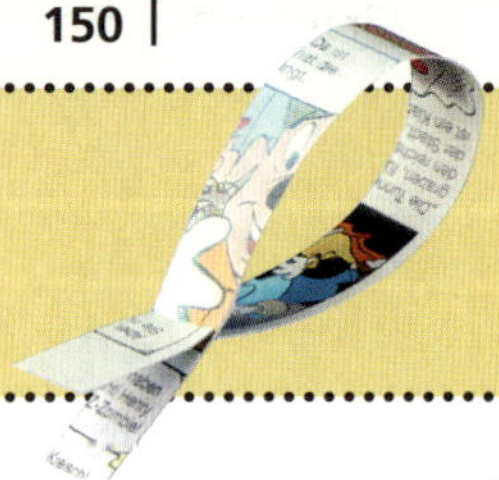

Circular 1

Faltbeginn: Die farbige Seite liegt hinten
Papierformat: DIN A4, 60–80 g/m^2

Wurftechnik:
Hochhalten und einfach fallen lassen. Nach einer kurzen Fallstrecke beginnt dieses spaßige Spielzeug sich um seine eigene Achse zu drehen.

1 Schneiden Sie einen Streifen Papier in beliebiger Länge und Breite zu.

2 Kurz vor den Enden, einmal von oben, einmal von unten, bis zur Hälfte einschneiden.

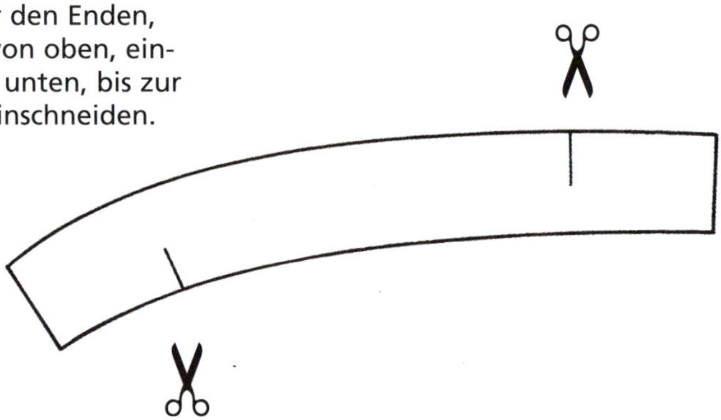

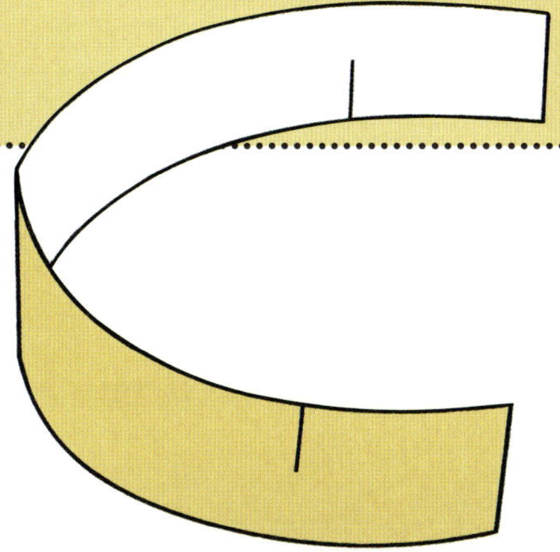

3 Nun die beiden Einschnitte ineinander stecken, sodass eine Form entsteht, die an einen Fisch erinnert.

Tipp:
Vorne leicht flach drücken. Je kleiner die Schlaufen sind, desto schneller drehen sie sich.

4 Die fertige Konstruktion.

Die Konstruktion auf dem Foto ist aus doppelseitig bedrucktem Papier gefertigt.

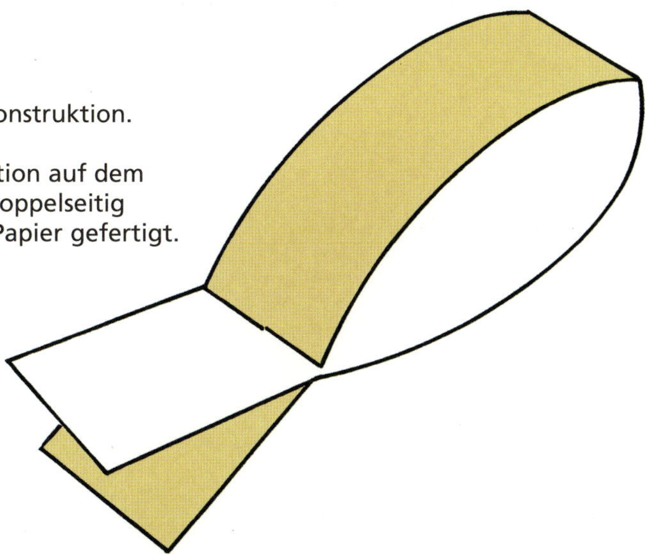

Circular 2

Faltbeginn: Die farbige Seite liegt hinten
Papierformat: DIN A4, 60–80 g/m²

Wurftechnik:
Von weit oben fallen gelassen, beginnt er nach einem Stück freien Fall sich um seine eigene Achse zu drehen. Durch verstellen der Rotorblätter kann man die Drehgeschwindigkeit regulieren. Viele Circulars in verschiedenen Farben und Größen abgeworfen, ergeben ein sehr schönes Bild. Die vertikalen und horizontalen Drehbewegungen werden Sie begeistern!

1 Übertragen Sie die Konstruktion auf festes Papier und schneiden Sie sie.

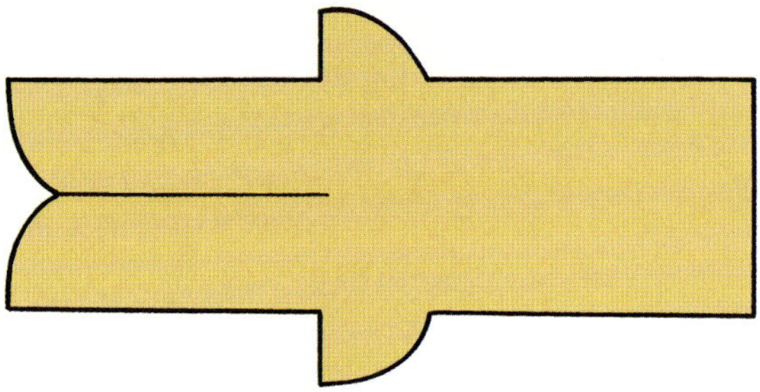

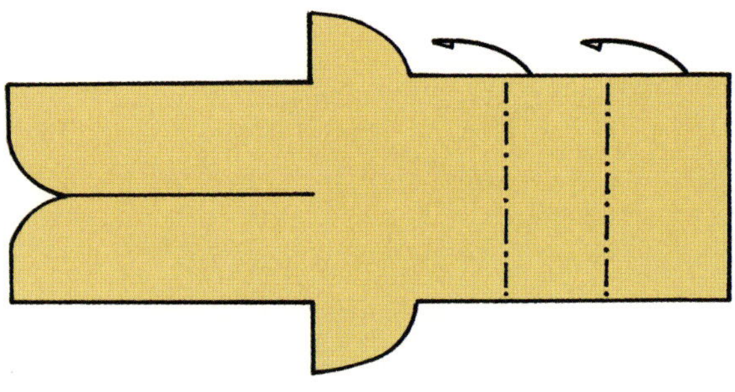

2 Den unteren Teil mit dem Cutter oder einer Schere einschneiden. Einfacher geht es mit einer Fotokopie. Zweimal im vorderen Teil bergfalten.

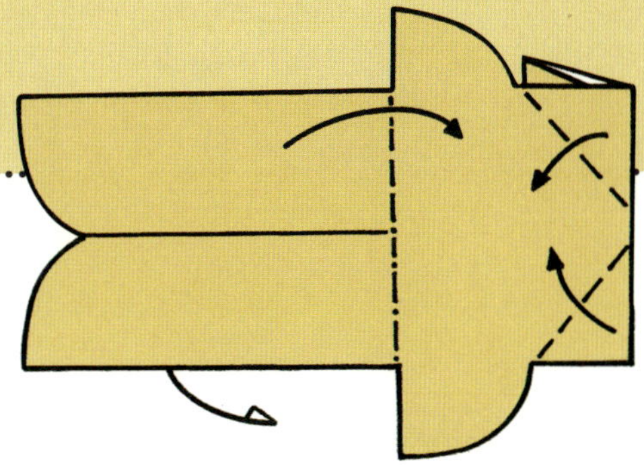

3 Die beiden vorderen Ecken zur Mitte hin talfalten. Die eingeschnittenen Teile im angegebenen Bereich talfalten und bergfalten.

Tipp:
Beide unteren Dreiecke mit Tesafilm oder einer Büroklammer fixieren. Die Rotorblätter sollten im 90-Grad-Winkel zum Rumpf stehen.

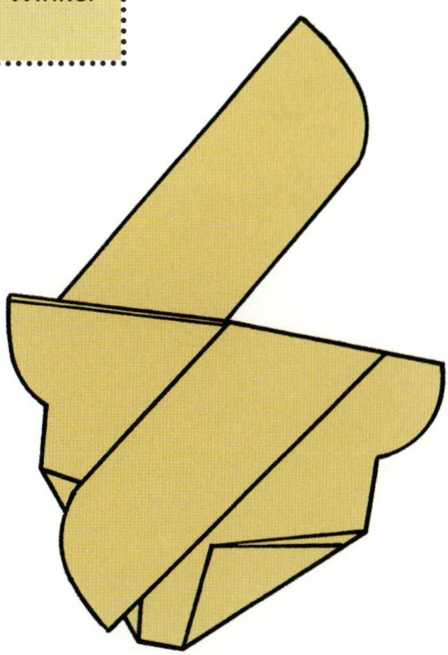

4 Der fertige Circular 2.

Die Konstruktion auf dem Foto ist aus doppelseitig bedrucktem Papier gefertigt.

ARARA

Wurftechnik:
Halten Sie den Flieger im vorderen Bereich und werfen Sie ihn in Schulterhöhe kräftig nach vorne.

Arara

Faltbeginn: Die farbige Seite liegt hinten
Papierformat: DIN A4, 60–80 g/m²

1

Tal- und bergfalten im angegebenen Bereich. Seitlichen Streifen abschneiden und aufbewahren, für den Schwanz. Die Bergfalte zur Mitte hin gegeneinander falten. Es entsteht ein zusammengeschobenes Dreieck.

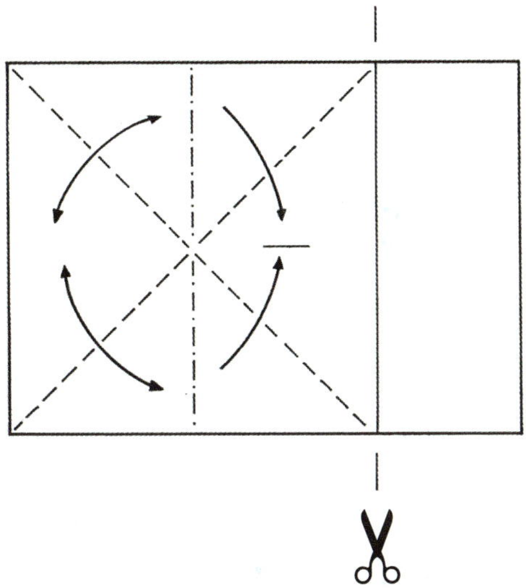

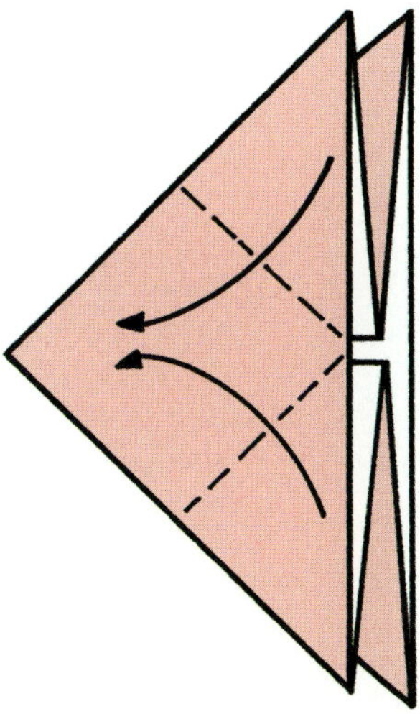

2

Das Dreieck sieht jetzt so aus. Beide Spitzen der oberen Lage nach vorne talfalten.

3

Vom abgeschnittenen Streifen können Sie 1/3 der Breite nach abschneiden. Den Streifen in der Mitte talfalten und wieder entfalten. Die vorderen Ecken an die Mittellinie falten.

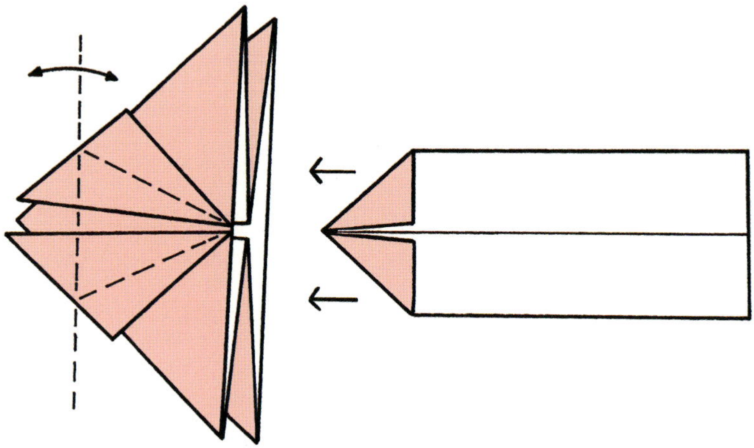

4

Talfalten im angegebenen Bereich und wieder entfalten. Jetzt den Streifen zwischen beide Lagen zur Spitze schieben. Nun die Spitze der unteren Lage zur Mitte hin talfalten. In den langen Dreiecken sind Taschen entstanden, diese zur Mitte hin bringen. Beide vorderen Spitzen der oberen Lage in die jeweilige Tasche stecken. Gut flach drücken.

Tipp:
Sie können mit Tesafilm den Rumpf fixieren, sodass er nicht zu weit auseinander steht.

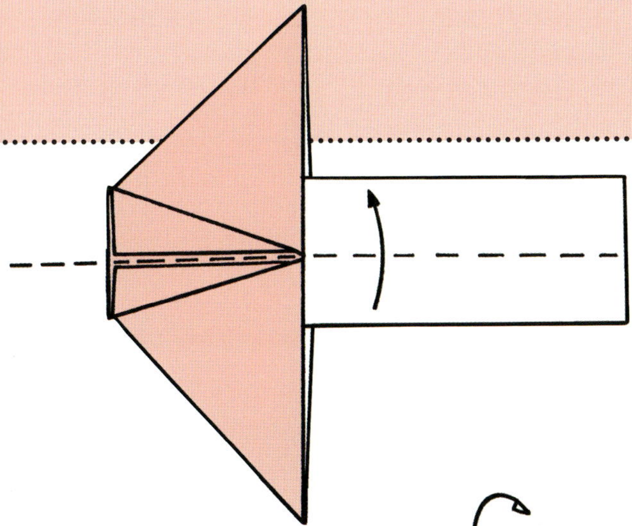

5

Den Flieger in der Mitte zusammenfalten. Exakt aufeinander und gut mit dem Falzbein flach drücken.

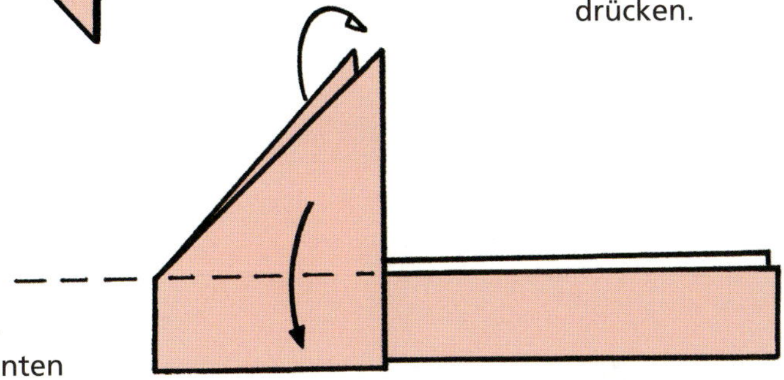

6

Noch die Tragflächen nach unten talfalten und in Position bringen.

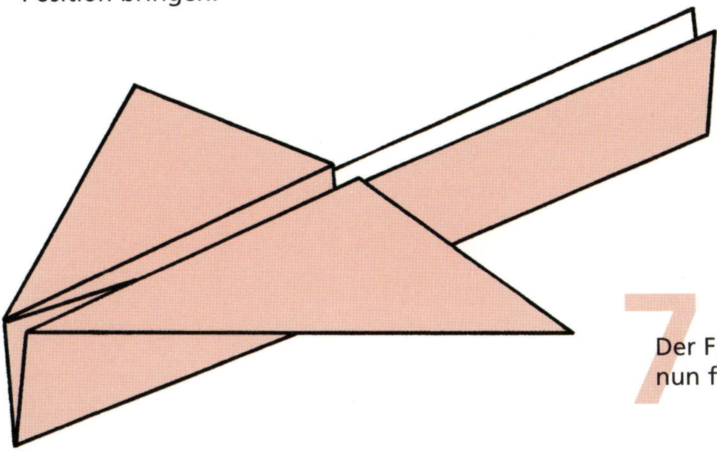

7

Der Flieger ist nun fertig!

Brasil

Wurftechnik:
Kräftig nach oben abgeworfen segelt der Flieger sachte zum Boden zurück. Auch von einem höheren Punkt abgeworfen steigt er bei guter Thermik in großen Höhen auf.

BRASIL

Faltbeginn: Die farbige Seite liegt hinten
Papierformat: DIN A4, 60–80 g/m²

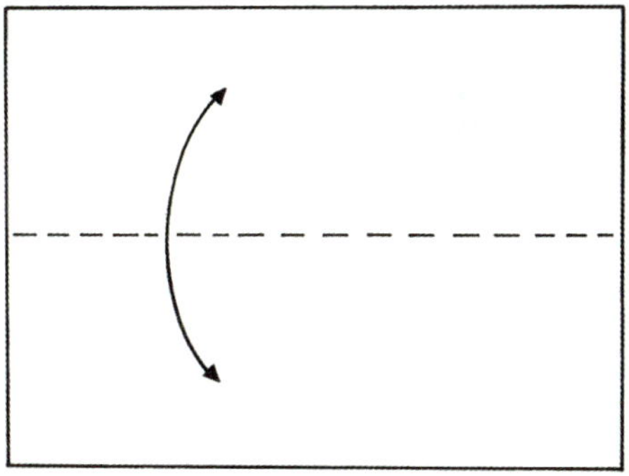

1 Durch Talfalten die Mittellinie ermitteln. Falten und entfalten.

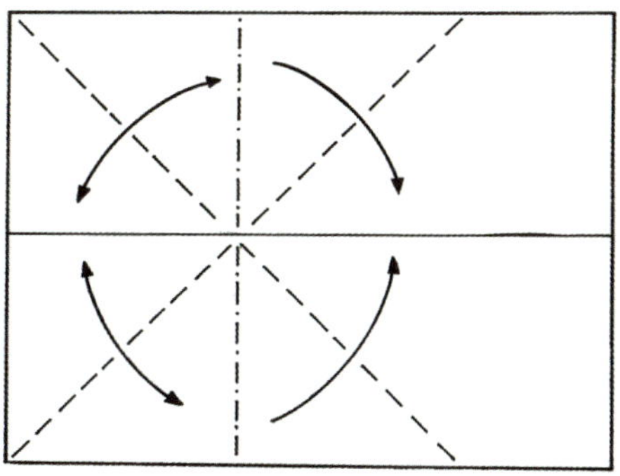

2 Berg- und talfalten im angegebenen Bereich. Dann die Bergfalte an die Mittellinie bringen. Es entsteht ein zusammengeschobenes Dreieck.

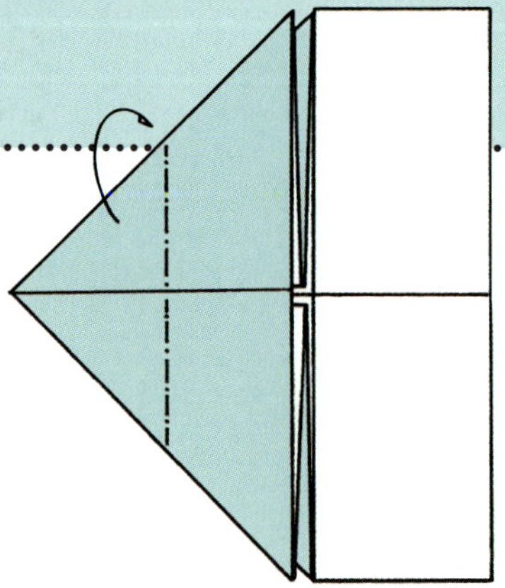

3 Die Spitze nach hinten bergfalten und mit den Falzbein gut flach drücken.

4 Die obere und die untere Spitze zur Mitte talfalten.

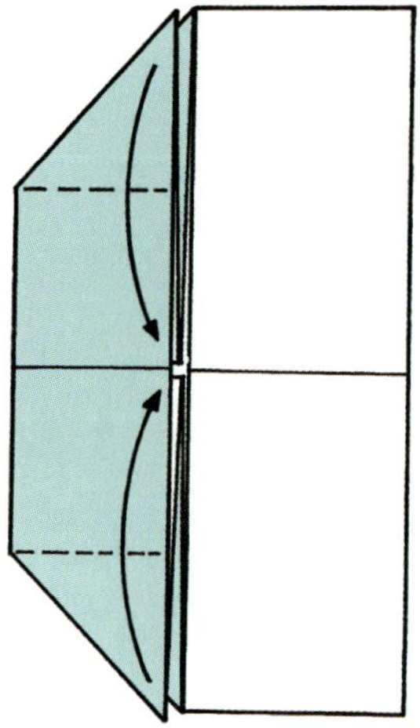

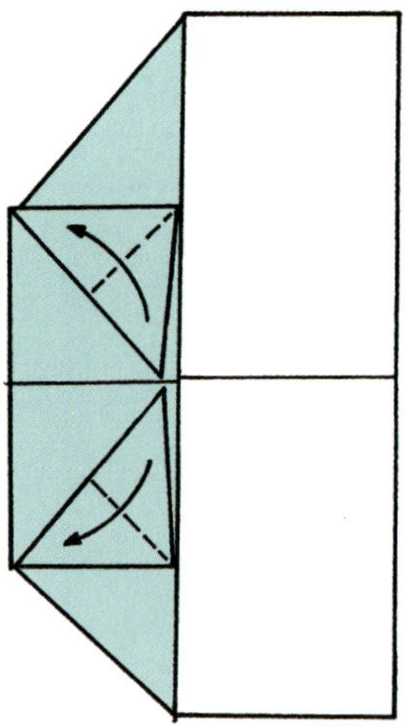

5 Talfalten mit beiden Dreiecken im angegebenen Bereich.

6a

Noch einmal talfalten im angegebenen Bereich. Durch Talfalten beide kleinen Dreiecke wieder auf die untere Lage zurückfalten.

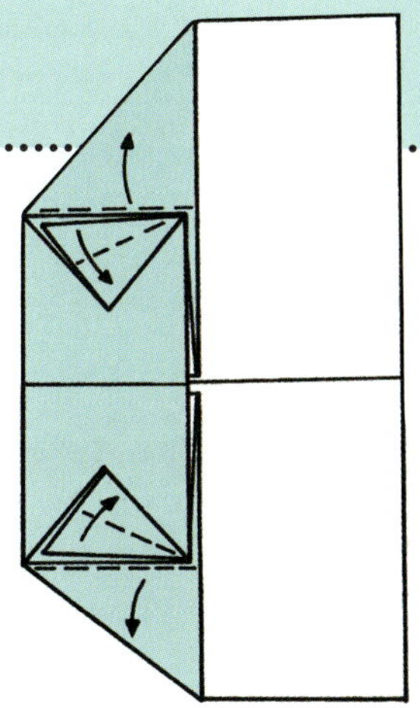

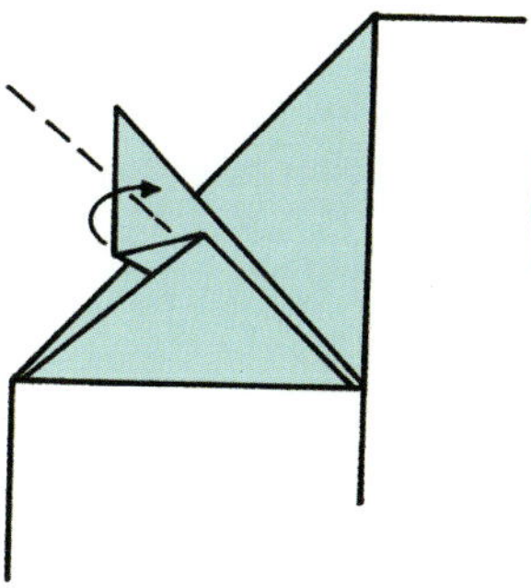

6b

Detailzeichnung von einem zurückgefaltetem Dreieck. Noch eine kleine Talfalte im angegebenen Bereich. Die Talfalte läuft in der unteren Spitze aus.

7

Die Tragflächen nach hinten zusammenfalten.

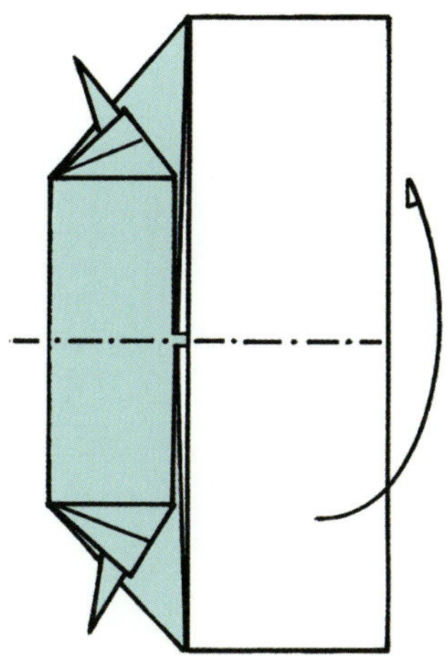

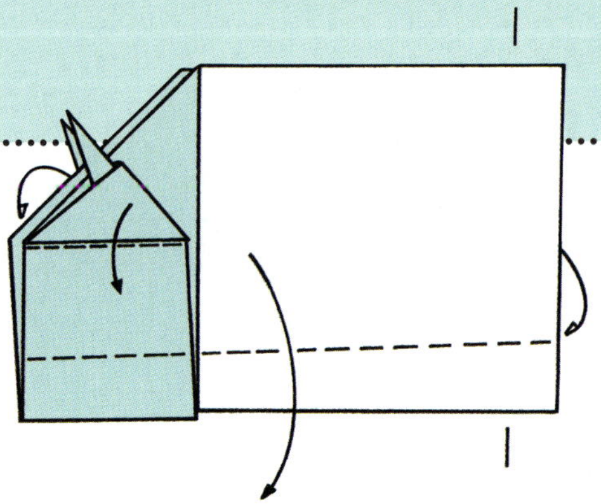

8

Durch Talfalten die Flügel nach unten falten und wieder in Position bringen. Vorne 2 cm, nach hinten hin leicht ansteigend. Am Lineal entlang gut vorfalzen.

Tipp:
Die angedeuteten Radkästen unter den Tragflächen mit Tesafilm fixieren. Sie können die Tragflächen auch ein Stück kürzen und die Enden leicht ausrunden.

9

Der fertige Superflieger!

Air Entenhausen

Wurftechnik:
Den Flieger am vorderen Rumpfende halten und kräftig nach vorne werfen. Mit den aufgestellten Klappen lassen sich die Flugeigenschaften des Superfliegers stabilisieren. Ausprobieren und los geht's!

Air Entenhausen

Faltbeginn: Die farbige Seite liegt vorn
Papierformat: DIN A4, 60–80 g/m²

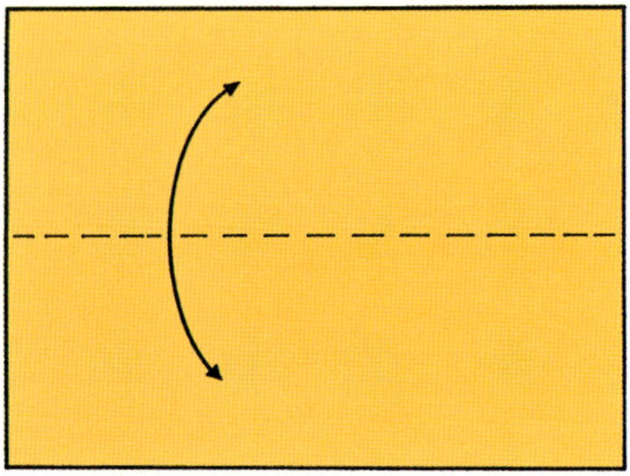

1 Die Mittellinie finden, durch obere Kante an die untere Kante talfalten und wieder entfalten.

2 Berg- und talfalten im angegebenen Bereich. Dann die Bergfalte an die Mittellinie falten. Es ist ein Dreieck entstanden.

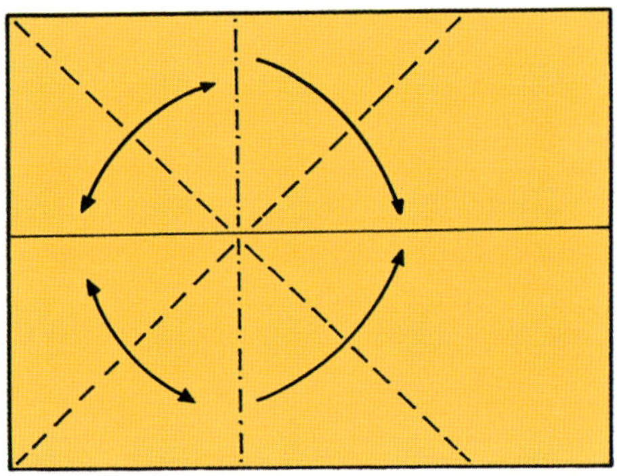

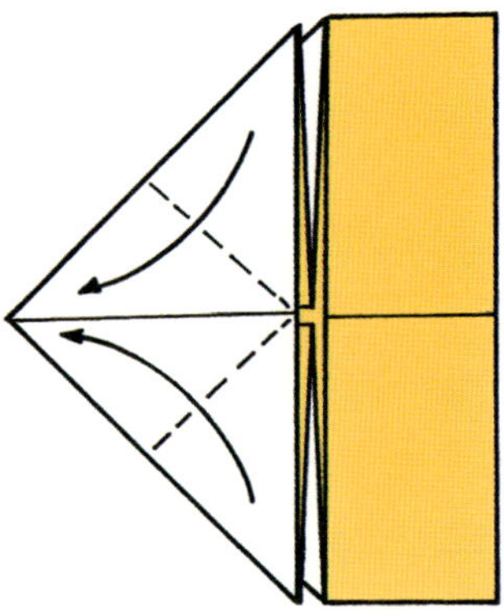

3 Beide Dreiecke der oberen Lage nach vorne talfalten.

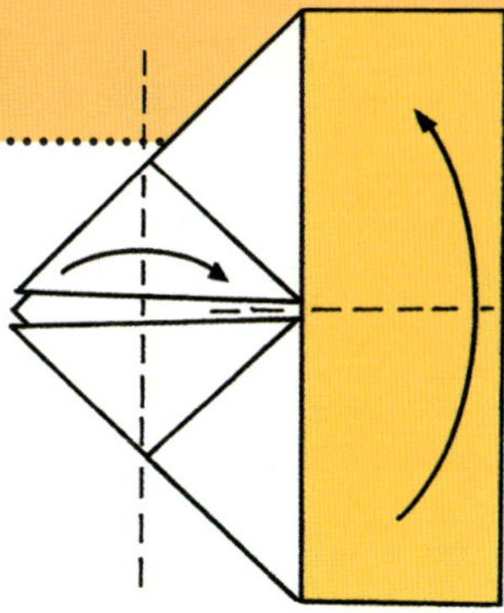

4 Die vorderen Spitzen im angegebenen Bereich zur Mitte hin talfalten. Danach den Flieger exakt aufeinander falten und mit dem Falzbein gut andrücken.

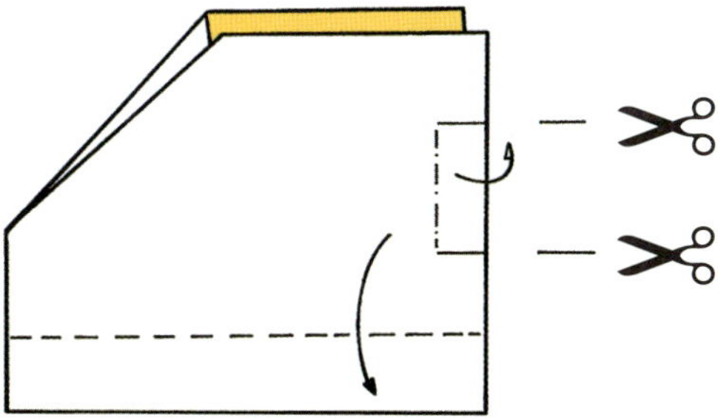

5 Die Flügelenden im angegebenen Bereich mit der Schere oder dem Cutter einschneiden. Noch die Flügel talfalten, 2 cm von der Unterkante. Beide Flügel ausformen und die eingeschnittenen Klappen nach oben bringen.

6 Der Flieger wartet auf einen großen Wurf.

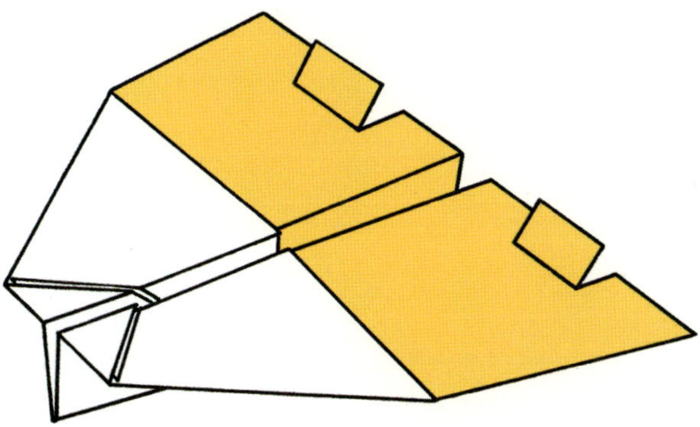

OMEGA

Wurftechnik:
Kraftvoll nach oben geworfen kommt er im großen Bogen zum Boden zurück. Ein eleganter und guter Flieger!

Omega

Faltbeginn: Die farbige Seite liegt vorn
Papierformat: DIN A4, 60–80 g/m²

1 Finden der Mittellinie.

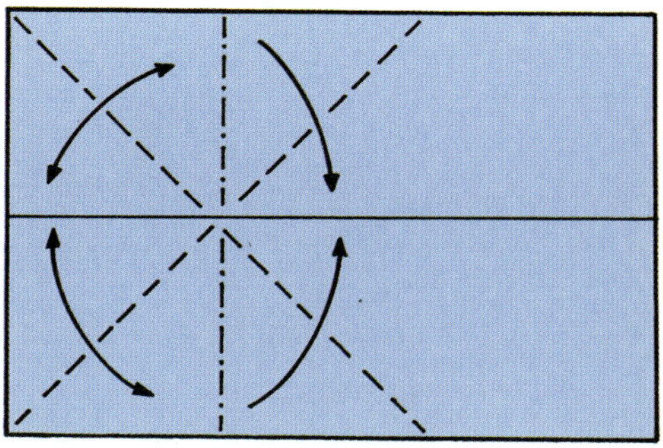

2 Berg- und talfalten im angegebenen Bereich. Die Bergfalte an die Mittellinie bringen. Es entsteht ein zusammengeschobenes Dreieck.

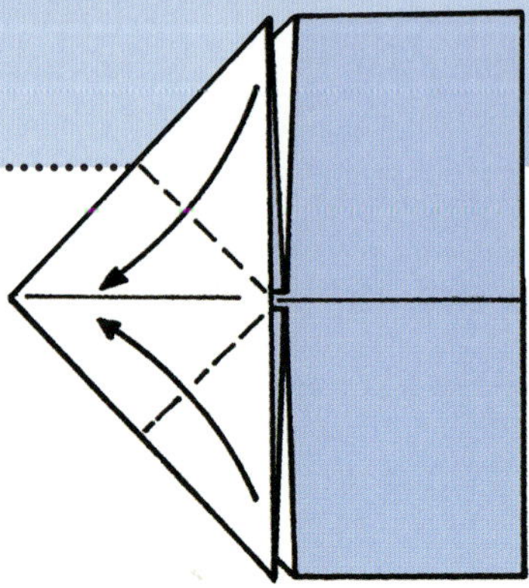

3

Talfalten der beiden Ecken zur Spitze hin.

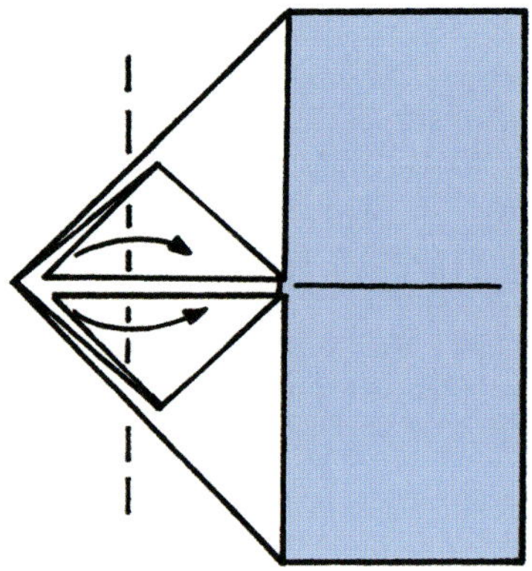

4

Beide Spitzen der oberen Lage zur Mitte hin talfalten.

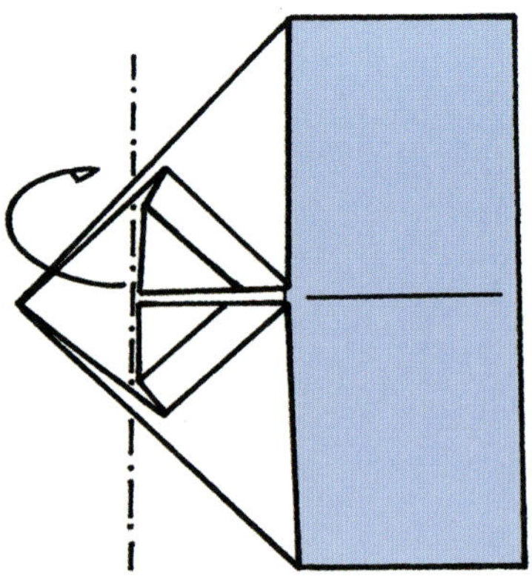

5

Die Spitze im angegebenen Bereich nach hinten falten.

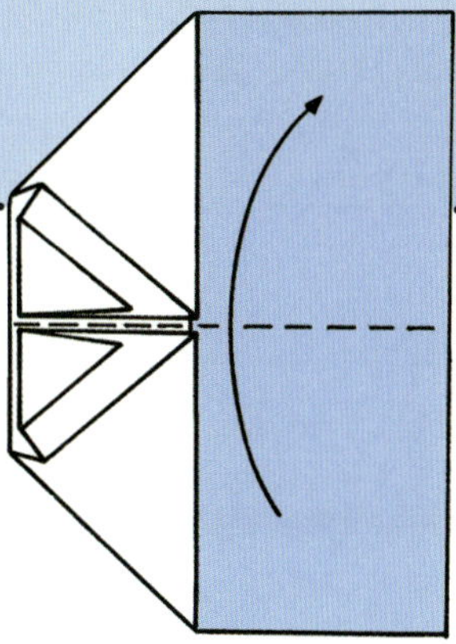

6

Der Flieger sieht jetzt so aus. Die Flügel durch eine Talfalte zusammenfalten.

7

Durch Talfalten im unteren Bereich (2 cm Höhe) die Flügel nach unten bringen. Noch die Winglets falten, (1,5 cm von der Kante entfernt). Den Flieger gut in Position bringen.

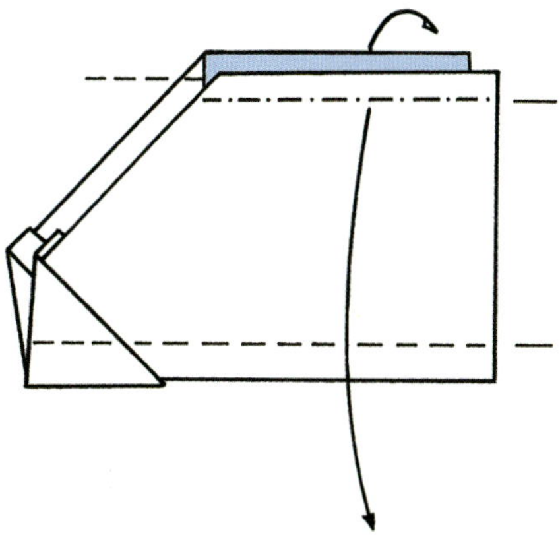

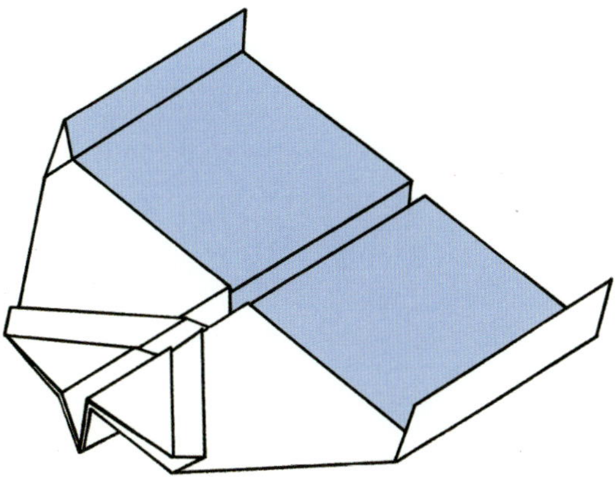

Tipp:
Durch Fixieren mit Tesafilm den Flieger in Form halten.
Die Winglets sollten im 90-Grad-Winkel zum Rumpf stehen.

WETTBEWERBE

Ein Heidenspaß

Solange es Papierflieger gibt, wird es auch Papierfliegerwettbewerbe geben. Schon zwei Papierfliegerpiloten können einen Wettkampf austragen. Richtig spannend wird's doch, wenn sich viele daran beteiligen. Das Schöne bei diesen Wettbewerben: Es kann sich wirklich jeder daran beteiligen, unabhängig von Statur oder Alter. Und eine Starterlaubnis bekommen Papierflieger eigentlich überall – im Freien oder einer Halle, ebenerdig oder von einem Gebäude herab.

Wettkämpfe machen aus zweierlei Gründen Spaß. Zum einen ist jeder gefordert, sein Bestes zu geben, und zum anderen kann man im Vergleich mit Freunden viel dazulernen und seine Technik verbessern. Für Wettbewerbe im Freien eignen sich alle größeren Plätze wie ein Park, ein freies Feld oder ein Sportplatz. Dort sind es vor allem die unkontrollierten Luftströme, die den Reiz einer solchen Veranstaltung erheblich steigern können. Wie wär's mit einem Kunstflugwettbewerb? Andere mögliche Disziplinen sind zum Beispiel Flugweite, Flugdauer, Zielgenauigkeit, Ästhetik, Originalität oder Präzision im Falten.

Berechenbarer sind jedenfalls Hallenwettbewerbe. Sie bieten kontrollierbare Bedingungen, und das Wetter spielt hier keine Rolle. Turnhallen, Gemeinde- und Tagungszentren, eine Mensa oder die Aula einer Schule eignen sich prima. Noch schöner und auch medienwirksamer, wenn der Ort irgend etwas mit Flugzeugen oder Piloten zu tun hat. Der Münchner Papierfliegerwettbewerb findet beispielsweise in der Flugwerft Schleißheim, einem Flugzeugmuseum, statt. Dabei sollten alle Hindernisse beiseite geräumt werden und alles, was Luftströme verursachen könnte, sollte vermieden werden. Dann braucht man nur noch eine Startlinie, viele Teilnehmer mit beschrifteten Papierfliegern, eine Stoppuhr, einen Zeitnehmer, mindestens einen Punktrichter und viele ausgefallene Modelle.

Distanzflüge misst man am besten auch von hohen Abflugstellen aus, da reines Werfen allein zu einer Kraftprobe wird. Normalerweise misst man die Zeit immer von dem Augenblick an, an dem der Flieger die Hand verlässt, bis zu dem Augenblick, an dem er den Boden oder ein anderes Hindernis berührt. Bei manchen Wettbewerben werden die Teilnehmer in bestimmte Gruppen aufgeteilt, beispielsweise nach Alter oder Körpergröße. Dazu kann man zusätzliche Preise für den jüngsten oder ältesten Ingenieur ausloben.

Falls Sie einmal an einem größeren Papierfliegerwettbewerb teilnehmen möchten, informieren Sie sich bitte über *www.origami-events.de*. Die beiden Autoren organisieren in Zusammenarbeit mit dem Deutschen Museum am ersten Sonntag im Juli alljährlich einen Papierfliegerwettbewerb in der Flugwerft Schleißheim und können Sie über die Teilnahmebedingungen informieren. Wer seine Luftflotte zu Flugwettbewerben mitnehmen will, steht meist vor der schwierigen Frage des Transports. Doch auch dafür gibt es eine Lösung: Im Hangarkoffer können die Papierflieger fein säuberlich mit Wäscheklammern an zwei Leinen befestigt werden.

Glossar

AERODYNAMIK: Lehre von den Bewegungsgesetzen eines Körpers in einem gasförmigen Medium wie zum Beispiel Luft. (Strömungsgesetze)

ANSTELLWINKEL: Der Winkel, unter dem die Tragfläche oder das Höhenleitwerk von der Luft angeströmt wird. Dieser Winkel ist in der Praxis nicht messbar.

AUFTRIEB: Der Auftrieb ist eine Kraft, die der Schwerkraft entgegenwirkt. Der Auftrieb entsteht aus einer Sogwirkung, die aus dem Druckunterschied zwischen der Ober- und Unterseite einer Tragfläche entsteht.

AUFTRIEBS MITTELPUNKT: Fasst man alle positiven und negativen Einzelauftriebskräfte, die auf das Flugzeug wirken, zu einer einzigen Kraft zusammen, dann geht die Wirkung dieser Kraft vom Auftriebsmittelpunkt aus.

BALLAST: Durch Anbringen von Ballast wird das Flugzeug ausgewogen, das heißt der Schwerpunkt wird an die richtige Stelle am Flugzeug verlagert. Der Ballast muß fest mit dem Flugzeug verbunden werden, damit er sich im Flug auf keinen Fall verschieben und dadurch die Schwerpunktlage verändern kann.

BUGFALTE: Falzt man die Spitze des Flugzeugs nach innen, so entsteht die Bugfalte.

BREMSFALTE: Eine Bremsfalte entsteht, indem man das Heck des Bugs nach innen falzt.

ENTENFLÜGLER: Bei diesem Flugzeugtyp befindet sich die Tragfläche hinten und das Höhenleitwerk vorne. Der Vorteil liegt darin, dass sowohl bei der Tragfläche als auch beim Höhenleitwerk Auftrieb entsteht.

FALZBEIN: Ein traditionelles Werkzeug aus Knochen, mit sehr glatter Oberfläche und abgerundeten schmalen Kanten. Wird zum scharfkantigen Nachziehen eines Falzes verwendet.

FLÜGELPROFIL: Die Form des Flügelquerschnitts.

FLUGLAGE: Die Lage der Flugzeugachsen (Längsachsen, Querachsen, Hochachsen) im Verhältniss zum Boden oder zur Flugrichtung.

FLUGMANÖVER: Das Verändern der Fluglage oder der Flugrichtung: Kurven fliegen, aufsteigen, landen, Kunstflugfiguren ausführen und einiges mehr.

GIEREN: Bewegung um die Hochachse des Flugzeugs; das heißt nach rechts oder links.

GLEITER: Ein motorloser Flugkörper, der schwerer als Luft ist und sich für den Gleitflug eignet – ein Papierflugzeug.

GLEITWINKEL: Der Winkel zwischen Flugbahn und Horizont. Je größer der Gleitwinkel, umso größer die Sinkgeschwindigkeit.

HOCHACHSE: Die Achse, die senkrecht durch den Schwerpunkt geht.

HÖHENFLOSSE: Der feststehende unbewegliche Teil des Höhenleitwerks.

HÖHENLEITWERK: Das Höhenleitwerk gibt dem Flugzeug die erforderliche Längsstabilität und dient zur Bestimmung der Flughöhe.

HÖHENRUDER: Der bewegliche Teil des Höhenleitwerks.

KOPFLASTIG: Der Schwerpunkt des Modells befindet sich weiter vorne als der Auftriebsmittelpunkt.

LÄNGSACHSE: Die Längsachse verläuft von der Rumpfnase bis zum -ende.

LUFTWIDERSTAND: Die Kraft, die die Luft jedem Körper entgegensetzt, der sich durch sie hindurchbewegt.

NICKEN: Bewegung um die Querachse des Flugzeugs; Aufsteigen oder Abtauchen.

PROFIL-HINTERKANTE: Der vordere Rand des Flügels.

PROFILSEHNE: Bei halbsymmetrischen und symmetrischen Profilen verläuft die Profilsehne vom vordersten zum hintersten Profilpunkt. Bei symmetrischen Profilen ist die Profilsehne die Symmetrieachse.

PROFIL-VORDERKANTE: Der vordere Rand des Flügels.

QUERACHSE: Bei parallelen Rumpfseiten verläuft die Querachse senkrecht zur Rumpfseite durch den Schwerpunkt.

QUERNEIGUNG: Neigung der Querachse im Verhältniss zum Horizont.

QUERRUDER: Mit den Querrudern wird die Querlage des Flugzeugs gesteuert. Die Querruder befinden sich an der Hinterkante der Flügel.

ROLLBEWEGUNG: Drehen des Flugzeugs um die Längsachse.

RUMPF: Der Körper des Flugzeugs, an dem die Flügel und Leitwerke befestigt sind.

RUMPFNASE: Der vordere Teil des Rumpfes.

SCHWANZLASTIG: Der Schwerpunkt des Modells befindet sich zu weit hinten.

SCHWERPUNKT: Der Punkt, in dem sich das Flugzeug im Gleichgewicht befindet.

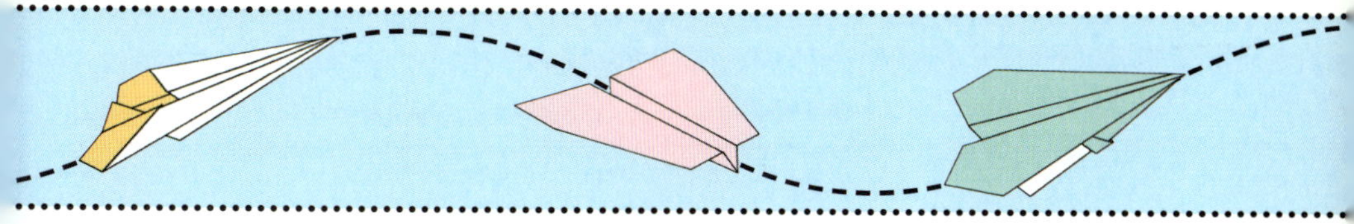

SEITENFLOSSE: Der feststehende, unbewegliche Teil des Seitenleitwerks.

SEITENLEITWERK: Das Seitenleitwerk gibt dem Flugzeug in Verbindung mit den Rumpfseitenflächen und der V-Form die Richtungsstabilität in der Längsachse und dient zusammen mit den Seitenrudern zur Bestimmung der Flugrichtung.

SEITENRUDER: Der bewegliche Teil des Seitenleitwerks.

SPANNWEITE: Die Entfernung des einen zum anderen Flügelende.

STEUERFLÄCHEN: Alle beweglichen Flächen des Flugzeugs, die die Luftströmung und so die Fluglage oder –richtung verändern.

STRÖMUNGSABRISS: Plötzlicher Verlust des Auftriebs, wenn der Anstellwinkel zu groß ist.

TRAGFLÄCHE: Die Tragfläche ist die Hauptauftriebsquelle des Flugzeugs.

TRAGFLÄCHENWINKEL: Der Winkel, den die Tragflächen zur Horizontalen einnehmen. Auch V-Winkel genannt.

TRAGFLÄCHENBELASTUNG: Die nur auf die Tragfläche bezogene Flächenbelastung.

TRIMMUNG: Die Optimierung der Flugeigenschaften durch Einstellen der Steuerflächen und Korrektur des Schwerpunktes. Bei der Trimmung handelt es sich immer um kleine Anpassungen oder Veränderungen.

WINGLET: Die senkrecht hochgefaltete Seitenkante einer Tragfläche ergibt ein Winglet, das als Seitenleitwerk dient. Durch Veränderung des Winkels zur Tragfläche fungieren Winglets als Querruder.

Flug-Logbuch von: ____________________

Datum	Fliegertyp	Ort	Max. Flugzeit	Max. Flugweite	Notizen	Anzahl der Flüge

Hubert Winkels

DER STIMMEN ORDNUNG

Hubert Winkels

DER STIMMEN ORDNUNG

Über Thomas Kling

DUMONT

Erste Auflage 2005

Ausstattung und Umschlag:
Groothuis, Lohfert, Consorten (Hamburg)
Gesetzt aus der Adobe Garamond
Gedruckt auf säurefreiem und chlorfrei gebleichtem Papier
Druck und Verarbeitung: Clausen & Bosse, Leck
Printed in Germany
ISBN 10: 3-8321-7941-0
ISBN 13: 978-3-8321-7941-0

Inhalt

Vorwort 9

Mückengläslein und Schlechtdraufität
Thomas Klings literarische Selbsterkundungen 15

Botschaft aus Blei
Vom Tanzboden zum Schlachtfeld 27

Walzer oder Pogo
Nach einem Leseabend mit Thomas Kling
und Jan Koneffke 41

Stimmung und O-Ton
Laudatio zum Ernst-Jandl-Preis 51

Sichtung und Bildgedicht
Laudatio zum d.lit.-Literaturpreis 63

Vom Webstuhl zum Seziertisch
Gewebeprobe eines Gedichts 73

Zungenentfernung
Mündlichkeit, Schriftlichkeit
und das Kling-Gedicht »löschblatt. bijlmermeer« 79

Singvögel rückwärts
Von Sinnklang und Vogelfang 89

Kunst und Dichtung auf der Raketenstation
Thomas Kling und Ute Langanky bei der Arbeit 95

Klingen und Klirren
Kling und Langanky machn wände 107

Armbrust und Rakete
In Ruinen von kalten und anderen Kriegen 109

Tiefenzeit – Gespiegeltes Leid
Reise ins Innere des Körpers 115

Die Bücher von Thomas Kling 125

Fotonachweis 128

Vorwort

Es war ein schönes Fest. Wir saßen an einer langen Tafel im Innenhof des ›Klösterchen‹ auf der Raketenstation Hombroich. Thomas Kling und Ute Langanky hatten am Morgen geheiratet. Es war so heiß an diesem Sommertag des Jahres 2001, daß man Wasser in den Wein mischte. Frank Köllges saß ein wenig abseits und trommelte heitere Rhythmen. Er kann das: so trommeln, daß die Schläge die Stimmung aufnehmen und weitertragen. Frank Köllges hat denn auch vier Jahre später auf Thomas Klings Begräbnis die große Trommel geschlagen, etwas abseits der Trauergemeinde, leise und dumpf, und trug etwas weiter von Freund zu Freund.

Es war bei diesem Hochzeitsfest, als der Verleger Josef Kleinheinrich aus Münster mir vorschlug, ein kleines schmuckes Buch über Thomas Kling zu machen. Er hatte einen Essay von mir gelesen und dachte an eine zwanzig- bis dreißigseitige bibliophile Preziose. Fein, aber nicht aufgetakelt. Wie schön!

Auf der Stelle schlugen wir es Thomas vor, eine Idee als kleine zusätzliche Hochzeitsgabe. Thomas Kling war immer schnell, er war auch schnell begeistert und entschied schnell. Das Buch war fünf Minuten nach seiner Idee so gut wie gemacht.

Wir haben dann nicht so schnell entschieden wie Thomas Kling. Sollte vielleicht ein Gedicht von ihm dazu? War da nicht noch die Laudatio auf ihn, die wunderbar passen würde? Und die kurze Interpretation dieses oder jenes Gedichtes? Konnte es nicht doch ein mittelgroßer Textband über ihn werden? Wir dachten und schrieben hin und her, das Projekt wuchs und wurde und wurde nicht.

Dafür reifte parallel die Idee, ein großes Thomas Kling-Kapitel in mein literarisches Kompendium »Gute Zeichen« aufzunehmen. Natürlich: Thomas Kling mußte sein, wenn ich in Umrissen festhalten wollte, was mir im letzten Jahrzehnt wichtig war! Es dauerte eine Weile, bis sich klärte, daß ein Kapitel zu Thomas Kling in vielfacher Hinsicht hervorstechen würde, daß es vor allem ein eigenständiges Buch im Buch werden würde.

Mit Thomas Klings schwerer Krankheit, von der er am 1. Mai 2004 erfuhr, wurde mir klar, daß ich gerne eine besondere Publikation zu seiner Dichtung und zu ihm machen würde. Frei in den Formen, essayistisch-sachlich im Ton, aber mit deutlicher persönlicher Prägung.

Zunächst wollten wir, Thomas Kling und ich, ein Gespräch integrieren. Anders als die äußerst intensiven exegetischen und kommentierenden Gespräche zu den Gedichten, die Thomas Kling über etliche Jahre mit Hans-Jürgen Balmes führte und die ich gerne einmal zusammenhängend in einem Buch lesen würde. Aber was wäre das andere Gespräch in diesem Fall? Es wäre ein biographisches Gespräch, eins, das Aufschluß gäbe über Thomas Klings Herkunft und Geschichte, über die Eltern, die Schule und die Freunde; ein nahezu normales Gespräch auch über Lebenskrisen, über Glück und Ärger, Engagement und Ambition, kurz über all das, was alle Kling-Leser interessiert, was sie aber nie zu fragen wagen.

Seltsam. Warum eigentlich nicht? Es gab viele Gelegenheiten, bei denen Thomas Kling von früher erzählte, nein, nicht erzählte, sagen wir es in einem neudeutschen Modewort: bei denen er die Vergangenheit spottete: kurze anekdotische Lichter setzte, deren persönliche Gegenstände dann aber sofort auf ein Allgemeines bezogen wurden, auf eine zeitgeschichtliche Erkenntnis, auf einen wissenschaftlichen Zusammenhang, auf ein Fragment von Theorie. Tatsächlich erzählte Thomas Kling im konventionellen Sinne nie von sich. Das narrative biographische Muster, das den Buchmarkt ebenso beherrscht wie die Talkshows, war seine Sache nicht. Aus kulturskeptischen Gründen zweifellos, aber mehr noch aus zusammenhängenden persönlichen und poetologischen Gründen: Was ihm die Vergangenheit war – wie sie ihm war –, das brachte er genau in der Form zur Sprache, die wir im Prinzip aus den Gedichten kennen: in den extremen Sprüngen zwischen den Zeiten und den Sprechweisen, vom anschaulichen Detail zur abstrakten Einsicht, im Wirbel der Genealogien. Thomas Kling trennte längst nicht mehr den formbewußten Dichter von der privaten Kommunikationsform. Das machte manchem den Umgang mit ihm schwierig, aber jedem teilte sich diese Entschiedenheit, diese enorme Energie in der Selbstgestaltung mit. Es war unmöglich, von Thomas Kling nicht beeindruckt zu sein. Es ist nur folgerichtig, daß Thomas Klings Umgang mit der literarischen Öffentlichkeit etwas Heikles hatte, das auch ihn forderte und anstrengte. Er zog sich sehr zurück. Nicht weil er wenig Anteil nahm an der Öffentlichkeit, sondern weil er im Gegenteil so stark, geradezu heißblütig Anteil an ihr nahm.

Nun möchte ich hier nichts weniger als ein Psychogramm des Dichters entwerfen. Nur wurde mir im Verlauf des letzten Jahres klar, daß die Idee des biographischen Gesprächs einer Verkennung aufruhte. Es würde dieses Gespräch nicht geben, es konnte dieses Gespräch nicht geben. – Ein anderes Buch, das ich gerne lesen würde, versammelte eine Reihe von Erzählungen ihm nahe stehender Menschen über ihn.

Als ich Thomas Kling mitteilte, daß ich die Gesprächsidee nicht weiter verfolgen würde, war er sehr erleichtert. Er war von der Krankheit schon zu sehr geschwächt, um eine solche Anstrengung auf sich zu nehmen. Und er hörte sich mit Verständnis die Gründe an, die ich ihm nannte.

Thomas Kling kannte die meisten der hier versammelten Texte. Er freute sich, daß eine Reihe von Fotos seiner Frau Ute Langanky integriert werden würden. Meine längere Besprechung seines letzten Buches »Auswertung der Flugdaten« konnte er nicht mehr selbst lesen. Ute Langanky hat sie ihm vorgelesen.

Ich möchte noch eine wichtige Dimension meiner Freundschaft mit Thomas Kling betonen, weil sie ein starkes Licht wirft auf seine Person und seine Arbeit. Es sind die Herkunft und die Lebensorte, die wir, abgesehen von seiner Geburt im rheinpfälzischen Bingen, weitgehend teilen.

Aufgewachsen ist Thomas Kling in Düsseldorf, wo sein verehrter Großvater mütterlicherseits Direktor an der Grafenberger Gutenberg-Schule war; wo Joseph Beuys seinen sanften Schamanensingsang verbreitete, wo Radikalität mit strenger Reduktion Hand in Hand ging wie beim früh verstorbenen Blinky Palermo; wo in den Szenekneipen ›Cream Cheese‹ und ›Ratinger Hof‹ neue Kultformen erprobt wurden. All dies kommt in Thomas Klings Gedichten vor. Doch nie – übrigens auch nicht im Gespräch – in der Art der ›Was-waren-wir-früher-gut-drauf-Anekdote‹.

Thomas Kling hatte einen historisch und ethnologisch distanzierten Blick noch im härtesten Körpergedränge. Und er baute keine sozialen Rangfolgen auf. Der Dialekt der niederrheinischen Landbevölkerung war ihm so teuer wie der neueste Szeneslang oder die wissenschaftliche Fachsprache. Ja, er war dem ganz außergewöhnlich Ortstreuen Trost- und Erkenntnismittel zugleich. Er hörte sich durch die farbigen Sprachbilder durch bis in eine Frühzeit, und er las die Lebensumstände der Menschen in Umlauthäufungen, verschliffenen Endungen und gezischten S-Lauten. Darauf hat er emotional reagiert, damit hat er poetisch operiert.

Fast sein ganzes Leben hat Thomas Kling am südlichen Niederrhein verbracht. Für kurze Zeit ging der Düsseldorfer nach Köln, dann zur Raketenstation Hombroich. Mit seiner Frau, der Künstlerin Ute Langanky, hat er über Jahre diesen Ort, der auch ein Ort der historischen Gewalt war, erkundet und künstlerisch verwandelt. Es ist ein Glücksfall, daß der Initiator und die prägende Kraft der utopischen Hombroich-Welt, der Kling-Freund Karl-Heinz Müller, den Dichter und die Malerin dorthin gebeten hat. Ein Glücksfall und eine kluge Entscheidung. Besser hätte man den landschaftsgestaltenden, architektonischen und künstlerischen Prozeß nicht bereichern können. Welch schöne Symmetrie zwischen der archäologischen Arbeit von Kling und Langanky und der Freilegung der alten Erftlandschaft besteht! Hier berühren sich Archäologie des Ortes und Utopie der Kunst durch Medien und Realitätsschichten hindurch.

Die Raketenstation, Teil des weiter wachsenden Hombroicher Kunstareals, gehört zu Holzheim, seit etlichen Jahren damit auch zu Neuss. Daß Neuss eine alte Römergründung ist, eine wichtige Stadt im Mittelalter, das wußte Thomas Kling; von Schlachten in dieser Gegend konnte er leidenschaftlich erzählen. Die Ort- und Zeitkoordinaten, auch des alltäglichen Lebens, hat er immer weiter vertieft.

Ich selbst bin wenige Kilometer vom Hombroicher Areal geboren und aufgewachsen. Die Familie lebt immer noch dort. Natürlich haben wir über all das gelegentlich gesprochen, doch immer in raschen Reden, mit blitzartigen Erhellungen und plötzlicher Freude. Lange auszufalten war da nichts. Zu diesen freudigen Erhellungen gehörten auch immer wieder Dialektwendungen. Sie taten einfach gut.

Selbst in seinen schwersten Stunden hat Thomas Kling in diesen regionalen Sprachspeicher gegriffen und sich Klang und Trost geholt. So lautet ein Gedicht in seinem letzten Gedichtzyklus »Gesang von der Bronchoskopie«:

Ach je

          als heckepennes im krankehus:
mit sechs mann hoch, op bahre,
in eine reihe: jong –

So war dat aber
bestemmp! Schwester!
               Häär Dokteer!

Aber so war dat –
               Dat war so – so war dat –
                              Zu Neuss am Rhein.

Thomas Kling war immer fasziniert vom Motiv des tanzenden Todes. Diese Figur bezeichnete auch Tanz und Wechselgespräch zwischen einem Toten und einem Lebenden. Dies nun, Rede der Toten von Kirchenmauern, Bildnissen, Denkmalen, Gräbern und Erinnerungsorten aller Art, gehört zu den zentralen Motiven der Dichtung Thomas Klings. Ebenso wie das Zwiegespräch mit den fernen großen und den nahen lieben Toten. Man könnte auch sagen, Thomas Kling führte es unentwegt. Mit den Toten sprechen, das war ein wesentlicher Teil seiner poetischen Arbeit. – Das Gespräch geht weiter! Es hat erst angefangen.

Mückengläslein und Schlechtdraufität

Thomas Klings literarische Selbsterkundungen

Der Dichter Thomas Kling wurde im Zorn geboren. Im Zorn auf die subjektivistische Befindlichkeitslyrik der siebziger Jahre. Sie beginnt für ihn bereits Mitte der Sechziger, als der Eigensinn der Literatur in ideologisch aufgeladenen Zeiten einem Nullpunkt zutrieb, und ihre Nachwirkungen dauerten bis Ende der Achtziger, in einigen Strömungen auch bis jeweils kurz vor jetzt. Doch auch in den Fünfzigern war das poetische Idiom arg geschrumpft, karg und stumpf und steif. Woher sollte es auch kommen – das Ausschweifen in Material und Form, nach soviel pompöser Leere.

Wir konstatieren: schwächste dichterische Proliferationen, ein halbes Jahrhundert Hungerwinter, Wüstenwanderung, möblierte Ödnis. Doch halt – da gibt es eine dünne, aber gut sichtbare Spur – wir nehmen das Vergrößerungsglas, das auf dem Buchtitel von »Botenstoffe« abgebildet ist – und jetzt entdecken wir sie, die Nomaden der Sprache, die sich, von entlegenen Quellen gespeist, in farbige Tücher gehüllt, springlebendig, die Ahnen über die Schulter gelegt, durch die Zeit und die Sprachen bewegen. In lockerer Verkettung, eine Karawane, auch eine Filiation. Filiationen sind immer Erfindung von Söhnen. Nachgeborene erzeugen sich ihre Erzeuger. Thomas Kling tut dies mit dem historiographischen Mutwillen des scheinbar Kanonfreien, des Selberdenkers. Ein literarischer Exzentriker, von dem gesagt wird, er sei traditionsbildend, gibt der Geschichte eine Richtung auf sich zu, der Literaturgeschichte selbstverständlich, aber die ist ihm so gut wie die ganze. Er tut dies in Gedichten, natürlich, aber auch ganz explizit in den Aufsatzsammlungen »Itinerar« und »Botenstoffe«.

Wie fängt dieses Buch der Essays und Reden, Exegesen, Porträts und Polemiken an? Mit dem Großvater mütterlicherseits, mit dem deutschen Expressionismus, mit dem Ersten Weltkrieg. Sage keiner, der Anti-Subjektivist Kling wüßte nicht von sich zu sprechen. Der Großvater »1886 geboren, vom Jahrgang Benns und Balls« gab dem Dreizehnjährigen die expressionistische Lyrikanthologie »Menschheitsdämmerung« von Kurt Pinthus. Und der hatte damit mehr in der Hand als ein repräsentatives Buch: Er hatte das buchstäbliches Lebenszeugnis seines Großvaters, das die Verfallsform des Wilhelminismus spiegelte und dessen grausames Verzucken im Ersten Weltkrieg, in dem auch der Großvater schwer verwundet wurde. Diese »Menschheitsdämmerung« war es auch, die die Nazis 1933 bei einer Hausdurchsuchung und Buchbeschlagnahmung beim gelehrten Düsseldorfer Großvater-Dandy liegen ließen.

Ausgehend von dieser Lyrik der »Generation Verdun«, lassen sich alle Spuren im Band »Botenstoffe« ziehen. Man bekommt von hier aus übrigens auch die Gedichtsammlungen Klings gut in den Blick. Nicht daß ihn über Gottfried Benn und Georg Trakl hinaus die Poeten stark beeindruckt hätten, aber von hier aus kommt Kling zur Berliner Expressionismusfraktion der Hardekopf, Heym, Lasker-Schüler. Er kommt zum italienischen Futurismus und schließlich zu seinem Schlüssel-Ismus des letzten Jahrhunderts: dem Dadaismus. Mit Hugo Balls Auftritt als kommunizierende Röhre im Zürcher Cabaret Voltaire, mit seinen Lautgedichten, der Suspendierung von Sinn, dem skandalisierenden Mystizismus der Poeten-Performance haben wir ein Kern-Mythologem der Klingschen Eigen- und Literaturgeschichtsschreibung. Von Hugo Ball – und nicht zu vergessen, dem Zyniker-Spieler Walter Serner – geht der Weg ins Wien der fünfziger Jahre, wo H. C. Artmann und Konrad Bayer ihre öffentlichen Poesie-Exerzitien einem perplexen

Publikum vorsetzten, zum vielbeschworenen Reinhard Priessnitz der »vierundvierzig gedichte« und natürlich zu Klings eigenen fulminanten Dichterlesungen der späten siebziger Jahre, die in »Botenstoffe« nicht eigens thematisiert, aber indirekt eingewoben sind. Denn Kling zog es Anfang der Siebziger, kaum der Schule entkommen, nach Wien. Und warum Wien – die Konstellation wiederholt sich –: weil der Großvater zeitlebens gerne dorthin gereist wäre; also geht der Sohn, respektive Enkel, um dort am Originalschauplatz die Fäden aufzunehmen, die ja von der »Menschheitsdämmerung« qua Begeisterung und Insistenz dorthin gezogen waren.

Hier ist die Verschränkung privater und literaturgeschichtlicher Genealogien die dichteste. Man sieht sie allerdings nicht auf den ersten Blick. Dazu sind die persönlichen Anekdoten zu diskret eingeflochten ins überquellende Material, das der ausschweifende und autodidaktisch vielseitig gebildete Leser Kling aus vielen Epochen zusammenführt. Zudem trägt die Konstruktion einer anderen, einer sozusagen kling-alternativen deutschen Literaturgeschichte, die man nach dem Verebben einer kollektiven Moderneemphase schon wieder subversiv nennen möchte, selbst familienbildende Züge. Die Treue zu Texten und Traditionen des Thomas Kling hat Züge von Familienloyalität: unbedingte Zugehörigkeit.

Die Verkoppelung des Entlegenen mit dem Eigenen funktioniert meist über zwei Stränge: Der eine ist die poetologische Verwandtschaft. Was fasziniert Thomas Kling am deutschen Barock, der in seiner Lesart der Tradition kurz vor Dada und Wiener Gruppe war? Der Ausgang vom Sprachmaterial, die rhetorische Experimentierfreude, das Nicht-Lineare, die überbordende Metaphorik. Und über allem, in der Funktion eines notwendigen Geschmacksverstärkers: der Einsatz von ›Fremdmaterial‹, von Argot, Slang und Fachsprachen, wie Kling ihn bereits bei Georg Philipp Harsdörffer bewundert (und wie er ›fachsprachen‹-spezifisch bei Klings Kolle-

gen Ulf Stolterfoht weitergetrieben wird). Damit im engsten Verbund: das Interesse für die Nachtseite der menschlichen Verhältnisse, für den Traum und den Verfall und die Gewalt und den Abgrund des Nichts, der religiös offenbar nicht mehr zu schließen war; und andererseits: ebendieses Interesse ganz unverschwiemelt in rationale Erkundungen hineingetrieben. Dafür mag das Vergrößerungsglas auf dem Titel des Buches stehen: Neben der Laterna magica war das Mikroskop ein anderes, unabsehbar bedeutsames optisches Medium der Zeit, über dessen deutschen Namen »Mückengläslein«, von Kaspar Stieler, sich Kling wie bei etlichen Sprach(er)findungen wie ein Schneekönig freuen konnte.

Beiseite gesprochen: Meine liebste Worterfindung in »Botenstoffe« ist die Substantivbildung »Schlechtdraufität«, übrigens zur Charakterisierung deutscher Alltagsdichterbefindlichkeit (ein Ausdruck, der inzwischen als deutsche Gesamtbefindlichkeitskennzeichnung rhetorische Karriere gemacht haben müßte!).

Hier ist Kling in seinem Element. Hier tobt er Verwandtschaftsfreuden aus, ohne das historische Glacis privatmythologisch zu verlassen. Im Gegenteil: Immer wieder kommt die Stimme eines aufgeschlagenen Standardwerks oder auch eines abgelegenen historischen Dokuments dazwischen, die klarmachen: Hier geht es irdisch real, ja geradezu materialistisch genau zu.

Denn materialistische Genauigkeit, das muß sein bei Kling, weil er sie selbst für das Sprachmaterial immer wieder fordert. Nur keine geistesgeschichtliche Deutungsgeschichte, überhaupt: nicht jenes sang- und klanglose Klima der höheren Einsicht, wo der Stoff, »ein gutes Stöffchen« (Kling), im Sinnen des Sinns verschwindet. Es muß klingen. In Rhythmus, Versmaß, Phonetik, Prosodie lebt ein Gedicht. So war es bereits in vorhomerischen Zeiten, und so soll es heute sein, und wenn es mittels der »gebrannten Performance« auf CD ist.

Natürlich geht Kling auch diesen archaischen Spuren nach: dem Vers als Gedächtnisspeicher und als magisches Instrument, als Memorizer und Effektmaschine; er streift Frühgeschichte und Ethnologie, Physiologie und Anthropologie, ohne sich bildungsmäßig zu spreizen. Im Gegenteil: Klings enorme Bildung – wörterbuchbasiert, enzyklopädisch-historiographisch – trägt jene seltenen autodidaktischen Züge, die nur entstehen, wenn man sich seinen eigenen Pfad in die Fülle des Wissens gebissen hat. Und der Geschmack daran überträgt sich: weil die sprachliche Form der Essays den krummen Wegen, den Aberrationen, dem Anhäufen und souveränen Liegenlassen, den Simultaneitäten und Sprüngen der Einsicht folgt. Damit haben wir nämlich in »Itinerar« und »Botenstoffe« und zuletzt im essayistischen Teil des jüngeren Bandes »Auswertung der Flugdaten« nicht nur eine apokryphe Literaturgeschichte in nunce, eine Literaturgeschichte geteilt durch Kling, auch nicht nur einen Kling über ... Kling, sondern einen echten Kling, dessen lyrischer Sprachinstallation hier die essayistische (Literatur-)Geschichtsinstallation zur Seite gestellt ist, mit derselben Lust an Herkunftsmaterial, Verarbeitungstempo, Sprachenmix und intellektuellen Überraschungscoups, wie wir sie vom Dichter gewohnt sind, dessen Sprachgestalt einzig ist. Deshalb ist, wo Kling draufsteht, immer auch echter Kling drin.

Womit wir beim zweiten Lust-Grund der Verkoppelung von Entlegenem und Eigenem wären. Wie kommt einer dazu, die Geschichte wie in einem privaten Museum neu einzurichten? (Klings Museum der avantgardistischen deutschen Poesie winkt, ein Anti-Enzensberger sozusagen, freundlich grimmend zu dessen »Museum« hinüber, vor allem die spätere Kling-Anthologie deutscher Dichtung, sein »Sprachspeicher«.) Das ist möglich, weil sich Kling als Fluchtpunkt einer Ahnenreihe sieht, die in der Betrachtung erst herzustellen ist. Dazu bedarf es allerdings guten Mutes und einer

Portion selbstbewußter Frechheit und genug polemischer Energie, denn Traditionen zu bilden heißt andere zu brechen, und das wiederum heißt, kollektives Eigentum anzutasten. Angetastet werden denn auch Hofmannsthal und Rilke und George und, neueren Datums: Bachmann und Enzensberger. Ohne Ausschlüsse geht es eben nicht bei der Konstruktion von Genealogien. Doch es sind keine symbolischen Tötungen, Schubser eher, manchmal heftige: ›Platz da!‹ Apodiktik ist Teil des ernsten Spiels. Aber sie ist offen genug um anzuerkennen, was am Verworfenen gut und schön sein mag. Außerdem geht das Spiel weiter, bei den Jüngeren Marcel Beyer und Sabine Scho beispielsweise – und bis zu uns Lesern, wenn wir uns affizieren lassen und selbst so frei sind, Genealogien zu testen. Im übrigen leben Dichter in totgesagten Parks länger. Kaum vom liebenden Haudrauf im Literaturkampf frech zur Seite geredet, gilt ihnen schon das nächste camouflierte Liebeswerben, so zum Beispiel immer wieder dem Bingener Landsmann Stefan George.

Doch auch dies, so mutwillig es manchmal wirken mag – und ungerecht sowieso – hat Methode. Man überlege nur einen Moment, was alles zu kurz kommt in Klings essayistisch aufgebautem Parnass. Es sind schlicht zwei Jahrhunderte, das achtzehnte und das neunzehnte, abgerechnet die kostbare Reihe Poe, Baudelaire und vor allem: Mallarmé. Es kommt genau jene bürgerlich genannte Literatur nicht vor, die die subjektiven Innenräume schuf, die das moderne Individuum zum Mittelpunkt des Universums machte, zum Inhaber des Sinns, zum Thesaurus der Gefühle; und die, nebenbei bemerkt, vom Stuttgarter Germanisten Heinz Schlaffer fast einzig als weltliteraturwürdig anerkannt wird in seiner Schrift »Die kurze Geschichte der deutschen Literatur«.

Das Barock und die Avantgarden interessieren den poetischen Rhetoriker Kling, weil sie topisch vorgingen, vom gegebenen Material, vom Formbestand her dachten. Auch Kling arbeitet die Ausdrücke historisch und etymologisch auf ihre grammatische und rhetorische Funktionsgeschichte hin durch. Im Zweifel ist ihm die Ableitung aus dem Gotischen oder Althochdeutschen wichtiger als das gebrochene Herz. Tiefe halluziniert er nicht im Ich, sondern erforscht sie in der Sprachform. Von hier aus erklären sich viele seiner Selbstauskünfte – fünf längere poetologische Gespräche führte er in den letzten Jahren mit dem Lektor Hans-Jürgen Balmes – , die ihn als Laborant, Forscher, Medienhistoriker und Sprachinstallateur zeigen. Es ist ein anderer Weg ums Paradies herum, der sich mit dem einen der notorischen Innerlichkeit, zumal der deutschen Dichtung, nicht berührt, sondern ihn weiträumig umfährt, gelegentlich auch abstößt. Deshalb der besondere Pars-pro-toto-Furor gegen die neue Innerlichkeit der siebziger Jahre, in dem der junge Kling übrigens selbst zu schreiben begann – wie soll es anders sein!

Aber da diese, paradox gesagt: tiefe Äußerlichkeit nicht so einfach zu pflegen ist in Zeiten poetisch nachglühender Innenweltbeschwörung, hat sich Kling aufs engste biographisch mit der Avantgarde verkoppelt, sich seine Familiengenealogie in Begegnungsgeschichten, in Anekdoten und Exegesen selbst geschaffen. Mit zwei Auffälligkeiten: Die eine ist die zwiespältige Sehnsucht nach dem Außenseitertum, das Festhalten an einer Geschichte der Verkennungen, Unterdrückungen, Marginalisierungen, die seit je mit den Avantgarden verknüpft war und die heute längst brüchig geworden ist. Denn der Mainstream, das war nicht immer so, erträgt inzwischen auch Nebengötter. Die müssen allerdings stark genug sein, sich selbst zu ertragen. Zu solcher Selbstbewußtsein voraussetzenden Stärke liefert Kling zweifellos einen wichtigen Beitrag.

Das andere ist, in der bürgerlichen Familienkonstellation gedacht, die auffällige Betonung der väterlichen Funktion: der Sprachdisziplin, der genauen Bildung, der Rolle des Großvaters, des Lehrmeisters Geschichte. Doch fragen wir nach der mütterlichen Funktion: Was wird beschworen, wenn der vom Sinn gereinigte Klang, das Strömen des Atems, die prosodische Lust ins Spiel kommen? Wenn die naturmagische Qualität des Gedichts als schiere Oralität erscheint? Wo finden, und welche, intime Berührungen statt? Der Mund ist das Organ, in dem vier lebenswichtige Funktionen zusammenkommen: Atmen, Essen, Küssen, Sprechen.

Es gibt eine schöne Erzählung in »Botenstoffe«, vom regelmäßigen Osterurlaub der Familie in Ascona, im Tessin. Man fährt von Düsseldorf aus mit dem Zug. Jenseits der Alpen warten die Tanten, die Täler, der See und ein alter Schmied, und vor allem, wie wir bald erfahren, warten die Arche-Bände der mit Ascona verbundenen Dichter Hugo Ball, Hans Arp, Hans Richter und Emmy Hennings. Doch bei der Fahrt durch den Gotthardtunnel wird dem Jungen immer schlecht, und er verbringt die Durchfahrt auf der Zugtoilette. »Die Hand meiner Großmutter oder die Hand meiner Mutter hielt meinen Kopf bei der Stirn«, erzählt Thomas Kling. In Airolo dann, am Ende des Tunnels, war alles wieder gut.

Botschaft aus Blei

Vom Tanzboden zum Schlachtfeld

Zum Bildprogramm des Dichters Thomas Kling gehört die Wespe. Ein schönes Insekt mit unruhigen Bewegungen, bei dessen Auftauchen man unwillkürlich Obacht gibt. Es zieht Aufmerksamkeit auf sich, es verschwindet schnell wieder, wenn es nicht gerade das Panzerglas an der Armbanduhr eines Dichters knacken will, um in die Zeit zu kommen.

Meine ersten Begegnungen mit Thomas Kling waren kurz und schnell. Ob er immer seinen schwarz-gelb-streifengemusterten Pullover anhatte, weiß ich nicht mehr, aber so will es die Erinnerung. Eine schnelle Begegnung – was ist das? Man steht an den Schaukästen einer Buchhandlung, ein Buch in der Hand, ein Name darauf – und schon ist ein bezeichnendes Faktum zur Hand, eine Anekdote gar. Wie aus dem Handgelenk geschüttelt ist sie da, eine Assoziation mit realem Hintergrund. Ein historisches Datum, eine biographische Einzelheit, das Detail einer Stadtbeobachtung. Wie ausgeschnitten, ausgefräst aus seinem Kontext, beiläufig und absolut zugleich. Der von Kling gern benutzte Ausdruck »fräsen« hat mit dem Tonfall seines Erzählens zu tun. Etwas Spöttisches klingt darin, ausgekühlte, abgeklärte, also durchgearbeitete Empörung, auch Apodiktik. Anschlußfähig sind solche Ausfräsungen für alles Mögliche, nur nicht für moralische Reden. Das brutale Reale darin darf nicht weichgespült werden, es versaute die Konturen, die scharf gezackten Ränder. Einfühlung ist unmöglich, sie verdürbe die Genauigkeit der Beobachtung. Und welches Reale wäre nicht brutal?

Man weiß das alles nicht im Gespräch, aber man handelt danach. Ein Gespräch vor der Buchhandlung. Es ergibt sich ein Diskurs der schnellen Anschlüsse. Welche Beobachtung paßt zur Anekdote und umgekehrt? Die wird angehängt oder drübergelegt. Die Redenden sind bereit, das Raster oder das Moiré, das sich in der Überlagerung bildet – nein, nicht gut zu deuten, das hieße, es auf die allgemeine Welt- und Stimmungslage zu beziehen –, sondern es als Ausgangspunkt zu nehmen, von ihm aus weiterzugehen, neue Anschlüsse zu suchen. Zwei Hocker werden angeboten vom Buchhändler Niepel. Nein, nein, stehend kommt die Rede schneller voran, überkreuz zwar und im Zickzack, aber eben schnell an einen anderen Ort. Man ist kurz auf Speed gekommen. In der Buchhandlung ist kein Bleiben mehr, man geht am besten ein bißchen über'n Boulevard, allein, läßt es austropfen.

Die Wespe ist ein Lieblingstier von Thomas Kling. Wenn Feudalherren der Poesie heute Wappen anfertigen ließen, Kling trüge das der stachelbewehrten Schönen, die Aggressivität und Schnelligkeit vereint. In einem Doppelwappen wäre die andere Seite übrigens dem Hirschen reserviert. Was hier nur deshalb erwähnenswert ist, weil einem anderen Rheinländer mit Verwandlungszauberkraft der Hirsch ebenfalls als Emblem taugt. Von Kling immer wieder zitiert, führt Joseph Beuys den Hirsch und den Hasen im Schild. Der Hase, wir können nicht anders als in ihm das Gegenmodell zur Wespe zu sehen: schnell davon auch er, doch warm und fruchtbar, irdisch und friedlich. Eine rheinische Doppelherme: kalt und warm, Himmel und Ääd.

Auf einer Documenta in Kassel – die letzte der siebentausend Eichen wird gepflanzt – komme ich nachts in einen Raum, in dem ein Heidenlärm herrscht: Palaver, eine Band, vor allem ein lautes Schlagzeug. Als die Musik zurücktritt, schreit einer. Jetzt gibt es Ärger. Ein Gleichgewicht wird gestört. Aufmerksamkeit wird gefordert, Köpfe drehen sich, da wird aus dem Schreien ein rhythmisches Lautspektakel. Wer mal eben nach Streithähnen schauen wollte, blieb an einem blonden Kerl mit großem Mund hängen, der das Mikrofon so heftig hielt, als wolle er wie Savonarola die Strafe Gottes herbeizitieren für alle, die der Botschaft nicht lauschten. Das taten nun alle wie unter Zwang, und was sie zu hören bekamen, war ein leicht verwirbelter Wortzauber, ein rituelles, sich nach und nach in sein Maß findendes Sprechen, das zwar ›Kunst‹ sagte, ›ich bin Kunst‹ – wie auch anders auf der Documenta in Kassel –, dann aber den Tanz- und Kunst-Raum vom Sprechen her auszumessen begann, ihm Grenzen zog, scharfzackige Ränder, in die, wer Ohren hatte, gebannt blieb für eine Weile kraft des Wortes allein.

Kling erobert Räume, setzt Grenzen, umreißt klar und deutlich Ort und Zeit, läßt sein Sprechen ebendort Wirkung tun. Das hat Autorität, was man Anfang der achtziger Jahre noch nicht so gerne mochte. Aber man kann dieses Sprechen nicht von innen mit Verständnis und Kritik aushebeln, es ist opak, in seiner Gegenwärtigkeit nicht zu beeinträchtigen. Man kann Kling-Räume meiden, in ihnen eine andere Szene aufziehen kann man nicht. Hermeneutik ist für später. Jetzt ist kurz und kühl, schnell und heftig. Und so war's. Dann übernahm das Schlagzeug.

Ich will die Reihe der Begegnungen nicht fortsetzen. Sie waren zugleich intensiv und flüchtig, tief hinein in die Aufmerksamkeit und adieu. Wespenlike. Und nach und nach dann – nun sind schon fünfundzwanzig Jahre mit uns durch die Lande, zumal die Rheinlande gekrochen – auch ruhiger, mit mehr Bedacht als Obacht.

Es ist eine Kunst, sich dem Dichter zu nähern. Mit hermeneutischer Anstrengung allein ist diese Kunst nicht zu bewerkstelligen. Es muß schon ein Moment des Erfindens hinzukommen, eine Breitschaft zu Konjekturen und auch apodiktischen Setzungen. Die Hermeneutik hat dafür den Begriff des Divinatorischen in petto, aber darin steckt zuviel Höheres und Rätselraten. Erfinden ist schließlich so konstruktiv wie poetisch. Und beider Kräfte bedarf es in hohem Maße, wenn man nachvollziehen will, was unter dem Namen Thomas Kling in Büchern wie »geschmacksverstärker«, »brennstabm« oder »Fernhandel« geschieht. Mehr aber noch, wenn man folgende Frage nicht vollends verwirft, wie es eine Zeit lang Mode war: Wer spricht?

In Thomas Klings Texten ist eine Überfülle an Gründen und Quellen, Zitaten und Referenzen, sind hochkomplexe Väterreihen und Mütterlinien zu entdecken, und allesamt sind sie heftig und vor allem ungewöhnlich ineinander verflochten. Kling selbst hat sich irgendwann entschlossen, diese Filiationen eigens zu beleuchten. Ovid und Catull, Oswald von Wolkenstein und Willibald Pirckheimer, Donne und Gongora, der trichternde Harsdörffer und der donnernde Abraham a Santa Clara, Artmann, Priessnitz und die Mayröcker, und in der Gegenwart nimmt er auch, insistent und klar abgegrenzt, eine Schar befreundeter Spracharbeiter in seinen Kreis. In »Itinerar« und in »Botenstoffe« geht er der selbsterzeugten Vorgeschichte nach und nimmt den Exegeten viel Arbeit ab, so daß nicht immer alle alles mögliche heben und sich überheben müssen aus und mit den Gedichten. Es steht eben schon im Itinerar daneben. Auch hier sichtbar: Das Klingsche Begehren, den eigenen Raum selbst zu definieren, die eigene Herkunft aus der Geschichte mit entschiedenen Bewegungen auszufräsen: die Selbstbegründung – ein starker Antrieb. Mit der Sammlung Klingscher All-Time-Classics deutscher Dichtung, seiner Anthologie »Sprachspeicher«, hat er noch ein Kompendium hinzugefügt, das eine eigene Spur in die Geschichte legt, ein Textmarker der voluminösen Art: ›mit dem dikken Edding‹ – auch eine notorische Kling-Wendung.

Die Fülle der Stimmen in den Gedichten ist groß, die alten schweren gemischt, wie jeder weiß, mit Dialekten, Slangs und

Fachsprachen aller Art. Und eben deshalb wird die Frage drängender, wie das kommt, daß der Raum, in dem diese Stimmen klingen und körperlich aufeinandertreffen, so spürbar homogen ist. Welche Instanz schafft hier die Ordnung? Wer ist das, der da spricht? Doch die beiden Instanzen, die sich hier aufdrängen, der Autor und das lyrische Ich, sind schwer zu fassen. Sie sind es natürlich sowieso, wie jeder weiß, der in den letzten Jahrzehnten mit Philologie und Philosophie zu tun hatte. Sie sind es aus strukturellen Gründen. Aber sie sind es auch gedichttechnisch. Kling ist ein Meister der Dissimulation, des Verschwindens. Man gehe nur einmal den wenigen Personalpronomen in den Gedichten nach. Sie führen kaum einmal heraus aus dem aufgefalteten Bild, der ausgefahrenen Sequenz, sie gehören jemandem, der genau für diesen Ausdruck, diesen Vers, vielleicht diese Strophe Person mimt und auch schon wieder untergeht in der heftigen Stimmenbrandung. Viele Partizipien, wenige Verben. Da ist niemand, der für die Wahrnehmung einstünde, geschweige mit einer weltanschaulichen Haltung oder männlichen Meinung; da ist niemand, der die Beobachtung sicherte, keine imaginäre Person des Beobachters. Wechselnde Sprecher, das ja, aber wessen Blick folgen wir eigentlich? Welche Strategien in der Arbeit von Thomas Kling ermöglichen diese Dissimulation der Person und des lyrischen Subjekts und machen etwas daraus?

Sagen wir es zunächst schematisch und ein wenig abstrakt: Ein Bild, eine Bildersequenz offenbart sich nicht einem Schauenden, sondern findet seinen indirekten Betrachter in einem anderen Bild. Der Blick, der eine Szene, zum Beispiel die eines Tanzschuppens, in lauter Einzelheiten zerlegt und so eine nichtemphatische Nähe erzeugt, erkennt in diesen Einzelheiten Konstellationen, die sich mit ganz anderen sozialen und semantischen Feldern verbinden und konfrontieren lassen. Die andere Szene, der andere Schauplatz wird aufgerufen und steht ohne ein Wort der Deutung zur ersten in der Funktion des Kommentars. Das Auge, das die Gemeinsamkeit entdeckte, ist indessen weit entfernt, ist gar nicht mehr von dieser Welt. Ein kalter Blick aus der Höhe, der niederkam und Einzelheiten aggressiv fixierte, ist körperlos verschwunden. Zurück läßt er Splitter, Ereignis-, Bild- und Klangsplitter, die sich zu immer wieder neuen Mustern ordnen lassen. *Wir* sind dran. *Unsere* Wahrnehmung tritt in Kraft. Wir sehen das Gedicht kraft unserer Fähigkeiten und Erfindungsgabe. Ein Erkenntnismittel ohne Erkennenden.

Auf dieser Erfahrung ruht die häufig und naiv gestellte Frage, ob Klings Intelligenz und Ingenium eigentlich ausreichten, ob sie Bürgschaft genug seien für all die exegetischen Subtilitäten, die seinen Gedichten widerfahren. Who cares? It's your business, lieber Leser. Das sagen die Gedichte doch in vielen Sprachen. Sie sagen, was sie sind, ganz unverblümt: »nacht-sicht-geräte« zum Beispiel, »Feldstecher«, »Scherenfernrohr«, »Fotoapparat«, »zoomendes Objektiv« oder »Mückengläslein«, vulgo Mikroskop. Das Instrumentendepot ist gut gefüllt, jetzt kommt ein Leser und ein operativer Akt hinzu, jetzt heißt es anwenden und neu einstellen.

Man kann die Funktionsweise des bildgebenden Verfahrens gut zeigen an den frühen »Ratinger Hof«-Gedichten. »ratinger hof, zb 2« findet sich bereits 1986 in den »Klinggedichten« aus »erprobung herzstärkender mittel«, Klings zweitem, in der öffentlichen Wahrnehmung aber erstem Gedichtband, erschienen in der Düsseldorfer Eremiten-Presse.

Der ›Ratinger Hof‹ war ein legendärer Szeneschuppen in der Düsseldorfer Altstadt, der, als Kultstätte diverser künstlerischer und Lebensstilmilieus, uns beiden einige Jahre lang zu nächtlichen Reisen diente. Es ist nicht ohne Witz, wenn in einem Thomas Kling gewidmeten Heft von »text und kritik« der Status dieses neben dem Berliner ›SO 36‹ seinerzeit in Deutschland tonangebenden Kreuzungspunkts von Revolte, Hedonismus und Kunst mittels Zeitzeugen eruiert wird. Man kann als philologisch gestimmter Literatur- und Kunstliebhaber den Gedanken kaum abweisen, daß am Ende all der Körper- und Zeitgeistekstase dieser – wie alle anderen Lust-Höfe – genau in solchen Fußnoten überdauern wird, in den Anmerkungen zu Joseph Beuys und Jörg Immendorff, zu ›Mittagspause‹ und ›Fehlfarben‹ und eben Thomas Kling. So ist das mit Ereignis und Gedächtnis – so ist es immer schon gewesen. Wohl dem Dichter, der das weiß. So leidet es sich leichter an der räuberischen Zeit.

»UNTERM -ZERHACKER das schuhe zertanzn;«

so beginnt »ratinger hof, zb 2« (nach dem kursiven Vorspruch: »wenn das die fraumutter wüßt das / herzimleib tät ihr zrspringn«). Es folgt eine Serie stroboskopierter Beobachtungen der Nachtszene, überraschend gefolgt von einem aggressiv adressierten Anschrei

»walzer heißt pogo! vulkan fiber / wieder PVC! merkts euch! ihr säcke mit / den verrutschten kathetern […]«

dann geht das Gedicht über in eine Szene in einem Krankenheim für Alte und endet in einer ganz sachlich distanzierten Darstellung des Endes allen sexuellen Begehrens. Was bleibt, wenn alle Ekstasen und Infarkte durchlebt sind:

»DAS ABLE / CKN ODER KÜSSN DES SCHUHES GENÜGN […]«

Vom Rausch im Tanzraum sind wir mit einem aggressiven Ruck gesteppt ins Alters-Kranken-Siechenheim, sind in der Geriatrie. Am anderen Ende der Skala also, die anzeigt, was eine Gesellschaft als kollektive Körperexposition institutionell zu bieten hat.

Überlagerungen finden statt. Lust-Dragées steuern die Wahrnehmung hier, Schmerztabletten dort. Hier reißende Iris, dort Infarkt. Die Stiefel-Martialität des Pogo endet nach Durchgang durch die Invalidenbaracke im Kuß des Schuhs als letztem Akt, in dem sich Sexualität und Tod berühren. Das ist der anthropologische Horizont des Textes. Doch es gibt in ihm ein schreiendes, ein schweres historisches Zeichen, das diese eben ganz und gar nicht surreale, sondern brutal reale Überblendung der Orte, Szenen und Generationen wie hinterrücks zentriert, ein aufgerufener Fluchtpunkt:

»verdun ihr verdunblick ende der durchsage«.

Zwei in kurzer heftiger Schraffur einander konfrontierte Bildräume befördern uns also im Nu aus größter unübersichtlicher Nähe fort an einen anderen Schauplatz. Die semantischen Blitze der Szenenüberlagerung nimmt man jetzt in großer Kälte und aus großer Ferne wahr. Lichtzerhackung und angeknipste Verdunvision. Supernah die Einstellungen zu Beginn: das brutale Reale in seiner zerhackten Zerrgestalt. Dann die Distanzierung: artistisch kalt und hart und schnell ins Werk gesetzt. Neue Anschlüsse sind offen. Geschichte wird gemacht. Es geht voran: Verdun. 1914–18. Ein Knotenpunkt europäischer Geschichte. Er geht aus zwei Wahrnehmungsrastern hervor, die sich überlagern, nicht aus der Künstlerperspektive. Das Gedicht gibt nicht den Ort des Beobachters preis, es zeigt sich selbst als Beobachtungsmittel bei der Arbeit. Brutal Reales im Schnittpunkt der Bilder, Reden, Szenen. Gelegentlich grüßt Thomas Kling den Maler Sigmar Polke auch explizit.

II.

Verdun – ein Wort, ein Ort, ein historisches Zeichen, das noch Karriere machen wird im Werk von Thomas Kling. Über Zwischenstationen in »geschmacksverstärker« und »brennstabm« schließlich zum Gedichtband »Fernhandel«, der ganz im Zeichen des Ersten Weltkriegs steht.

Springen wir jetzt gleich dorthin, um einen feinen Wandel sichtbar zu machen. Rund 15 Jahre liegen zwischen »ratinger hof, zb 2« und dem Zyklus »Der Erste Weltkrieg«. Durch Sichtschlitze und Klangröhren war dieser immer wieder eingedrungen ins Material, mit installiert als Hohlraum. Ein Datum, der Name einer Schlacht, der heruntergeklappte Unterkiefer einer Leiche. In »brennstabm« gar als Fotomaterial. Und erinnert sei hier an den Großvater und Lehrer des Dichters, dem »brennstabm« gewidmet ist: Dr. Ernst Matthias (1886–1976).

Dem Zyklus »Der Erste Weltkrieg« steht ein Zitat aus Karl Kraus' Drama »Die letzten Tage der Menschheit« voran: *»Ein Schlachtfeld. Man sieht nichts. Im fernen Hintergrund hin und wieder Rauchentwicklung. Zwei Kriegsberichterstatter mit Breeches, Feldstecher, Kodak.«* In diesem Zyklus ist die Distanzierung vom Gegenstand weit fortgeschritten. Die Gedichte handeln stärker vom Bleiglanz auf Kredenzen in bürgerlichen Wohnzimmern als vom Blei in der Luft über flandrischen Schützengräben, sie zeigen die grauen Farben alter Feldpost, die braun gewordenen Ränder alter Photographien, Modefarben, Traklfarben, optische Medien jeder Façon. Dabei vollziehen sie eine Bewegung, die von der Perspektive des Nachgeborenen über die Medien und Milieus der Erinnerung in der Eltern- und Großelterngeneration zu einem Krieg zurückführt, von dem sich in der Hauptsache sagen läßt: *»Man sieht nichts. Im fernen Hintergrund hin und wieder Rauchentwicklung«.*

Das brutale Reale, das einen Namen hat, mit dem wir zur Konstruktion historischer Folgerichtigkeit munter hantieren, wird unsichtbar, wenn wir genauer hinsehen. Was wir sehen, wenn wir näherkommen, ist das Sehen selbst als Aufzeichnungstechnik: Kriegsberichterstatter, mit Karl Kraus sowieso und immer schon unter Fälschungsverdacht, Feldstecher und Kodakkamera. Der Erste Weltkrieg war der erste Krieg, in dem die moderne Nachrichtentechnik eine entscheidende Rolle spielte. Das spiegelt sich exakt in der Funktion der Aufzeichnungssysteme für die Erinnerung: Fotos, stumme Filmaufnahmen, Zeitungsberichte, Feldpostkarten und Briefe. Kling spricht von der »Grobkörnigen Mnemosyne«, um diesen Vorrang der Aufzeichnung vor dem Aufgezeichneten anzudeuten. Seine Gedichte fächern diesen Medienschirm auf.

Es ist keine unpersönliche Arbeit am Primat der Apparate. Im Gegenteil, aus seiner Funktion heraus wird der Affekt nachmodelliert, der Einschlag der Geschichte bei denen, die mit ihm weiterleben mußten. So geht die Kugel durch den Kopf eines Soldaten ein Leben lang weiter – durch den Kopf der Schwester, die ihren Bruder im Kopf hat. Diese Wahrnehmung wahrzunehmen ist eine Leistung des Gedichts. Es nimmt eine Botschaft auf, welche die Gestalt einer Bleikugel hat und ein Jahrhundert durchquert. Durch reale und erinnernde und das Erinnern erinnernde Köpfe. Medientechnisch geht die Bewegung vom Feldtelefon auf dem Tornister über heimische Dia-Shows zu »CNN Verdun«, wie es im Zyklus immer wieder heißt. Dieser Anachronismus hat Methode, nicht nur weil hier die Medientechniken auch Metaphern sind, sondern eines grundsätzlichen Anspruchs wegen:

»[…] da / wird das nächste dia eingeschoben und das nächste und ein nächstes und ein / übernächstes! […] dias aus dem kambrium ausm / ersten weltkrieg bildmaterial CNN Verdun […]«

Vom Kambrium zum Cable Network – das ist nebenbei auch ein anthropologischer Schlenker, der aus dem Handgelenk mal eben jene Bewegung nachvollzieht, die den Anfang von Stanley Kubricks »2001« markiert. Ein alter Knochen wird zur High-Tech-Black-Box. Diese Evolution der Erkenntnismittel ist nicht das Thema von Klings Gedichten, aber ihre Voraussetzung. Von ihr aus dringen sie ein in die feinen Verästelungen jener Spuren, die die Erinnerung eingräbt in alles, was wir sind: in unsere Dielen und unsere Köpfe, unsere Reden und unser Verschweigen, in Farben, Laute und Lichteinfälle und glänzende Oberflächen. Es ist ein Geflecht der feinen Schmerzen, das die »grobkörnige Mnemosyne« erzeugt:

»[...] währenddessen fotos, familienfotos / von fontänen, summen im ohr, geknister. hohe summen in bewegung. das / sind die schwer erträglichen frequenzen, ein lebenlang, im ohrenzwischenraum der großmutter [...]«

Ich sprach oben vom Unsichtbarwerden, von der Dissimulation der Person und des lyrischen Subjekts in den Texten Thomas Klings. Ein aggressiver, geradezu konkretistischer Bildzauber, inszeniert aus größter Distanz, hält dort den Beobachter im Beobachteten fest und macht aus performativen Äußerungen sprachliche Embleme. Diese Technik hat sich im Lauf der Jahre auf eine unmerkliche Weise gewandelt. Stärker als vordem operiert der Dichter von »Fernhandel« auf der Grundlage jener von Medien erzeugten Zwischensphäre, in der die Bilder und Töne bereits vorgeprägt sind. Was den Dichtern der von Kling hoch geschätzten Barocklyrik die Mythologeme waren, sind ihm in immer höherem Maße die technisch medialen Vorgaben geworden. Wie zum Beleg läßt er der ›CNN Verdun‹-Abteilung Gedichte im Zeichen des Totentanzes und des Actäon folgen. Das ist nichts weniger als willkürlich: Der Informations-Tanz der Technik, in dem unsere Wahrnehmung gründet, hat im tanzenden Tod seinen emblematischen Vorläufer. Und das beobachtende Subjekt, der lyrische Voyeur Actäon in Artemis' Gefolge, wird in einen Hirsch verwandelt und von den eigenen Hunden zerfleischt. Auch eine Warnung vor der Einbildung einer Wahrheit jenseits der alltäglichen Kriegsberichterstattung der Medien. So sind, bis in Klings letztes Buch »Auswertung der Flugdaten« hinein, die Hunde, die auf Befehl der Jagdgöttin ihren Herrn zerreißen, zu Leittieren der Klingschen Bildsprache geworden.

Diese zunehmende Zustimmung zur Vermitteltheit, zur Abhängigkeit unserer Weltwahrnehmung , das fast schon Zutrauen zu etwas so Menschenfernem ist, wie es unsere Erinnerungsapparaturen sind – dies hat den Gedichten Klings eine größere Gelassenheit gegeben. Er inszeniert die Ferne nicht mehr mit dieser Plötzlichkeit von Vorstoß und Verschwinden, er setzt sie einfach in höherem Maße voraus. Daß es der Krieg ist, auf den diese Verbindung von Abgeklärtheit und bildgenerierender Kraft immer wieder verweist, das hat Kling mit den Dichtern des 17. Jahrhunderts gemeinsam. Desillusioniertsein ist die Erfahrung, die dem vormodernen Illusionstheater des Barock zugrunde liegt. Eine späte Entsprechung findet sich in der Bild- und Sprachlust eines Dichters, dem die Kriege des vergangenen Jahrhunderts Grund geworden sind.

Wenn dies nun allzu schwer und trübe klingt, lege man die Betonung im letzten Satz auf den Ausdruck ›Bild- und Sprachlust‹. Sagen wir ein wenig hoffnungsdumm: diese sei gleichursprünglich mit jeder Form der Enttäuschung.

Dazu noch eine letzte Erinnerung: Eine andere frühe Begegnung mit Thomas Kling fand in einem befremdlich ort- und zeitlosen Etablissement statt, das sich »Restaurant für die sieben Sinne« nannte und von Thomas Kling mit veranstaltet wurde. Man mußte gebückt durch dunkle Gänge streifen, um in ein Atrium der Lüste zu gelangen. Musik, Maskerade, Poesie. Es versteht sich, daß dort gut gegessen und getrunken wurde. Verkleidete Menschen suchten ihr Glück im Anfassen. »Eyes wide shut« als hippes Kunsthappening. Bitte Hemd oder Bluse ausziehen. Schwarze Binden über die Augen. Mit Haaren und Federn wurde empfindliche Haut aufs heikelste gereizt. Eine kniende Schöne trug den gebratenen Fasan auf dem Rücken zum Gast. Und eine laute Stimme mischte sich in dieses Konzert der Sinne. Es war die scharfe aus der Kunstkammer Documenta, jetzt aber klang sie nachtigallenhaft betörend, aufbrausend üppig und schmeichelnd fein. Man wußte nicht, wer sprach. Man wußte nicht, wo man war. War man gemeint oder verhöhnt? Doch wie immer, wenn man Kling hören kann, selbst wenn die Stimme märchenhaft sich bauscht, *eine* Frequenz bleibt immer vernehmbar: die eines Schreckens, ohne den das Schöne in dieser Welt nicht zu haben ist.

Walzer oder Pogo

Nach einem Leseabend mit Thomas Kling und Jan Koneffke

Bei dieser frühen Begegnung mit Kling-Gedichten lag ich auf dem Rücken. Zwei maskierte Frauen nestelten an meiner Kleidung und strichen mit Federn oder schürften mit langen Fingernägeln über die freigelegten Hautpartien. Erotische Bahnungen für Worte? Seitdem jedenfalls funktioniert mein musikalisches Gedächtnis für Kling-Zeilen ausgezeichnet. Und das war durchaus beabsichtigt. Denn der Dichter Thomas Kling hatte mit einigen Freunden – Musikern, Malern und Köchen – 1984 in Düsseldorf ein ›Restaurant für die sieben Sinne‹ eingerichtet, in dem wenige Gäste in einem schimmernden Halbdunkel mit Genüssen aller Art traktiert wurden. Barock, hedonistisch, hautnah.

Was im Kopf geblieben war von den astrologisch gestimmten Sieben Sinne-Texten, wurde bei der ersten Lektüre fortgeblasen. Alles prall Lebensgierige war weg, aber der Sound saß fest. Der Gedichtband Klings, die »erprobung herzstärkender mittel« von 1986, setzt ein mit dem Bild eines »auf einem stillen laboraltar« aufgespannten Meerschweinherzens. Wie ein Frontispiz steht es der folgenden Serie von zynisch-aggressiven Gedichten vor, die harte Wissenschaft und weiche Körper, anatomische Schärfe (von Messern und Blicken) und Liebeswerben, technische Sensoren und menschliche Sinne hart verschneiden. Die letzten Spuren von Körperlust bleiben dem Gehörgang vorbehalten (laut gelesen zu werden bitten die Gedichte), die imaginativen Räume aber, die sich der Lektüre eröffnen, setzen sich zusammen aus OPs, Labors und Lazaretten, mit Ausblicken auf gestutzte deutsche Kleingärten, aufs »geschreberte Idyll«. Ungemütlich sind sie, die zerhackten

lyrischen Gebilde, aber sie klingen, sie zischen, stottern und fauchen, sie wispern und heulen plötzlich auf.

Man sollte Kling lesen hören. Gelegenheit dazu gab es häufig (heute auf diversen Tonträgern), denn der engagierte, manchmal enragierte Sprach-Monteur liebte es, seine Kunst-Stücke aufzuführen, er pflegte den furiosen Auftritt, das, was man früher mit avantgardistischem Kunstimpuls ›Performance‹ nannte. Dabei schickte er seine Texte durch seinen Vokalapparat wie durch einen Vocoder. Beim Hören erst erfährt man, wie sehr sie sich dem täglichen Sprechen verdanken, daß sie dem phonetischen Unrat näher sind als dem literaturschriftlichen Code. Ab und zu kann man das in den Texten auch explizit lesen (laut bitte!):

»ge-keckerte -fetzen / ›süße öhrchen‹, ohrläppchen metallverschraubt / beschädigtes leder, monturen, blitze / beschläge, fischgrät im parallel- / geschiebe; sich überschlagendes, -lapp / endes keckern (›gestern dä lappn wech‹); / unser sprachfraß echt junkfood, echt / verderbliche ware;«

Für Nicht-Rheinländer zur Erklärung: ›gestern dä lappn wech‹ heißt hochdeutsch ›mir wurde gestern der Führerschein abgenommen‹. Das sind einige Zeilen aus »RATINGER HOF, ZETTBEH (3)«, dem ersten Text des dritten Gedichtbandes »geschmacksverstärker« von 1989. Zehn Sekunden aus einer legendären Düsseldorfer Szenekneipe, aufgenommen wie mit einem simultan arbeitenden optisch-akustischen Aufzeichnungsgerät, gemixt und dann – nun doch – mit großer Kunstfertigkeit neu installiert. Denn historische Vorbilder hat das Montageverfahren, bei aller wilden Jetzigkeit, gleichwohl. Bei aller Nähe zum Szenejargon, zum Medienmüll, zum schnellen Spruch, zum rheinischen Zungenschlag – Kling sieht sich in einer Reihe mit den Lautmalern und

Sprachverrückern der österreichischen Tradition. Nicht nur die Widmungsgedichte für Ernst Jandl oder Friederike Mayröcker erinnern daran. Letztere wird in einer »gezüngelte[n] Liebkosung« so rührend porträtiert – »deine scheuende Stimme, / die (bären?) franse erreicht deine braue; / durchs zimmer jagen die schwalben / unausgesetzt ihr winkliges rufen« –, daß man den empfindsamen Unterbau der hart funkelnden Kling-Körper nicht mehr verkennen kann. Und eine zweite Lesung von Thomas Kling, in einer Kunstgalerie, brachte denn auch die Symbiose von Gefühl und Härte auf den Punkt: Er rahmte seine Gedichte mit dem Verlesen des Protokolls eines Geflügelwärters aus dem Jahr 1929, das detailliert einen tot aufgefundenen Schwan beschreibt. Dem Tier war die Kehle aufgeschnitten worden und das Blut ausgesaugt.

Es gibt auch andere Tiere in der neuen deutschen Lyrik, lebende Tiere, Haustiere, phantastische Tiere:

»Wieder fliegen Katzen / um Mädchenröcke schnurrt der / Himmel wie damals Geliebte / ein Nest ist auf die Stiege gebaut / zwei Wolken hab ich als Kissen neben den / Ofen geschüttelt, und mir zu Füßen / erzählen die Hunde von bessern Zeiten / ohne Hahnrei der stündlich / komm jetzt nach-haus / kräht«.

Ein Gedicht des Erzählers und Lyrikers Jan Koneffke aus seinem postfarbenen ersten Lyrikband von 1989: »Gelbes Dienstrad wie es hoch durch die Luft schoß«. Koneffke kannte ich nicht vom Hören, sondern vom Lesen. Einige seiner Gedichte, für die er 1987 den Leonce-und-Lena-Preis erhalten hat, waren in der FAZ abgedruckt. Das hat seine Richtigkeit. Die Gedichte wollen schwebend heiter, leicht und sinnlich sein, daran erinnern, daß der Traum bereits Poesie und die Poesie, wenn man sie nur himmelwärts und regenbogenfarben wachsen läßt, ein Traum ist. Alles ist hier angenehm und leicht, doch immer von der Art, daß man bedenkt, wie schwer das Leichte zu machen ist. Koneffke lädt in ein surreal modernisiertes Rokokogärtchen ein, in dem sich flanieren, den Mädchen auf und unter die gebauschten Röcke und vor allem immer wieder in den blauen oder mondverzierten Himmel gucken läßt. Dort sieht man allerhand: Sterne spielen Billard mit Planeten, Galane zünden am Sternfeuer ihre Zigarren an. Näher kommen da schon die auf Dächer steigenden Briefträger, die am Giebel einherrauschenden Hausfrauen oder Ehepaare, die sich nächtens aus den Kaminen schwingen. Überhaupt wimmelt es in halber Höhe vom Himmel zur Erde nur so von Handwerkern und Kehrbesen, Wetterhähnen wie von Mörike und Velozipedisten, von Amt- und anderen Biedermännern, die auf Giebeln, Firsten und vor Firmamenten spazieren gehen, und alle stürzen sie nur deshalb nicht ab, weil des Dichters Kunst die des Equilibriums ist. Phantastisch, träumerisch, artistisch.

Jan Koneffke gibt dem lyrischen Affen Zucker. Er will partout das schöne Gedicht mit dem Märchenton und dem Wunderblick, er kramt im inneren Kinderzimmer und apelliert an warme Omaherzen. Es bollern die Öfen, es brutzelt in der Pfanne, statt Autos fahren Spritmähren, und das Spinnrad darf wieder die Metapher der langen Weile sein. So unbedingt setzt er aufs Biedermeier, genauer: auf Biedermeiers Traum vom Rokoko, daß selbst ein eingefleischter Avantgardist sich fragen muß, ob sich dem nicht ein süß-saurer, leicht perverser Genuß abgewinnen läßt. Dabei hält sich Koneffkes freirhytmischer Modernismus spielend auf der ästhetischen Höhe von farbigen Chagall-Drucken – mit postmoderner Ironierahmung allerdings.

Aber wenn das so ist, darf man Jan Koneffke dann zusammenbinden mit einem, der schreibt, wie die ›Einstürzenden Neubauten‹ Musik machen, mit Thomas Kling also? Man darf. Schließlich konnte man kürzlich beide hintereinander lesen hören. Koneffke gegen Kling – das gegensätzliche Paar markiert zentrale Gegensätze der neuen Lyrik. Fliegende Katzen gegen aufgeschnittene Schwanenhälse; hier ein Frosch, der vom Regen zeugt, dort ein Meerschweinherz für pharmakologische Versuchszwecke; Sprachfraß gegen burleske Metaphernspiele; hier die sich überlagernden Kurzwellensender, dort putzfidele Melodeien – und beide, der zarte Weltflüchtige und der spielerisch-zynische High-Tech-Trabant, sie kommen nicht aus verschiedenen Welten, sie haben nur lange genug in unsere eine und einzige geblickt. Der Liebliche weiß, daß nichts mehr zu retten ist, also endlich schöngemalt werden darf. Der Herbe weiß, daß das alles verlogen ist, und also nicht weiter. Niemand weiß mehr, darauf besteht er: in aller Härte auf der Härte des Daseins. Und der Leser darf jetzt wählen: Kurbelt er das Grammophon an oder stöpselt er den Walkman ein? Die Frage nach der Lyrik heute ist damit auf dem Punkt: Walzer oder Pogo, Koneffke oder Kling?

Stimmung und O-Ton

Laudatio zum Ernst-Jandl-Preis

Soweit ich sehe, stimmt hier und heute so gut wie alles. Deshalb beginne ich mit dem, was nicht stimmt. Sprachorientierte moderne Dichtung, so eine verbindliche Rede, zerstöre Verbindlichkeiten, löse Herkunftslinien auf, entferne von Ursprüngen, vor allem sich selbst, und – so wahr ein destruktiver Charakter in ihr wirke – zerstöre sie, was an Literatur noch einen Resthalt verspreche in medial haltlosen Zeiten.

Und nun erst die Avantgarden, nun erst Thomas Kling: unter den zeitgenössischen modernen Zerstörern das vielbeschworene Vorauskommando. Schon sind die meisten Kombattanten wieder auf dem Weg in den bergenden Hafen, wo Brot und Sinn zumindest das Überleben sichern, da kreuze er – ein Mann allein – um so heftiger Richtung Bermuda und anderen Weltgegenden, wo es tief und gierig zugeht. Schon verbindet sich das elidierte ›e‹ der früheren Texte mit der Wohnanschrift des Dichters: ›Raketenstation‹, so als ob der Buchstabe einfach herausgeschossen worden wäre aus dem Text – und ein falsches Bild ist da in seiner ganzen stabil umrissenen militanten Prächtigkeit.

Was hingegen stimmt, ist am exakt entgegengesetzten Ende jener imaginären Skala zu suchen, die Wärmeströme der Tradition und des historischen Rückhalts mißt. Kaum ein dezidiert moderner Dichter versammelt in solchem Maße Stimmen anderer, zumal früherer in seinen Texten wie Thomas Kling; kaum einer speist seinen Haushalt, seine Ökonomie, so weitgehend mit ergangenen Reden, die alle, so fremd die Sprachgestalt auch sein mag, wie aktuell eingesprochen wirken. Man könnte von Kling-Gedichten als

Synchronisierungsräumen für heterogene Stimmen reden, wenn man begründen würde, wie hier räumliche und zeitliche Verhältnisse konjugiert werden. Das will ich gleich auch tun.

Doch zunächst geht es mir um die Herkunft und die Stimmigkeit hier und heute, in Jandls zweitem Zuhause, in Neuberg an der Mürz in der Steiermark, 2002. Kling hört Stimmen. Vor allem hört er solche aus Österreich. Er hat sie schon gehört, als er noch nicht ›vor Ort‹ war, wie man sagt. Deshalb konnte er auch, anstatt Geschichte in Düsseldorfer Hörsälen weiter zu studieren, Anfang der 80er Jahre Wien studieren und einen weiteren Begriff von Universität entwickeln. Er reiste in eine gelebte Sprachform, die er in einem Maße aufnahm, daß er bei seiner Rückkehr die rheinischen Melodiker aufschreckte mit harsch hingehauenen Austriazismen, ja sich verwandeln konnte in einen liebedienerischen Herrn Geheimrat, um dann plötzlich mit glorioser Gnadenlosigkeit einen apodiktischen Nackenschlag anzusetzen. Schweigen, staunen, lachen: »Siehst Du, mein Lieber« – so führte er sich als einverleibtes Österreich im postpreußischen Rheinland auf, als Sprech-Event, versteht sich; aber, wie man inzwischen sogar aus seinen Essays weiß, auch bekleidungstechnisch: mit Trachtenjanker in weiland Düsseldorfer Lederjacken-Pogokreisen.

Nicht, daß es keinen Spaß machte – »was haben wir gelacht!«, würde Kling hier sagen –, es hatte und hat aber auch System. Diese überwältigenden Einschlüsse von Fremdmaterial in ein laufendes Geschehen kennen wir bestens aus den Gedichten, also aus dem Textgeschehen; welches sich eben, so ist das mit andauernden Einschlüssen, nach und nach verwandelt zu einem wienerisch geprägten, und, wenn man es schriftlich haben will, zu einem österreichisch-rheinisch durchwebten Textus.

Womit wir in bezug auf den in Bingen am Mittelrhein geborenen, die meiste Zeit in Düsseldorf und Köln und dazwischen

lebenden formal fortschrittlich und also traditionsskeptisch operierenden Dichter Thomas Kling schon einmal zwei starke Herkünfte behauptet hätten. Das Wort Herkunft im Plural klingt ziemlich modern und ein wenig relativistisch. Deswegen sagen wir mit Nachdruck, daß es sich hier um echte, d.h. bedeutsame Bindungen handelt. Eine gegebene und eine gewählte. Zwei Wurzelsysteme, der weiteren Wahl entzogen. Also stabil, zur Grundversorgung des persönlichen und dichterischen Systems nötig und wesentlich. Zum ersten Mal also: von wegen traditionsstürzende Moderne!

Und zum zweiten Grund, warum hier und heute so gut wie alles stimmt: Eine Tradition ist dauerhaft überhaupt nur dann in Geltung, wenn sie befragt wird, wenn man operativ in ihre Geschichte einsteigt. In einem anderen Jargon spräche man hier von der Dialektik von Genesis und Geltung. Man könnte jetzt einwenden, daß in sogenannten traditionalen Gesellschaften gerade die Nichtbefragung des Überlieferten die Stabilität garantiere. Aber dann wären wir allzu schnell bei der nach 2001 besonders schmerzhaft heiklen Frage, in welchem Maße die Befragung dann von außen erfolgte, in Form von Überfall und Krieg beispielsweise. Oder sagen wir es traditoneller, mit Goethes ›Faust‹: »Was Du ererbt von deinen Vätern hast, / Erwirb es, um es zu besitzen.«

Thomas Kling – wir kehren zurück zum Dichterplaneten –, Thomas Kling jedenfalls eignete sich das längst schon Seinige fürderhin auf eine aktive Weise an. Natürlich hatte er Technik und Sound von Konrad Bayer, H. C. Artmann und Ernst Jandl längst schon drin, im Gehörgang zumindest, als er sich dranmachte, es auch draufzukriegen: Dazu mußte er allerdings raus aus dem Dichtungsgeschehen, wie er es zu seiner frühen Zeit, den siebziger Jahren sah: sprachvergessen und ichverliebt: immer schon zwei Seiten einer Sache – und rein in ein Sprachenstudium der intensiven, aber auch kalten Art: Bei aller Liebe, es gilt eben immer, Funktionsweisen herauszukriegen. Dabei mußte leider auch der Kölner Stadtgänger und -sammler Rolf Dieter Brinkmann links liegengelassen werden. Zu viel Emphase, auch negative, stört beim Aufbau eigener Formkapazitäten und ihrer Ausdehnung in den performativen Raum.

Dafür war Kling natürlich bei Ernst Jandl an der richtigen Adresse. Bei H. C. Artmann hatte ihn die Aufnahme des Volkssprachlichen, also des mündlichen, also auch des in literal geprägten ›Herrschaftszeiten noch einmal‹ sozial Deklassierten schwer gereizt; das Anknüpfen an eine unterdrückte Geschichte, zu der so schöne Traditionals wie das Wienerlied gehören, infolgedessen wir beim so modernen Kling immer auch Soundbites einer Geschichte der Unterdrückung vernehmen (soviel nebenbei zum Vorwurf der idiomatischen Esoterik). Haben wir also H. C. Artmann in Kling als Vergangenheits- und zugleich Fremdheitsverstärker ausgemacht, so ergibt sich die Funktion Jandls in Kling zwanglos als analytische Abkühlung und anschließende oral-performative Wiedererhitzung.

Bei Jandl haben wir beispielsweise den Slang auf ein Kernsyntagma reduziert und dieses dann in Erweiterung, Variation und zugleich rhythmischer Gliederung zu einer mündlich-schriftlichen Einheit gefaßt, deren geschlossene Wucht erst beim Vortrag das intellektuelle Vergnügen am Bauplan so richtig übersteigt. So ist es im nachhinein gesehen richtig und gut, daß Jandl erst mit dem leibhaftigen Vortrag seiner Gedichte – und dessen technischer Speicherung – der wurde, den sein Name heute unabweisbar evoziert: ein Textdichter als Sprechereignis, oder, mit einem bei Thomas Kling geklauten Oxymoron: ein ›Sprechsteller‹. Den Namen Jandl hören heißt seitdem Jandl hören: eine Stimme, eine akustische Halluzination. Ein Hörereignis aber auch als Erkenntnismittel, darunter sollte man den Genuß nicht ansiedeln. Und Thomas Kling tut es am wenigsten. Denn auch er will wissen, bevor er es wissen will. Soll heißen: Lust macht nicht dumm und Erkenntnis Lust, was man denn auch zusammenschreiben kann: Erkenntnislust.

Zum zweiten Mal also: Wir loben einen Dichter, der seine Herkünfte pflegt, statt sie zu demolieren, der seine Väter evoziert, im oralen Sinne des Wortes, statt sie zu exorzieren, der sie heraushört aus der und hineinhört in die Literaturgeschichte – mit Liebe, deren Erklärung praktischerweise die Form der Poesie hat. Deshalb stimmt hier und heute im großen und ganzen so gut wie alles.

Wenn ich nebenbei die kleine Einschränkung ›im großen und ganzen‹ erläutern darf: Es wäre natürlich wunderbar, wenn Ernst

Jandl, der wahrlich, weil stimmlich leibhaftige Dichter, die heutige Traditionsstimmigkeit, die Feier der Filiation, in die er, mehr streng väterlich als versöhnlich, gestellt ist, mit seiner Anwesenheit hätte verstärken können. Zumal es gleichsam in Erweiterung der hier beschworenen Stimmigkeit nun dazu kommt, daß Thomas Kling das Lob spricht für Friederike Mayröcker, die, reichlich spät, den Büchnerpreis erhält und deren literales Gewicht zeit Dichterlebens die lakonisch-strenge Leichtigkeit der Jandl-Verse auszutarieren vermochte in einem für beide zwingend notwendigen Arbeitsprozeß.

Doch bekanntlich erzeugen die sogenannten unterhaltsamen unter den technischen Medien eine Gegenwärtigkeit der besonderen Art, zu der die Buch-Schrift nicht in der Lage ist. Weshalb sie manche für unterlegen halten, was wir hier natürlich nicht mitmachen, aber (ich rede jetzt von Tonträgern wie Bandkassetten und Compact-Discs) wir können doch zur fortgesetzten Stimmigkeit des Abends, der auch ein Abend der Jandl-Geschichte ist, uns wünschen, daß der Ausgabe der gesammelten schriftlichen Werke, die von Klaus Siblewski eingerichtet wurde, eine ebenso umfangreiche der Tonträger folgt. Schließlich war Jandl der erste Dichter der Geschichte, der ein großes Publikum traf, indem er mit der Schallplatte das Buch übertraf. (Ich sage nur leise ›Laut und Luise‹.) Ein Superlativ übrigens, der sich in naher Medienzukunft erst recht plausibel machen wird. Die Gegenwart der Stimme als Editionstat. Aber vielleicht wird ja bereits an solcher Edition gearbeitet, zumindest geplant. Die Rundfunkarchive warten sowieso auf Nutzung, und Jandl zu senden kommt bis heute immer gut, selbst bei politischen Programmdirektoren.

Damit komme ich nach den kurzen genealogischen Überlegungen zur Stimmigkeit lobreicher Abendveranstaltungen im Namen Klings und Jandls noch zu einem strukturellen Merkmal der Poesie beider. Der Rundfunk hat mich darauf gebracht, genauer: der Hörfunk. Nichts geht mehr ohne O-Ton, und das ist im österreichischen Rundfunk nicht anders als im deutschen. Wurde noch bis in die achtziger Jahre vieles, vor allem Kulturelles, vom Blatt gelesen, gemäß den schriftlichen Instituten Essay und Kritik, wird heute so gut wie alles verfeaturet, mit O-Ton angereichert. Kein Buch bitte, wenn möglich, ohne die Stimme des Autors.

Die Begründung liegt auf der Hand bzw. im Wort: weil wir es im O mit dem Original zu tun haben, dem Echten, einem Stück Welt ohne den Filter der Schriftlichkeit und also der Linearität, Selektivität und a fortiori der Reflexivität. Etwas soll stimmen im Sinne von wahr gesagt sein. Von der akustischen Frequenz, der real im Raum übertragenen, wird unbewußt auf urheberschaftliche Wahrheit im Symbolischen geschlossen. Ein Mißverständnis, über das uns kaum etwas besser aufklären kann als eine Dichtung, die sich häufig des alltäglich neu veknautschten O-Tons bedient, dessen also, was uns so im allgemeinen und speziellen ständig von den »pidginlippen« (Kling) quillt: von Fach- und Szenesprachen bis zu Ausländerdeutsch.

O Gott, O Mensch, O-Ton – das wäre in unserer Perspektive die kürzeste Beschreibung des Säkularisierungsprozesses einschließlich Individualisierung, denn was (ein Hinweis für identifizierungswütige Innenminister) ist individueller als die Stimme? Und zudem wäre es eine Literaturgeschichte in nuce, würde man noch das ›O je‹, das auf den Tod Gottes folgte, am Anfang der modernen Dichtung hörbar machen. Kurzum: am O-Ton und im O-Ton und um den O-Ton herum hat eine Dichtung ihre Freude, die das Echte aufgreift, um es anzugreifen, die sprechende Seelen in seliges Sprechen verwandelt und die »him hanflang« statt Gottes Atem vor allem Buchstaben sieht: die Dichtung Jandls nämlich und die Thomas Klings (dessen Freund Marcel Beyer in »Flughunde« das Stimm-Ding einer brillanten Romananalyse unterzogen hat).

Doch die Sache hat, wie jede Münze (und auch Mütze, siehe rechts), zwei Seiten. Was beim häufigen lautschriftlichen Hineinholen von Stimmen in den Kling-Text geschieht und sich beim Vortrag dann so wuchtig durchsetzt, ist nichts weniger als Ursprungszauber in Alltagsnähe, sondern im genauen Gegenteil: ein topologisches Abtasten der ergehenden Reden und deren Nutzung als quasi-orales Emblem: ›Hasse ma ne Maak‹ – das ist eine soziale Münze, ein stabiles sprachliches Tauschmittel, hochallgemein, paradigmatisch, ein starres Schema, das nur im Gedichtkontext zu verflüssigen ist. ›Is nix‹ mit sprachlicher Authentizität, sozusagen. Im Gegenteil. Indem sich das Gedicht über solche Sprech-Fundstücke beugt, nimmt es deren unterstellte situative Kraft und verwandelt sie in eine der Reflexion zugängliche Form.

Doch – und hier gibt es ein Andererseits: es bleibt ein Rest von Magie. Wie bei der Tequila-Flasche auf einem Voodoo-Altar. Sie ist schon dem Heiligen zugeordnet, doch ein Rest von Rausch und Erbrechen bleibt. Eine Aufrauhung der transzendenten Bewegung durchs kernige Zitat. Insofern ist der O-Ton als Anleihe beim Außerliterarischen eben immer auch ein Stück Transzendenz nach unten, wenn diese Inversion erlaubt ist. Der sogenannte O-Ton im Gedicht ist kein Input des Realen, er ist eine abstrahierende Schematisierung vorgefundener Rede. Aber er bewirkt auf der anderen Seite eine Störung der erhebenden Bewegung, er ist ein Antidot gegen die der Poesie eigenen Erhabenheitsdrift. Und deshalb steht der O-Ton mit nichts so in Spannung wie mit einem anderen großen O in der Dichtungstradition: dem expressiven O-Mensch-Pathos. Womit wir, mit dem frühen Expressionismus und der Zeit des Ersten Weltkriegs, ganz nebenbei eine weitere Klingsche Sinn- und Klangquelle gestreift hätten.

Einem gar nicht vom Sinn verunzierten O-Ton literarisch zu begegnen ist übrigens eine Seltenheit. Ernst Jandl war es Mitte der achtziger Jahre in einer noblen Düsseldorfer Einkaufspassage vergönnt. Ebendort, und zwar auf einem Mode-Laufsteg, über zwei goldene Aufzüge gelegt, den auch Thomas Kling schon in fremde Schwingung versetzt hatte, trug Jandl seine vokalfreie lautpoetische Materialschlacht »schtzngrmm« vor. Als er dabei so richtig ins Rollen des r(rrrrrrrrrrrr) geraten war, antwortete ein aufgeschreckter Schäferhund mit heftigem Bellen Richtung Catwalk. »Ja!« rief Jandl daraufhin ganz aus dem Häuschen, »ja, ja, ja, er hat mich verstanden.«

Eine Hermeneutik der paradoxen Art. Wo der Sinn sich bricht, tritt das Material hervor. Stimme, Buchstabe, historischer Sinn: in dieser Entstehungszone der Bedeutsamkeit arbeitet auch Thomas Kling. Blitzschnell, ›wespenlike‹ sind seine Vorstöße vom Gegenwärtigen ins Historische, an den Rand der Bedeutung, weiter – und vor allem: zurück; zurück in die hochaufgeladenen Ordnungen des Gedichts, wo alles stimmt, in Stimmung gerät.

Ein Kapitel in Klings Gedichtband »brennstabm« trägt die Überschrift »stifterfiguren, charts-gräber« und versammelt kürzeste Künstler- und Poetenporträts. Ernst Jandl gehört hierhin. Nicht weil er stiftet, was bleibt, sondern weil er weiterarbeitet, zum Beispiel in Thomas Kling. Weshalb wir diesen selbst von jeder Stiftungsaufgabe entlasten und nur betonen wollen, wie sehr seine hochauflösende Spracharbeit Verbindungen und Verbindlichkeit erzeugt, und also Tradition.

Sichtung und Bildgedicht

Laudatio zum d.lit.-Literaturpreis

Der Dichter hört genau hin. Er speichert einzelne Wendungen und Ausdrücke, wie sie in Gesprächen fallen, aber auch im Radio, im Fernsehen, aus allen Kabeln und Antennen. Dann stehen sie da im Gedicht, ihrer Gewöhnlichkeit entkleidet, und beginnen zu bedeuten, anderes zu bedeuten. Wenn man Glück hat, blickt man am Ende durch, soll heißen, das in Schrift verwandelte Wort wird durchsichtig – zum Beispiel auf seine eigene Geschichte hin, auf den schäbigen Rest, den es aus Vorzeiten transportiert. Auf einmal sieht man es hinter ihm, in ihm und durch es blitzen und leuchten.

Nun bin ich in drei Sätzen von der Mündlichkeit der Poesie zu ihrer visuellen Seite gewechselt. Und das mit Absicht. Ich möchte mich nämlich mit der Schriftlichkeit und dem Visuellen in der Arbeit Thomas Klings beschäftigen. Dafür gibt es mehr Gründe, als ich hier aufzählen kann. Zwei will ich nennen. Einer ist mehr den Kennern geschuldet: Es wurde schon enorm viel über das mündliche Genie des Dichters geschrieben, dessen Name bereits die Ohren spitzt, an die er sich richtet. Dann werden aufgebaute Sounds gebrochen, Gehörgänge freigelegt.

Kling hat als Performer begonnen, als Vortragender, als Vortragskünstler. Man hat den Stimm- und Gestenreichen, den Rufer und Flüsterer, den bewegten Beweger auf der Bühne zunächst für einen späten poetischen Ausfluß der Fluxus-Bewegung gehalten, deren Aktionszentrale ja auch im nördlichen Rheinland lag. Kling war bereits ein akustisch dominiertes Gesamtkunstwerk, als er – schon vor dem ersten Gedichtband – zusammen mit dem Percussionisten Frank Köllges auf der Documenta in Kassel auftrat.

Mit Hugo Ball und Tristan Tzara vor dem inneren Auge, mit H. C. Artmann und Ernst Jandl im Ohr des Publikums, war der junge Kling bereits eine sich verpuppende Ikone der Transmedialität – oder machen wir erst einmal halblang: ein explosiver Ausbund der Gattungsmischung, des Kunstmix. Wenn ich mich recht entsinne, war es die Zeit der Beuysschen Siebentausend Eichen und Kling hochfasziniert vom rheinischen Gesamtkunstwerker, der das Leben, unser aller Leben voll Kunst pumpen wollte (wie in einer Documenta zuvor voll Honig), und unser Leben in die Kunst.

Nun ist Thomas Kling nie konvertiert zum puristischen Schrift-Steller (das schöne Wort ›Sprech-Steller‹ stammt übrigens von ihm), er wurde kein Hieronymus im Gehäuse, auch wenn ihn der Löwe zu Füßen des Schreibers und die Wüste in dessen Rücken immer angezogen haben: die Wildnis und die Weite, und wie sie vom Alphabet abhängen. Denn immer immer bleibt ein Sprechen zu vernehmen in der Kling-Schrift: unwillkürliche Lippen-Bekenntnisse von jedermann und Zwischentöne in Wissensdiskursen – aus zufälligen Kehlen, aus allen Bedeutungshimmeln gefallen.

Trotzdem das Bild und die Schrift. Ein zweiter Grund dafür liegt schlicht in deren Dominanz für unseren Medienverkehr und Klings Gedichte. Von ersten Vergrößerungsgläsern über Teleskope bis zu Nachtsichtgeräten, von frühen Photographien über Polaroids bis zur Computertomographie, vom Stummfilm über rasante Schnittechniken, dem Einfrieren und Wieder-Verflüssigen von Bildern bis hin zum digitalen Delirium, das die Welt komplett nach seinen Tiefenregeln konstruiert, zieht sich die Geschichte der optischen Medien durch die Texte Klings. Dazu die graphisch-grammatische Dissidenz seiner Texte, ihre unbegrenzten Anspielungsräume. Allzu schnell hat man daraus ein Bild geformt: das Bild des Dichters als später Ausgeburt, wenn nicht letzter Höhepunkt der lyrischen Moderne: heutig-schnell, poetologisch-schwierig, faszinierend fern und plötzlich wieder überschwemmend nah.

Doch mit der Modernität Klings ist das so eine Sache. Natürlich gilt sie, aber man muß doch ein paar Zeitbezüge und Perspektiven klären. Ich gehe es ausnahmsweise biographisch an. Kürzlich brachte ich als kleines Gastgeschenk eine gebunde Reclam-Ausgabe von Augustinus' »Bekenntnissen« mit auf die Raketenstation, wo Thomas Kling zusammen mit Ute Langanky wohnte – Sie wissen schon: vor den Toren Düsseldorfs, neben und gewissermaßen auch Teil der bekannteren Kunst-Insel Hombroich –, und bevor ich auch nur den Namen Augustinus sagen konnte, schon beim

Eintritt ins Zimmer, sagte Kling, durchaus freudig des Bandes ansichtig: »aha, die Übersetzung von Kurt Flasch« – und legte das handliche Büchlein beiseite. Er nannte auf Anhieb den Namen des Übersetzers statt den des Autors, obwohl jener auf dem Umschlag nicht zu lesen war.

Als ich eine knappe Woche später wieder vorbeikam, lagen auf dem Wohnzimmertisch fein säuberlich drei Bücher übereinander: ein voluminöses, ein normales und dieses kleine Reclamformat. »Ich habe«, hob Thomas Kling an, »seit vergangener Woche die drei Augustinus-Übersetzungen verglichen. Der Flasch ist schon sehr sehr gut.«

Nicht daß Kling den Übersetzernamen weiß, ist dabei bemerkenswert, sondern daß dieser vor dem Autornamen rangiert. Mein kleines Gastgeschenk hatte einen Hintersinn. Schließlich gelten die ›Bekenntnisse‹ als erstes Exemplar der Gattung Autobiographie im Abendland. Eine Seele spricht sich aus, wenn auch im Namen eines Höheren. Andererseits weiß ich um die strenge Aversion Thomas Klings gegen das unmittelbare Ich-Sagen, gegen das Sich-Aussprechen, das die Kunstformen nur benutzt und das Material, die Technik und die Zeichen ignoriert. Und es kam, wie es des Dichters ist: Statt über ein von Gott dependierendes volles Ich sprach Kling sofort und ausschließlich über die Vermittlungsformen selbst: in diesem Fall die Übersetzungen und ihre Geschichte.

Kling ist kein Altphilologe, sondern ein moderner Dichter. Doch ist seine Versenkung in sich überlagernde Zeitschichten, in bestimmte Überlieferungsgeschichten, in Übertragungsreihen und etymologische Verkettungen auch eine Arbeit der philologischen Landgewinnung, ein Prozeß der Selbsterdung. Daher die besondere Leidenschaftlichkeit, wenn diese philologische Tiefen-Heimatkunde mit der lokalen zusammenfällt. So ist der Rheinländer aus Bingen heftig interessiert an seinen Landsleuten aus dem mittleren Rheintal: Hildegard von Bingen oder Nikolaus von Kues; oder auch am Mann aus Bingen-Büdesheim, Stefan George, zumal wenn dieser selbst wieder zurückgreift auf alte versunkene Sprachschichten. Und erst der Fund eines Rotwelschwortes beim strengerhabenen Meister der Poetenrunde – dann biegen sich die Klingschen Textkolumnen vor anarchischer Begeisterungslust.

Und dies ist nicht nur bei den Texten so, bei der poetischen Arbeit, sondern – dies das Erbe eines umfassenden Kunstverständnisses – in jeder Bewegung Thomas Klings. Wenn wir uns verabreden beispielsweise zu einem sommerlichen Ausflug, dann nie, ohne das romanische Wandgemälde in der Westapsis der Knechtstedener Klosterkirche ins Auge zu fassen, oder die spätgotischen Schnitzaltäre in der St. Nikolai-Kirche von Kalkar. Hier kommt die heimatliche Nähesuggestion des Ortes zusammen mit der globalen Bedeutungssuggestion des historischen Kunstwerks und der Transzendenzsuggestion seiner religiösen Aussage. Man macht sich klug, um in keine sentimentale Falle zu tappen. Dann darf es heimatlich und fernwirkend anbranden. Dann stimmt fast alles.

»Ach«, seufzte Thomas Kling hörbar zufrieden bei einem späteren Anruf, »ich habe gerade ein frühneuhochdeutsches Glossar in Händen, es tut so gut darin zu lesen.« Es klang, als habe er in jemandes Seele gelesen. Wörterbücher sind Klings Bekenntnisse und Breviere: Bekenntnisse der Geschichte und Breviere der Sprach- und Lebensformen. Nicht nur der menschlichen. Man darf sich den Dichter in einem halb verwilderten Garten vorstellen, den Vögeln lauschend, Vokabeln murmelnd. So finden Ornithologie und Etymologie zusammen. Synästhetische Exerzitien unter Platanenkronen:

»und dem seine rückenfarbe, sand,
lehmiger gesichtsmergel, verteilt:
als faulige biedermeier-livree. aus der
rot krächzt, ein rostiger, absplitternder,
kuppenzerreißender häher – aber
tonlos, versteht sich, und hingeduckt,
wie hinüber –

AUS dieser häherkehle
also schiebt sich der mördersound-aussatz.«

so beginnt das Gedicht »Alles Außenaufnahmen« in: »Auswertung der Flugdaten«.

Mir ist der Häher immer mit dem Vogeldichter Günter Eich verbunden, bei Eich »hackt er mit hartem Schnabel die Nacht«. Tausend Jahre früher hieß der Vogel ›hehara‹ – auf althochdeutsch. Und sein späterer lateinischer Name lautet ›Garrulus Glandarius‹, was deshalb interessant ist, weil der frühe Naturbeobachter Megenburg über ihn zu sagen weiß: »Garrulus haizt ain heher, und ist ze latein als vil gesprochen als ein klaffer, sam Isidorus spricht, wan er ist kläffischer dan kain ander vogel und hat ain unmaezig stimm.« Und noch etwas – ich ahne Ihr entzücktes Entdecken: »Des vogels federn habent so mangerlei varb, daz er aller anderr vogel varb hat.« Womit ich bei einem wahren Hand- und Lieblingsbuch von Thomas Kling angkommen wäre; dessen Erwähnung ist geradezu ein Muß: dem ›Handwörterbuch des deutschen Aberglaubens‹ nämlich. Eine zehnbändige Schaufel für Spracharchäologen, für Wortschatzgräber, wie Thomas Kling die besten seiner Zunft gerne nennt.

Es dürfte schon klar geworden sein, daß der Wortschatzgräber Kling mit seinen Funden freundschaftlich verkehrt, indem er sie in ein lebendiges Idiom einarbeitet. Auch eine Art, mit den Toten zu reden. Wie kaum einen anderen faszinieren ihn das Mittelalter und die frühe Neuzeit, jene Epochen, da die lingua franca des gebildeten Europa, das Latein, von unten gleichsam Konkurrenz bekam. Klings Neigung zum Althochdeutschen; sein verliebtes Hinüberblicken zum Provenzalischen der Troubadours; Walther von der Vogelweides Mittelhochdeutsch – und schließlich das Barock, das die rhetorischen Formen zu ungekannter Großartigkeit hochtrieb: wo Ich zu sagen vor allem komplexe Formen zu beherrschen hieß. Schließlich, ein Sprung über die poetische Ich-Religion des bürgerlichen Zeitalters hinweg, der Einbruch der poetischen Moderne: die Expressionisten, bei denen sich Rasend-Pathetisches und Trocken-Lakonisches in die Quere kamen, und natürlich, die Stammzelle aller radikalen Kunst-Turbulenzen: die Dada-Meister, allen voran Hugo Ball; ich vermute auch deshalb, weil er die Kurve bekam vom heiteren Zertrümmern zu den beseelten Helden des Rückzugs, den Säulenheiligen, deren Ich schließlich nur noch ikonisches Zeichen war. »Anachoretische Landschaft« heißt denn auch ein Matthias Grünewalds ›Isenheimer Altar‹ zugewandter Zyklus von Gemäldegedichten im letzten Buch von Thomas Kling.

Womit wir wieder beim spannungsgeladenen Verhältnis des Visuellen zum Akustischen wären, wie es ganz ausdrücklich in »Auswertung der Flugdaten« aufgefächert wird. Ex visu oder ex iussu – das ist hier die Frage, und grundsätzlicher noch das Ranking der menschlichen Sinne überhaupt. Zu den Spezialitäten der Klingschen Lyrik zählt seit jeher das Gemäldegedicht, eine, ja *die* zentrale Gedichtform, wenn man dazu zählt die sogenannten lyrischen Polaroids, Gedichte, die die Sofortentwicklung eines scheinbar beliebigen Wirklichkeitsausschnitts betreiben; wenn man dazu rechnet die Künstlerbücher, die Thomas Kling zusammen mit Ute Langanky erstellt hat, beide Wahrnehmungsformen und Medien schichtend und kreuzend, vom Foto zum Gemälde zum Gedicht beispielsweise, und umgekehrt; oder wenn man die Verräumlichung von Ideen darunter faßt; oder gar die Räumlichkeit des Gedichtes selbst auf dem Blatt Papier, ferner Nachklang der konkreten Poesie.

Auf das Gemäldegedicht »Anachoretische Landschaft« folgt im letzten Kling-Buch eine Rede zu dieser Gattung, die in schönem autoritativem Gestus ›Düsseldorfer Vortrag‹ heißt. Dem Rheinländer sei Dank, da wir schon einen ›Wiener Vortrag zur Literatur‹ aus seiner Feder kennen, einen ›Berliner Vortrag über das 17. Jahrhundert‹ oder so feine lokale Sachen wie ›Graz und Gedächtnis‹ und ›Venedigstoffe‹. Nun also auch »Zum Gemäldegedicht. Düsseldorfer Vortrag«, gehalten im Düsseldorfer Kunstmuseum im Jahr 2003, an dessen Schluß Kling wiederum von einer Lesung im Basler Kunstmuseum berichtet, in dem er seinerzeit ausschließlich Gemäldegedichte vorgetragen hatte, und dieser mündliche Vortrag einer Auswahl dauerte schon eine gute Stunde.

Ich möchte mir als Ort der Rede nicht den offiziellen Vortragssaal denken, sondern einen Bildersaal. Nun gab es damals noch das sogenannte Künstlermuseum, eine umstrittene und dennoch einige Jahre duchgehaltene Promovierung des Kunstmuseums zum selbständigen Kunstwerk. Eine Kontextkunst-Aktion in einzigartigem Umfang und Dauer, was Museumsleiter Jean-Hubert Martin und den gestaltenden Künstlern Bogomir Ecker und Thomas Huber zu danken ist. Ihre Idee entspricht dabei aufs schönste der Arbeitsweise Thomas Klings: Sie haben den gegebenen Kunstbestand in überraschende Konstellationen gebracht, Links quer durch die Zeiten installiert, neue Bezüge gestiftet. Es ging um die innere Logik von Kunstwerken, um deren variable Verkettungen; um Begegnungen, die zünden; Konfrontationen, die schmerzen und erhellen; um inszenierte Entfremdung und neue Amalgamierung. Ich rede von Thomas Kling und vom Künstlermuseum.

Nun stelle ich mir Thomas Kling mit seinem Düsseldorfer Vortrag ebendort im ersten Obergeschoß Nord vor, und zwar vor der Wand sitzend, nein, besser stehend, an der Carl Gustav Carus' »Kahnfahrt auf der Elbe bei Dresden« neben Gerhard Richters »Fenster« hängt, vier aneinanderstoßende hochformatige Tafeln. Vielleicht steht Thomas Kling auf dem hellgrauen Hammerkopf vor den Fenstern, der durch eine andersfarbige Teppicheinlage gebildet wird.

Was sieht man? Bei Carl Gustav Carus aus dem hölzernen Inneren eines Bootes wie durch ein Fenster die Silhouette von Dresden, die an Venedig erinnert, an Palladio und weiterreichend die Sehnsucht: an die Antike. Und bei Richter? Statt nach außen sieht man nach innen, in den Raum hinein. Die Schatten der Fensterrahmen und -streben fallen nicht naturgegeben nach innen auf den Boden, sondern kunstgemacht nach außen. Der Blick des Betrachters selbst ist die Sonne. Er erzeugt die Schatten im fiktiven Raum. Wir sehen das Gemalte nur und sonst gar nichts. Bei Carus ein räumlich und zeitlich unendlich gedehnter Blick, bei Richter der Blick selbst. Die Reflexion von Material und Technik hat das Objekt der Sehnsucht verschluckt. Gleichwohl genießen wir es.

In diesem Zwischenraum siedelt die Poesie Thomas Klings. Sie ist nüchtern in der Zerlegung der schönen Ansicht in Schrift und Klang, in Geschichte und Reflexion. Aber begeistert ist sie durch das, was darin aufgehoben ist und seine virtuelle Existenz behauptet. Außen und innen, technisches Verfahren und Anschauung sind in einem permanenten Austauschbetrieb.

Doch es gibt eine Grenze der Vergleichbarkeit von bildender Kunst und Poesie. Sie liegt in der zeitlichen Dimension der Dichtung: Sie operiert mit Plötzlichkeit. Wenn man den Ausdruck steigern könnte, würde ich von Kling als dem ›plötzlichsten‹ deutschen Dichter der Gegenwart sprechen. Die fremden Nachbarschaften werden im Nu installiert. Etwas operiert schneller als der Verstand. Es geht um Dichte und Geschwindigkeit in einem Maße, das nicht wirklich rekonstruierbar ist. Das Verstehen stolpert, der Exeget ebenso. Das heißt, er hinkt.

Am Ende des Düsseldorfer Vortrags heißt es bei Kling: »da kommen immer welche, die versiert sind und sich ein Bild machen können, ein Bild von deutlicher Knotenschrift.« Das ist freundlich gesagt und doch nicht wenig erhofft. Thomas Kling hat es in den späten Texten nicht mehr so eilig. Stärker markiert er das Statische, auch wenn sich der Betrachter wie eine Kamera heftig dreht. Manchmal möchte man meditieren, von so weit her scheint es. Doch Vorsicht bei der Innenschau, bei der man wieder nur ein wenig sich beruhigen möchte über sich. Das läßt der Dichter nicht zu. Man sollte sich erinnern, wie der freundlich-eindringliche Rezitator Kling vom Flüstern plötzlich ins Fauchen fällt. Die Konsistenz wechselt, das Gedicht brennt und knistert, und gelegentlich knallt es laut. Damit sind wir in drei Sätzen wieder von der visuellen Seite zur Mündlichkeit der Poesie gewechselt. Da sind wir wieder im Alarmzustand Gedicht. Doch wir greifen nicht zum Feuerlöscher, sondern ziehen es vor zu staunen.

Vom Webstuhl zum Seziertisch

Gewebeprobe eines Gedichts

Thomas Kling erzeugt ein Gewebe ohne Anfang und Ende, verschlungen und in sich zurücklaufend mit Einschüssen von Gesichten und Geschichten, das wir in ebendem Augenblick wahrnehmen, nicht wenn es sich schließt, sondern wenn es reißt (›morsch‹, wie es ist).

gewebeprobe

der bach der stürzt
ist nicht ein spruchband
textband weißn rau-
schnnz;
          schrift schon;
der sichtliche bach di
textader, einstweilen
ein nicht drossel-, nicht
abstellbares textadersystem,
in rufweite; in auflösnder
naheinstellun'.
                    bruchstücke,
ständig überspült; über-
löschte blöcke, weiße schrift-
blöcke und glitschige, teils,
begreifbare anordnungn: ein un-
unterbrochn ununterbrochenes.

am bergstrich krakelige unruhe
und felsskalpell. schäumendes
ausschabn.
                    bezifferbarer bach,
der bach der stürzt; guß,
megagerinnsel, hirnstrom.

Gern wird angeblich schwierigen Dichtern nachgesagt, sie könnten nur noch übers Dichten selbst dichten. In Thomas Klings Gedichtband »morsch« gibt es die schönsten Gedichte über Vogelfang, Liebe, Manhattan und Falkenjagd. Der Dichter wildert in allen Zeiten und Themen. Dabei bleibt die leitende und alles miteinander verknüpfende Frage die nach den Sprachformen, in denen uns die Dinge gegeben sind. Um dies beispielhaft zu zeigen, habe ich das Gedicht »gewebeprobe« ausgesucht, weil es eine kleine öffentliche Geschichte hinter sich hat. Es wurde 1994 in der FAZ vorabgedruckt und provozierte einen entgeisterten Leserbrief, in dem ein Dr. med. eine häufig an zeitgenössische Poesie gerichtete Frage zu einem Verdacht zuspitzte; nämlich ob es sich hier um »Sprachchaos handele zur Verschleierung der Tatsache, daß es da gar keinen mitteilbaren Gedanken gibt«.

Das ist tatsächlich der Punkt. In der Moderne ist der Zusammenhang von Gedanke und Mitteilung gerissen, und die Poesie webt ihren Schleier nicht über, sondern in ebenjenem Riß, der die Welt aus den Fugen bricht. »der bach der stürzt ist nicht ein spruchband« muß man dem lesenden Mediziner antworten. Die Mitteilung ist *in* der stürzenden Bewegung, nicht jenseits. Wenn man sie nicht anderswo sucht, dann ist alles ganz einfach, dann fängt es auch an zu klinge(l)n. Oder in Klings prosaischen Worten, mit denen er in seinem Essayband »Itinerar« dem Mediziner zunftgemäß

antwortet: »Das Gedicht ist Begegnung. Nicht nur im Brocaschen Zentrum, wo die Sprache sich anbahnt«.

Von vorne: »das weben und gewebe, daher die zusammenfügung, der Zusammenhang«, so übersetzen Jacob und Wilhelm Grimm das lateinische ›textus‹. Schon damals war dem Gebildeten der metaphorische Zusammenhang von Web- und Dichtkunst so selbstverständlich, daß er kaum noch ein Weberschiffchen bei der Arbeit gesehen haben dürfte, wenn *Text* im Text stand. »gewebeprobe«, der Titel des Gedichts von Thomas Kling, ist von bescheidener Mehrdeutigkeit: er kündigt eine Textprobe an, eine Vorlage für einen Test und zugleich den Test selbst. Thomas Kling ist ein moderner Analytiker von Redeweisen und Sprachbildern. Er zerlegt und seziert. Aber das ist nur die grundlegende, besser gesagt: grundstürzende dichterische Operation. Aus ihr entwickelt er ganz selbstverständlich eine neue Kunst der Zusammenfügung, so speziell und eigenwillig, daß sie immer wieder von jüngeren Kollegen kopiert wird.

In »gewebeprobe« setzt er zunächst eine andere Metapher für das Gedicht und zeigt deren Reichweite: »der bach der stürzt«. Man darf den Ausdruck lesen wie *ein* Wort. Stürzen ist eine Bewegung, die Innehalten, Feststellen, Beruhigung ausschließt. Also auch jene Sinnberuhigung, die von Sentenzen, Weisheiten und Sprüchen ausgeht, jenen herkömmlichen Ergebnissen einer bekömmlichen Metaphernkunst. Deshalb beginnt das Gedicht, das eine andere Metaphernarbeit leistet, mit einer Verneinung. Nun ist der rheinische Dichter Thomas Kling mit seinem Hang zu alten verborgenen Sprachtraditionen nichts weniger als ein dichtender Sprengmeister oder Sprachanarchist, für den ihn immer noch viele, auch seiner Bewunderer, halten. Er ist ein skrupulöser und genauer Formulierer: »einstweilen / ein nicht drossel-, nicht / abstellbares textadersystem, / in rufweite; in auflösnder / naheinstellun'.«

Die statische Gewebemetapher wird hier erweitert und in Bewegung versetzt. Das Gedicht ist zu diesem Zeitpunkt, »einstweilen«, nicht fixierbar, und es ist nicht überschaubar. Das kann sich also noch ändern. Kling rechnet mit dem klugen Leser, der am Ende doch erfolgreich gedrosselt haben wird, was so wild den Fels herunterschäumt.

Das Gedicht sucht die Nähe zu einem alltäglichen Sprechen, das ebenfalls gern Vokale und Endungen bei Infinitiven und Partizipien verschleift. Ein Verfahren, das beschleunigt und Festlegung erschwert. Ihm entspricht die »auflösnde naheinstellun'«, die es nicht mehr erlaubt, das Gesehene als Ganzes, als Sinneinheit zu erfassen. Beides zielt auch auf die objektive Not, die wir Zeitgenossen mit einer überkomplexen Wirklichkeit haben. Kling zieht die sprachliche Konsequenz aus der Lage des Beobachters, der das Bild nicht übersieht und deshalb mit Bruchstücken arbeiten muß; der seine Beobachtungen immer wieder »überspült« sieht: Er versetzt den Leser in ebendiese Lage, und er thematisiert sie.

Mit dem paradoxen Ausdruck »bezifferbacher Bach«, mit dem die vierte Strophe anhebt, ist das Gedicht an seinem rätselhaften Wendepunkt. Allerdings ist der sprachliche Weg, der vom Stürzen zur Ziffer führt, solide vorbereitet durch die Ausdrücke »felsskalpell« und »ausschabn«. Das Gedicht ist nicht mehr dem textilen Gewebe oder seiner metaphorischen Erweiterung in den Raum der Naturelemente hinein zugeordnet, sondern dem Gewebe als konkreter biologisch-körperlicher Tatsache. »gewebeprobe« verankert das Gedicht jetzt im Fleischlichen und tiefer noch im Hirn: »megagerinnsel« – das ist Poesie, wenn man sie von der Begegnung von Hirn(-pathologie) und Schrift her denkt. Gottfried Benn hätte seine Freude an solcher Wendung der poetischen Dinge. An einem solchen Testlauf, solcher Kopfprobe. Die durchaus komische Wahrheit über die reißende Flut: Gerinnsel im Kopf.

Man schaue sich das Kling-Gedicht an: seine Zeilenbrüche, seinen Zeilenfall insgesamt: ein Stürzen über Klippen, teils »begreifbare anordnungn«, teils »überlöschte blöcke«. Und vor allem: man höre es: das Schäumen der Um- und Zischlaute, wenn es stürzt und spült; das Knirschen und Reiben der harten Konsonanten, wenn Berg und Fels zum Vorschein kommen; die kühle Reihung am Ende, wenn das Gedicht in Hirn und Ziffern übergeht. Zur vollen Gestalt kommen Kling-Gedichte, wenn sie laut gelesen werden, vorzüglich vom Performance-erprobten Dichter selbst.

Und ein Hinweis noch zum »spruchband«, zum »textband« im Gedicht. Kling spielt damit auf jene Schriftbänder an, die auf spätgotischen Bildern meist einen Namen oder gelegentlich eine biblische Weisheit oder eine ständische Kennzeichnung durch den gemalten sakralen Raum flattern lassen. Solche luftig gebauschten Schriftbänder sind dekorativ, und sie fixieren Bedeutung in einem anderen Medium, der Schrift. Bei Kling erscheinen sie vorzüglich in der Verneinung, so auch im Zyklus »Gesang von der Bronchoskopie« in seinem letzten Buch »Auswertung der Flugdaten«. Dort ist von einem »nichttextband« die Rede. Hier wie dort: Das wesentlich zu Sagende ist keine graphisch abzulösende Botschaft, sondern ist gegeben im verwickelten Prozeß des Dargestellten mit der Darstellung, sei es im Schäumen, sei es im Schmerz.

Zungenentfernung

Mündlichkeit, Schriftlichkeit und das Kling-Gedicht »löschblatt. bijlmermeer«

Der Dichter Thomas Kling ist weit davon entfernt, seine Lyrik aus dem Duktus und den Stereotypen der mündlichen Rede hervorgehen zu lassen. Doch bewegt er sich sehr bewußt im Interferenzbereich von Oralität und Schriftlichkeit. Seine Lesungen sind einzigartige Hörerlebnisse. Bevor noch die ersten Texte gedruckt waren, hatte er sich mit seinem ekstatischen Vortrag bereits ein Publikum geschaffen, das mit einem leichten Schaudern genoß, wie eine erkennbar subtil durchgeformte Sprachfügung in Brüllen und Flüstern, Exklamation und ›Anrede‹ zerrissen wurde. Ihre kalkulierte und durchinszenierte Künstlichkeit unterscheidet die Rezitationen deutlich von jenen Rap-nahen Spontan-Leseevents der jüngeren Slam-Generation. Die ›Lesungen‹, anfänglich häufig im Umkreis von Präsentationen bildender Kunst inszeniert, sind extrem modulierte akustische Veräußerlichungen von Texten. Bei dieser ekstatischen Form des Vortrags vermeidet Kling allerdings entschieden jede Kundgabe individueller innerer Befindlichkeit. Er macht sich eher zu einer Art ›Tonverstärker‹ der in seinen schriftlichen Texten komprimierten Oralität. Er gibt kein Ich in der Stimmführung zu erkennen, sondern überführt den graphisch strikt organisierten Text in einen komplexen Hörraum. Auch dies ist ein Grund für die extremen Schwankungen in den Modi der Artikulation: Sie lassen den Eindruck eines kontinuierlichen Sprechens, das auf einen Sprecher verwiese, erst gar nicht entstehen. Doch wie zeigt sich die ›komprimierte Oralität‹ in der Gedichtschrift selbst? Das auffälligste Merkmal ist zunächst eine beschränkt eingesetzte phonetische Schreibweise. Dazu gehören der häufig fehlende Vokal ›e‹ in der Endung von Infinitiv- und Partizip-Perfekt-Formen und bei Pluralbildungen auf ›en‹ und verschiedene Zusammenziehungen von Worten und Wortteilen (Agglutinationen) wie ›ausm‹, ›drumrum‹, ›wisi‹ usw. Um einen Eindruck von diesem Verfahren zu geben, hier die drei Strophen eines Gedichts aus dem (wie in den meisten Fällen thematisch kohärenten) Kapitel »autopilot« des Bandes »nacht.sicht.gerät.«

löschblatt. bijlmermeer

1

geschwindigkeit.
höhe.
kurs.
steign.
falln.
uhrzeit.

2

kerosin. ke-, kehlenaas: lädierte
aufzeichnungen im koffer; rachnaas. knisterndes, gänzlich gestörtes felsbild.
lädierte köpfe ausm koffer; ursprünglich
rot. signalrot, dass mans findet. ein
zirpn kofferförmiger stimm aus ein klein
braun koffer: zu undeutlich gewordner
stimmtresor. felsbilder, ja, ausm koffer.
inmittn ein drumrum versteckter
unwahrscheinlichkeits-brikett; schlafende

bilder nur   ruhiger russ. grad mal briketts,
in schattnkrümmun' menschnbriketts. immer

3
immer schriebe ich, sagt sie, kritzelkritzel,
schrieb ich über kriege. felsbildläsionen, ja.
löschblätter di augn, augnruss übers schollen-
gelände, ja. franklins expedition di ins
feuer muss. ein zirpn? kein zirpendes abhebn
mehr; ein auskunfts-löschlösch: art felsbild,
gründlich gelöscht, ein stilles fest für
gegnstandsfotografn, für dern abflug.
rot. eines koffers ankunft.

wi di kamera
zwitschert!, wisi singt!
und siedeln in der luft.

Grundsätzlich kann im Kling-Gedicht jede schriftsprachliche Normgestalt auf solche und ähnliche Weise verstümmelt werden. Dieses im zitierten Text eher spärlich eingesetzte Mittel hat einen durchschlagenden Effekt: Der Leser traut seinen Augen nicht. Die gewohnte Zuordnung von Bedeutung und alphabetischem Code funktioniert nicht reibungslos. Nicht etwa deshalb, weil die Signifikation überkomplex wäre, also zu viele Bedeutungselemente gleichzeitig evozierte, sondern weil die bloße Form der Anordnung von vertrauten Signifikanten der unmittelbaren intellektuellen Schematisierung Widerstand bietet. Es stellt sich für einen Augenblick ein befremdender Effekt wie bei der Lektüre einer nur schwach vertrauten alphabetischen Fremdsprache ein, nennen wir ihn mit einem Klingschen Ausdruck »brennstabm«-Effekt. Doch sobald man den Text laut und zusammenhängend spricht oder in einem inneren Vorstellungsakt das Sprechen repräsentiert, schließen sich die diversen Sinn-und Assoziationskontexte zusammen und klären so auch häufig die Bedeutung der rätselhaften Ausdrücke. Zum Beispiel das Wort »rachnaas«: Lesend ausgesprochen taucht das eskamotierte ›e‹ des Wortes »rachen« sofort wieder auf, auch wenn es in der Lautgestalt gar nicht deutlich erklingt, da ein Endungs-›e‹ beim Sprechen häufig zwischen den Konsonanten verschliffen wird. Aber selbst als »verschluckter« Buchstabe realisiert es der laut Lesende im Moment. Ich will damit hervorheben, daß das (innere oder äußere) Sprechen zur sofortigen Ergänzung der typographischen Verkürzung tendiert. Deshalb auch kommt es beim Zuhören einer Kling-Lesung gar nicht erst zu solchen Erschließungsanstrengungen wie gelegentlich beim stillen Lesen; selbst dann nicht, wenn der Vortragende dem Text getreu folgend das ›e‹ gekonnt nicht ausspricht.

Die Gedichte fordern die mündliche Rede heraus, nicht die Gegenrede in einem imaginären dialogischen Akt, sondern die monologische Rede des Lesers, der eine in den Gedichten eingeschlossene wesentliche Potenz auf diese Weise freisetzt. Gesprochen erst sind sie erfüllt. »Ich schreibe so laut ich kann« heißt eine schöne Zeile von Bert Papenfuß-Gorek, die hier wirklich zutrifft. Den Einband von Thomas Klings erstem Gedichtband »erprobung herzstärkender mittel« ziert denn auch wie eine Ankündigung alles Folgenden die ironische Gattungsbezeichnung: »KLINGGEDICHTE«.

Schon auf den ersten Blick (und Ton) zeigt sich hier eine ganz besondere Öffnung des abgeschlossenen Raumes der Schrift, in dem sich moderne Lyrik in ihrer stark binnenorientierten Komplexität und Reflexivität stabil eingerichtet hat. Eine Öffnung jedoch, die gerade nicht hin zu einer traditionellen rhythmisch und melodisch verbindenden Mündlichkeit führt, wie sie sich in Balladen, politischen Liedern oder Rap-Sprechgesängen zeigt, von denen sich ja auch sagen ließe, daß sie ausgesprochen (gesungen) erst wirklich (wirksam) sind; sondern im Gegenteil: eine Öffnung geradezu gegen den ›Populismus‹ der Mündlichkeit; eine Öffnung zur Oralität – allerdings, und das ist entscheidend, bei voller Wahrung der schriftgeprägten formalen Kapazität moderner Lyrik.

Zu dieser formalen Kapazität gehört ganz unbedingt auch die Reflexivität des Gedichts; und zwar in der Art einer *formalen* Selbstthematisierung, die bezeugt, daß das lyrische Sprechen sich als Ort einer Kommunikationsstörung weiß, in der die sprachliche Weltkonstitution ihrer Routinen beraubt wird. Was so verallgemeinert wie ein poetologischer Allgemeinplatz klingt, wird bei Thomas Kling selbst zugleich Ereignis und Metapher. Das Gedicht löst sich von der Repräsentation erlesener Erkenntnis und baut sich scheinbar beiläufig (metonymisch) entlang konkreter Einzelheiten auf, um dann doch so etwas wie ein darstellendes Organ geworden zu sein (Sprechorgan, Zunge, nur schwer im Zaum zu halten von der Aufgabe, Bedeutung zu kommunizieren; delirierend, plappernd, dabei sich verdichtend, schließlich auf befremdliche Weise wahrsagend).

»löschblatt. bijlmermeer *geschwindigkeit. höhe. kurs. steign. falln. uhrzeit.*«, das sind die Parameter, nach denen die Daten einer Flugbewegung aufzuschlüsseln sind, vom Lotsen im Tower, vom Auswerter eines Flugschreibers? Zu dieser Hypothese gibt der Name »bijlmermeer« Anlaß, sofern der Leser sich erinnert, daß dieser Vorort Amsterdams Schauplatz einer der größten Flugzeugkatastrophen der Geschichte war. Um die Aufzeichnungen eines Fluges, um den »stimmtresor«, den »koffer«, die »stimm aus ein klein braun koffer« baut sich die zweite Strophe auf. Stimme und Koffer, die Chiffren der Aufzeichnung, sind beschädigt ebenso wie die Menschenkörper: »lädierte köpfe« und »menschnbriketts«. Diese Beschädigung bleibt der Sprache nicht äußerlich, sie geht in ihre zerhackte Form ein: »kerosin. ke-, kehlenaas:«, die kurze Sequenz beinhaltet schon den ganzen Übergang vom Flugzeugabsturz über die Zerstörung hin zur (sogar thematisierten) Verzerrung des Sprechens selbst, die das Grundmuster dieser zweiten Strophe bildet.

Doch das Ineinander von szenischer und Sprech-Zerstörung wird seinerseits gestört durch eine neue Perspektive: das »felsbild« kündigt sie an; der Aufschwung auf die Metaebene der »schlafende[n] bilder« stabilisiert sie; die durch Leerstellen indizierte Pause und die extreme Wahrnehmungsdistanz, die sich in den folgenden, fast zynisch anmutenden Wendungen wie »ruhiger russ. grad mal briketts« eröffnet, führt das ganze Gedicht in eine andere Zone. Der extreme Zeilensprung hinein in eine neue Strophe macht diesen Wechsel schließlich auch graphisch deutlich. Der Ausdruck »felsbild« stellt dabei die Frage nach der Art der Wahrnehmung oder besser noch: Speicherung der Wahrnehmung im Gedächtnis. Die lädierte Aufzeichnungsform, um die sich die zweite Strophe dreht, wird mittels eines vereinzelten Ausdrucks in den Zusammenhang mit der ältesten menschlichen Aufzeichnungsform überhaupt gestellt. Das Gedächtnis operiert nicht linear und kausal, sondern, unterm Schock der »Läsionen«, weiträumig assoziierend.

Anders als bei Klings Kollegen Durs Grünbein, der auf Gottfried Benns Spuren die archaische Natur- und Menschengeschichte mit der Gegenwart in einem Kontinuum verbindet, blitzt das archaische Element bei Kling (durchaus häufig) nur eben hinein ins Gedicht. Ein ähnlicher Kurzschluß zwingt in der dritten Strophe den Seefahrer und Polarforscher John Franklin statt ins ewige Eis, in dem seine letzte Expedition scheiterte, ins Feuer aeronautischer Gegenwart. Auch von Franklins letzter Mission fand man wie vom abgestürzten Düsenflugzeug in Bijlmermeer Überreste und schriftliche Aufzeichnungen.

Das Gedicht hat hier bereits seinen Übergang auf eine neue Ebene gemacht: Die Frage nach der Aufzeichnungsform, nach Bild und Gedächtnis und dem Schreiben selbst steht im Vordergrund. Kursiv gesetzt bildet die indirekte Rede einer weiblichen Person die Eröffnung der dritten Strophe. Im lautverwandten Ausdruck »kritzelkritzel«, der distanzlosen, onomatopoetischen Comicsprache entlehnt, wird das Gewicht des Begriffs »kriege« (seinerseits einen Binnenreim mit »schriebe« bildend) ironisch konterkariert; kritzelkritzel – kriege: eine metonymische Operation, die auf den Zusammenhang von Graphismus und Zerstörung hinweist, den der Ausdruck »felsbildläsionen« verdichtet, »felsbildläsionen, ja. / löschblätter di augn«. Der Semantik dieser umlautgeprägten Kombination von Ausdrücken kann man die Antwort auf die implizite Frage nach dem Verhältnis von Krieg und Schreiben denn auch entnehmen: Der Sphäre konkreter Zerstückelung von dinglichen und menschlichen Körpern, von technischem Speicher (Aufzeichnungsgerät) und poetischer Sprache, welche (selbst zerstückelt) Einzelbilder heraufbeschwört (zweite Strophe), wird hier die Vorstellung einer Zerstörung am Ursprung aller menschlichen Aufzeichnung unterlegt: Schon das Felsbild, früheste Form graphischer Repräsentation, ist durch eine Funktionsverletzung gekennzeichnet; eine Verletzung, die der bildhaften Repräsentation selbst wesentlich zukommt (»felsbildläsionen«): Die (graphische) Repräsentation ist konstitutiv von einem (schmerzlichen) Mangel (Funktionsstörung) gekennzeichnet, in dessen Folge Kriege sich auch historisch auf Kritzeln (stab)reimen.

Das solcherart tiefenstrukturell ableitbare graphische Bildgedächtnis des Menschen prägt noch jede neue Wahrnehmung, indem die alten Spuren die neuen Konturen binden und zu einem Bestandteil eines verzweigten Palimpsestes machen. Diesen Zusammenhang verdichtet der Ausdruck »löschblatt«, als Metapher für das Gedächtnis und Paradigma für das Palimpsest gleichermaßen geläufig. »löschblätter di augn« – der visuell geprägte Dichter leistet diese Schichtung im Akt der (Darstellung der) Wahrnehmung. Die befremdliche Kette, die das »felsbild«, die (Aufzeichnungen der) »franklin expedition«, den Flugzeugabsturz (Flugschreiberauskunft) und das (Kriegs-)»kritzelkritzel« des Dichters verknüpft, erweist sich in der rekursiven dritten Strophe des Gedichts als angewandtes Modell einer nicht-linearen, reflexiven graphisch geprägten (poetischen) Praxis.

In den Schlußversen dann eine ambivalente Wendung zu den »gegenstandsfotografn«, denen der »abflug« möglich ist angesichts des Absturzes. Ist ihre Wahrnehmung nicht (oder nicht mehr) beschwert mit der Graphik der Verletzung, der eine Verletzung des Graphismus schlechthin zugrunde liegt? Hat sich der Dichter selbst der Gedächtnisschwere im Blick entledigt? Oder verweist er in imitierter zynisch-lockerer Gebärde auf die Unbeschwertheit (»stilles fest«, »abflug«, »zwitschert«) einer Aufnahmetechnik, der das (graphische) Tiefengedächtnis nicht länger den Blick führt? Die Kamera, derart befreit, erzeugte also Bilder, die »siedeln in der luft«?; ebendort also, wo der Gegenstand, das Flugzeug (zerstört) gerade nicht ist? Die technische Aufzeichnung der Absturztrümmer, die auch Aufzeichnungstrümmer sind, als Abheben von der Erde in einen luftigen Bilderraum, der zu einem lustigen akustischen Raum wird, in dem es zwitschert und singt? Überdeutlich gesagt: Am Ende steht die sarkastisch getönte Zitation des objektiven Zynismus einer Aufzeichnung, die Störung und Zerstörung verwandelt in ein seliges Ätherrauschen. Das »kritzelkritzel« des Krieges wäre abgelöst durch ein optisch-akustisches Wolkenkuckucksheim. Entschwunden, losgelöst von der Erde, ebendort, wo der Mensch zur Erde niedergestürzt ist; entschwunden, nicht zu fassen. Ebendies faßt das Gedicht. Mit seinen ureigensten Mitteln. Dazu gehört in diesem Fall die extreme Spannung zwischen den ›öffnenden‹ oralen Formelementen des Gedichts und seiner graphisch geprägten reflexiven Struktur.

Klings Gedichte kann man nicht lesen, ohne sie zu hören. Was hier umständlich zu explizieren war, kann beim Zuhören in einem spontanen intuitiv-assoziativen Akt erfaßt werden. Es wäre dies aber ein Hören, das sich von den auswendigen Formeln einer sekundären oralen Kultur gelöst haben müßte. Es wäre ein Hören, das sich buchstäblich von den literarischen Traditionen der reflexiven Moderne herschriebe; ein schreibend und lesend eingeübtes Hören.

Klings Gedichte kann man nicht hören, ohne sie zu lesen. (Um den Test auf diese Behauptungen zu ermöglichen, ist den vorletzten Gedichtbänden »Fernhandel« und »Sondagen« praktischerweise jeweils eine CD mit von Kling gelesenen Gedichten beigefügt, »gebrannte performance« nannte er das.) Die Spannung im Zusammenspiel von Oralität und Literalität ist in ihnen zu einer genuin neuen Form gesteigert. So fassen sie, indem sie das Sprechen zur immer schon ›beschädigten‹ Schrift verhalten, auf ihre exzentrische Weise zusammen, was unter den jetzigen Medienbedingungen gänzlich auseinanderzudriften droht: Literatur und inszenierte Medienmündlichkeit. Und davon sprechen sie auch, immer wieder:

drift
schnittwundn abschiede schnitt.
und starr aufs test-, aufs textbilt
gestarrt, bildtest wiederum ausge-

falln. so passiert zungenentfernung.
märzmorgende fiepend; diarien ab-
geflämmt, verflogene stundnbücher,
ein aufgehn in rauch, in schaum. zei-
len di sich hervorschiem, – zwängn etwas
wi »ausgetriebene engeldämonen«: DAS REI-
NE WOHNZIMMER-VOODOO, in einzel in bilt
in einzelbildschaltung; di ganzn bildver-
einzelungen!
    kontinente in zungenentfernung.   wir
driftn auseinander. so.

Singvögel rückwärts

Von Sinnklang und Vogelfang

wann leibes wollust hie auff erd
ist gewisz des teuffel vogelhert

So dichtete vor einem halben Jahrtausend der Nürnberger Sänger Hans Sachs. Daß Dichten selbst des Leibes Wollust ist, kann man bei seinem rheinischen Nachfahren Thomas Kling wieder erleben. Ob er in seinem Gedichtband »morsch« durch »Manhattan Mundraum« streift, durchs Alpengebirg, durch ein Altarbild von Grünewald oder über eine verschlungene Motivtapete, immer kann man hören, was gesehen, vorgestellt oder gedacht ist. Die Gedichte stellen der Welt die Ohrenfalle. Sie fangen, was sich kundtut, und machen neuen Sound daraus, »vogelherd *mikrobucolica*« heißt ein Zyklus. Vogelherd war einst das Arbeitsgerät des Vogelfängers. Da muß der ›vogelsteller‹ aufpassen, daß nicht erstirbt, was hinter ›blickgaze‹ aufgehoben ist.

Daß Thomas Kling das phonetische Material der Sprache wieder exponiert wie zu Hochzeiten der lyrischen Avantgarde und dabei ganz und gar gegenwärtig und vor allem eigensinnig und -stimmig bleibt, das pfeifen die Spatzen und konkurrierende Singvögel inzwischen von den Dächern. Daß er bei aller gelegentlichen Neigung zu Umgangssprache, Szene-Idiomatik, Slang und Wortwitz schwierig sei, ebenfalls. Und tatsächlich haben etliche Interpreten seiner Texte tief gegraben und noch im tiefsten Untergrund der knirschenden Konsonantenverschiebungen prächtige Stücke an Bildung, Sinnbildung und Sinnbildentstellung zutage gefördert. Dichte symbolische Gebilde sind die Texte auch da, wo sie sich dem

Lauten und den Lauten lustvoll zu ergeben scheinen – soweit das vorläufige amtliche Endergebnis der Kling-Forschergemeinde. Des »leibes wollust« steigert sich eben bekanntlich mit zunehmender symbolischer Verfeinerung. So wurde die Oper erfunden und das Kling-Gedicht.

Deshalb der Vorschlag, sich den Texten doppelt zu nähern. Man lese sie zunächst einmal laut und ohne Enträtselungsdruck. Man investiere etwas Pathos, betone die Brüche in der Zeilenfügung, in der abweichenden Schreibweise geläufiger Wörter und hebe gelegentlich die Stimme, als ob man einen fern vorbeifliegenden Vogel beeindrucken wolle. Hierbei wäre es allerdings hilfreich, Thomas Kling einmal die eigenen Gedichte rezitieren gehört zu haben: akustische Setzungen, die einen Raum zugleich füllen und perforieren können; durch die Löcher wünscht sich manch erschrockener Zuhörer davon.

In einem zweiten Durchlauf lese man dann leise und analytisch. Und dann wird man feststellen, wie das phonetisch-akustische Ereignis an der Sinnkonstitution intensiv beteiligt ist; daß es geradezu um die Produktion von Sinn aus der materiellen Basis der Zeichenproduktion selbst geht. Dabei bleiben das Mündliche und das Schriftliche, der Laut und das Graphem, Ohr und Auge immer aufeinander bezogen. Ein Beispiel aus dem Gedichtband »morsch« von 1996, das diesen gedichtreflexiven Zusammenhang auf vordergründig zynisch anmutende Weise radikalisiert:

SPRACHSTRÄHNEN, LEIM; die lockere ge-
fangnschaft. gerasterte schläfe. von
sprachn weißgesottenes ohr *(folge)*. wi
war das? durchtrennen des -bändchns, und
di zunge bringt, verlängert, schöneren
gesang? *(folgn.)* besser noch (di effektivere

folge): BLENDUNG. der glühendgemachte draht,
sprachdraht, di augnpunkte auszubrennen; un-
unterscheidbar machn wir so tag-und-nacht:
gesänge, heißt das, *ohne unterbre'hungsfolgn.*

Hat man sich auf diese Weise etwas vom Produktionsgrund der Gedichte erlesen, vom Zusammenhang von Wohlklang und Kastration, von Schönheit und Schrecken, dann erschließen sich auch andere Themen und Motivkomplexe sehr viel leichter. Kling geht häufig von ganz konkreten Landschaften und Kulturräumen aus, von Gemälden oder historischen Daten. Immer wieder sucht er die Korrespondenz zu anderen Dichtern, zitiert oder transformiert fremde dichterische Rede, greift auf einen alten Bestand an Worten, Formen und Motiven zurück. Es gehört zu seiner Kunst, von jedem beliebigen Ort vordringen zu können in dessen sprachlichen und historischen Unterbau. Er holt Sinn und Kraft aus dem alten ›vogelherd‹ ebenso wie aus der ›falknerei‹ und der ›beize‹. Und nichts daran ist beliebig. Kling untersucht Wortfelder zugleich mit der Genauigkeit eines Philologen und der Anverwandlungslust eines Sprachspielers. Und kein Gedicht beruhigt sich in der Ankunft bei einer tieferen Bedeutung. Im Gegenteil: Er gibt uns die Destruktionsenergie, die in jeder Bedeutungsfixierung liegt, zu verstehen, oder besser: zu hören. Er schickt seine Wörter auf die Reise durch die Zeiten, durch vergangene Sinnarrondierungen und den zeitgenössisch breitgetretenen Quark, und erzeugt so ein Gewebe ohne Anfang und Ende, verschlungen und in sich zurücklaufend mit Einschüssen von Gesichten und Geschichten, das wir in ebendem Augenblick wahrnehmen, nicht wenn es sich schließt, sondern wenn es reißt (›morsch‹, wie es ist). Vielleicht ist ebendies die Wollust des Sachsschen ›teuffel‹, diese Verbindung von Sprechsinnlichkeit und Offenhalten des Sinns im Gedicht:

erster vogelherd (vorwerk)

lerche, di zungn und himmel verschraubt.
garne im blick, blickgaze, … und stellt sich
als vogelsteller vor, als vogelherd.
schnappt irgendetwas zu?

Kunst und Dichtung auf der Raketenstation

Thomas Kling und Ute Langanky bei der Arbeit

I.

Es gibt magische Orte. Jeder einzelne kennt sie. Orte, die erlebte Zeit in sich tragen, Zeit, die abgesunken ist und wiedererstanden in Gestalt eines Schicksalszeichens, heimatlich, unheimlich, fremd vor Nähe.

Es gibt magische Orte für eine ganze Kultur. Der Reiseschriftsteller Bruce Chatwin erzählt von australischen Aborigines, die sich zur Verblüffung der Konsumenten immer wieder an dieselbe Stelle in einem Supermarkt auf den Boden setzen und singen. Hier, wo Büchsencola und Hundefutter gestapelt stehen, ist einer der Knotenpunkte im Liniengeflecht der Erde, dem die Ureinwohner jahrhundertelang folgten. Sie folgen singend den Linien ihrer Erde. Das ist ihr Gebet, ihre Kunst, ihre Selbstvergewisserung. Uns Modernen ist das Hekuba.

Wir lösen uns von den schweren Orten, weil wir leicht dahinzufliegen begehren, von Ort zu Ort, von Bedeutung zu Bedeutung. Wir wollen nicht hören, wie es einrastet und uns gefangennimmt. Die alten Kathedralen richten wir zu Archiven her, in denen die Bestandteile eines alten Kultes bestaunt werden. Die neuen Orte, die wir für unsere Gegenwärtigkeit reservieren, sind nach einem Ausdruck des französischen Philosophen Marc Augé: *Nicht-Orte.* In ihnen kommen wir niemals an, wir durchqueren sie nur. Flughäfen, Schalterhallen, Einkaufs- und Vergnügungszentren. Daß sie keine Geschichte haben, entlastet und euphorisiert uns, und es bereitet uns Atemnot zugleich.

Gegen Kurzatmigkeit und Atemnot suchen wir uns zu wehren durch die Kunst. Sie bekommt die Aufgabe übertragen, Orte zu erzeugen, an denen die Zeit innehält. Kunstwerke in diesem Sinne sind Zeitspeicher. Sie schlagen sich selber vor als Objekte der Sehnsucht nach erfüllter Zeit. Sie betreiben ein Kompensationsgeschäft, suchen zu entschädigen für den Schmerz, den uns die Furien des Verschwindens beibringen.

Ute Langanky und Thomas Kling sind Künstler, die an solchen

Zeitspeichern arbeiten. Auf ganz besondere Weise. Eine der Besonderheiten bildet dabei der Ort, an dem sie leben und tätig sind. Sie haben ihn gewissermaßen umkreist, indem sie von Haan und Bingen nach Düsseldorf erst, dann nach Köln wechselten, um sich schließlich in einer Mitte niederzulassen, die aus lauter Rändern besteht. In der Raketenstation Hombroich endet eine militärische Geschichte, hier endet ein Siedlungsraum und der Raum einer integralen Architektur. Nichts ist dort fertig, und nichts ist ruinenhafter Verfall, ein Raum ohne volle Gegenwart, aber auch ohne saugende Nostalgie: ein Halbfertigprodukt als Lebens- und Arbeitsraum. Die Künstler leben in dem Raum, den sie künstlerisch erforschen. Das erinnert an Ethnologen, die Teil werden des Volksstammes, den sie untersuchen. Oder an Archäologen, die an der Stätte der Grabungen ihr Leben ausbreiten.

Durch eine wundersame Fügung gehören die inzwischen reiseführernotorische Kunstinsel Hombroich und das Raketenareal zusammen. Beide, die Insel Hombroich und die Raketenstation, bieten zwei herausragende Beispiele für die Arbeit der Kunst mit der Zeit. In den rekonstruierten Erftauen zwischen Holzheim und Kapellen finden wir ein Ensemble von Kunst- und architektonischen Zeichen, das uns in alle Richtungen umschließt. In seinem Eklektizismus greift es aus in alle Weltkulturen und Zeiten, von alten chinesischen Statuetten über die Skulpturen der Khmer bis hin zu den Farbpolstern von Gotthard Graubner und den Bauplastiken von Erwin Heerich. Die Objekte sollen ihre Intensität kommentarlos, kraft ihrer Eigenstrahlung entfalten, so wie der ganze Raum in seiner inszeniert naiven Kunsthaltigkeit uns als ein Arkadien zweiter Ordnung, als ein ursprünglicher Landschaftsleib aus Natur und Kunst umschließen soll.

Kaum einen Kilometer entfernt dagegen ein Ort, der mit seiner martialischen Bezeichnung ›Raketenstation‹ eine ganz andere Ordnung evoziert. Nähern wir uns diesem Ort zunächst nicht über seine Geschichte, sondern ganz anschaulich und konkret. Zunächst wird man, kommt man vom Insel-Arkadien herüber, von einer Bahnschranke aufgehalten. Wenn man Glück hat, antwortet auf den Ruf in eine Fernsprechsäule eine rostig klingende Stimme und kündigt das Heben der Schranke an. Das kann dauern. Es war ein heißer Sonntag im Sommer, als ich Ute Langanky und Thomas Kling in der Raketenstation besuchte. Gewohnt im öffentlichen

Verkehr an ein promptes Reagieren des Adressaten, gerate ich nach fünf Minuten Warten aus der Fassung. Kein Zug kommt vorbei, kein Mensch ist zu sehen, nur das Dach eines Turmes jenseits der hohen Weizenfelder, die sich hinter der Schranke ausbreiten. Es dauert noch eine Weile, bis die Ungeduld umschlägt in ein Gefühl der Gleichgültigkeit. Es ist die Schranke selbst, die handelt. Und sie wird sich erst öffnen, wenn ich sie nicht dränge. Ich muß sie vergessen und mit ihr meine kleine Zeitökonomie, die das Leben in Minuten zerteilt, um es funktionaler, effektiver zu machen.

Ich weiß, so wie wir eben alles wissen, daß ich die Situation mythologisiere zur Schwelle in eine andere Raum-Zeit. Natürlich funktioniert das nicht. Obwohl die Empfindung unabweisbar bleibt. Verzaubert, ernüchtert. Ein Zwiespalt, kein Widerspruch. Erwähnenswert ist das deshalb, weil sich dieses Gefühl für eine Zwischenwelt nicht mehr verlieren wird auf der Raketenstation. Es erstreckt sich auf das gesamte Areal, das in einem schönen alten Ausdruck ›Gelände‹ genannt wird: »Gelände Camouflage« ist der Titel eines Buchs von Ute Langanky und Thomas Kling, das mit der Raketenstation umgeht. Und das Gefühl erstreckt sich auch auf die Arbeiten von Ute Langanky selbst, auf ihre Fotos und ihre Gemälde und vor allem auf die Sphäre ›dazwischen‹. Das Gelände ist davon nicht abzulösen. Es bildet die zugrundeliegende Ordnung, mit der die Photographie umgeht, mit der wiederum die Malerei umgeht, mit der wiederum die Poesie umgeht – und in umgekehrter Reihenfolge.

Bleiben wir noch einen Augenblick bei der Zwitterhaftigkeit des Ortes selbst: Nachdem ein Zug vorüber ist und die Schranke sich sehr viel später geöffnet hat, trifft man nach fünf Minuten Fußweg auf eine Ansammlung oder besser: Zerstreuung von Gebäuden, die, wie unterschiedlich auch immer, eins verbindet: daß sie in einem provisorischen Zustand erstarrt sind, Relikte einer jüngst vergangenen Vorzeit, Skelette eines Körpers von morgen. Da sind, schon vom Stein her an die Insel Hombroich erinnernd, Ansätze zu Gebäuden oder raumgreifenden Skulpturen, die eine große Geste erkennen lassen, die aber vor Schreck abgebrochen wurde. Der Schreck mag Geldmangel heißen, es ändert nichts an der verzweifelten Verwegenheit der Erscheinung. In einer leichten Einwärtsdrehung, als folge man der Windung eines Schneckenhauses, passiert man dann ehemalige militärische Zweckbauten, ein Torhaus, ein niedriges Gebäude mit einem Turm, um schließlich vor einer Reihe mit Stahlblech verkleideter containerhafter Behausungen zu stehen, die ebenjene strenge Linierung aufweisen, die in den Arbeiten von Ute Langanky als Extuberanz der Vertikalen entgegenleuchtet.

Blickt man, für einen Augenblick das vage Raumgefühl des Mittelpunkts bemühend, um sich, wird der Blick buchstäblich in den Himmel gesogen, der eine leere Weite ist, unter dem sich alles in seiner Kleinheit verliert. Was ist das hier?

Eine menschliche Anstrengung auf Abruf. Ein Würfelwurf der Dinge, der seine Zufälligkeit nicht verleugnen kann. Der Funktionalismus der Fassaden wird auf der Stelle zum ästhetischen Zeichen. Der militärgeschichtliche Hintergrund des Ortes lädt es auf mit traumatischer Energie. Es gab einmal eine Logik, die alle Bestandteile miteinander verbunden hat. Wir kennen sie nicht im einzelnen. Sie hatte ihre Conclusio in den nahen Abschußbasen von Mittelstreckenraketen, die von belgischen Nato-Soldaten kontrolliert wurden. Ich habe einmal gesehen, wie sich der Betondeckel eines solchen unterirdischen Silos öffnete und gespenstergleich ein strahlender Raketenleib aus der Erde auffuhr. Das ist lange her. Doch nicht so lange wie die sakrale Codierung der australischen Erde durch ihre ursprünglichen Bewohner. Trotzdem werden wir das Wissen um diesen einen von tausend Knotenpunkten des Kalten Krieges nicht mehr los. Es nistet im Inneren dieses Ortes, und er hat ebenjene Strahlung, welche Ute Langanky ihren vertikalen sonnenbeschossenen Lamellen gegeben hat.

Es gibt wenig Vergleichbares. Ein Schauplatz in Don DeLillos großem Roman »Unterwelt« ist ein Friedhof für B-52-Bomber in der Wüste von Arizona. Eine Gruppe von Künstlern verwandelt diesen Ort des angehaltenen, des abgesunkenen Grauens in ein Stück farbiger Land-Art. Ein schweres Hoffnungszeichen. Auf der Raketenstation arbeiteten Kling/Langanky an einer vergleichbaren Verwandlung. Sie taten es im losen Verbund mit anderen Künstlern. Zuletzt kam der japanische Architekt Tadao Ando mit einem Museum dazu, in dessen Kern buddhistische japanische Kunst zu sehen ist.

Doch nicht nur ist das Gelände der Raketenstation in Künstlerhand, auch die ›Insel Hombroich‹ in unmittelbarer Nachbarschaft zum Gelände, und organisatorisch mit ihm verknüpft: jene wiederhergestellten Erftauen, die von zeitgenössischer Architektur und Kunst aller Zeiten und Länder durchsetzt sind, erzählen von den Metamorphosen der Gewaltgeschichte durch die Kunst.

II.

Ute Langankys graphisch strukturierte Tableaus greifen die Geschichte des Ortes als Formexperiment auf, die lokale Geschichte, die in einer Logik des Unheils mit der Weltgeschichte verbunden ist. Aber sie leisten mehr als das, wie man unschwer sieht. Sie bilden keine Metaphern für einen bedeutungsschweren Ort, sondern verwandeln seine Energie in ein formales Beziehungsnetz, in dem sichtlich die Senkrechte dominiert, was nie ohne eine semantische Mitgift von Gitterstäben geschieht.

Die Photos binden die dynamische Vertikale eines technischen Serienprodukts wie die regelmäßig gestanzten Stahlbleche in Landschaft, in den Himmel, das Licht, die Jahres- und Tageszeiten ein. Kaum ein Photo, das nicht einen Ausschnitt dessen präsentiert, was *nicht* Artefakt ist. Doch der Ausschnitt, der hinzutritt, tritt nicht als das andere zur künstlichen Strahlung der gegliederten Fläche auf, sondern als ihr Komplement. Die Gewächse, der Himmelsausschnitt, ja die Nacht selbst verwandeln sich zu korrespondierenden Formgestalten, so daß eine sachte Ablösung des künstlerischen Gebildes von seinem Referenten entsteht –

– sachte und langsam für den Betrachter, der den Ausgangspunkt, die Bizarrerie des Raumes gespürt hat. Sachte wohl nicht für die Künstlerin selbst. Ich stelle mir ihre Arbeit auf der Raketenstation als eine Jagd nach dem Augenblick vor, der die Erscheinungen aus ihrem Bezugssystem löst und in eine neue Ordnung der Fläche stellt. Dazu gehört ganz unbedingt das Einfangen des Lichts. Soviel Dämmerung, die ja eine einzige stufenlose Bewegung des Lichts auf den Dingen ist! Und es sind Augenblicke, in denen die Sonne derart die Fläche zeichnet, daß das Objekt in ihr zugrunde geht, um als gewollte Struktur wiederzukehren.

Gewollt deshalb, weil eine Vorstellung zugrunde liegen muß, eine geradezu libidinös besetzte Formidee, um über das Jetzt zu gebieten, in welchem der Auslöser bedient wird. Ute Langanky ist als ästhetische Botanisiererin ihrer alltäglichen Umgebung ausgezogen, um ein Archiv der Raketenstation zu erstellen. Dann wurde, stelle ich mir vor, die Individualität der jeweiligen Aufnahmen zu groß, um sich dokumentarisch einpassen zu lassen.

Diesem ersten kapitalen Zug folgt, aus der Suggestion der klaren Form erwachsend, die Idee der Serie. In ihr entwickelt sich nun ein Verweissystem, das nur noch seinen eigenen Regeln des Kontrasts und der Ähnlichkeit, der Wiederholung und der Variation folgt. Der Blick gleitet entlang der Farbreize, der Helligkeitswerte, der Lineatur und kann sich, ohne daß das Objekt je geleugnet würde, doch niemals zu diesem hin flüchten, um sich zu beruhigen. Und ebensowenig wird er Ruhe finden dort, wo die Differenzen in einer monochromen Überwältigung getilgt scheinen. Wie zum Beispiel im Fall der extremen Überbelichtung, bei der die Bildfläche zweigeteilt ist in plane Farblichkeit hier und einen Teil, der ein minimalisiertes Architekturzeichen trägt, dort. Das leuchtende Gelb dieses mehrfach klar geteilten Bildes ist vielmehr evident als Sonneneffekt, als Figur- und a fortiori Objektvernichtung durch Sonnengewalt. Es korrespondiert auf diese Weise mit dem sachten Verlöschen der Sichtbarkeit in der heraufziehenden Nacht.

Auch auf diese Weise ist die Geschichte des Ortes – seine latente Gewaltgeschichte ebenso wie seine vordergründige Idyllik im Zusammenspiel mit den Elementen der Natur, kurz, seine bizarre Zwitterhaftigkeit als aus der Zeit gefallener künstlicher Un-Ort – auch auf diese Weise ist seine Geschichte noch als eine Art Hintergrund-Strahlung spürbar. Im Inneren der Photographien strahlt es. Die Sonne ist gleichsam in die Gebilde versenkt und von ihren Bedeutungen so wenig unterscheidbar wie in der physikalischen

Welt das Licht von den Gegenständen, auf die es trifft, weshalb, was hier ›Raketenstation‹ heißt, in den Werken sichtbar, aber nicht sinnhaft ist.

Der Dichter Thomas Kling hat in einem Gedicht zu diesen Photoarbeiten Ute Langankys daran erinnert, daß das Feuer bis hin zum Atom gestohlenes Sonnenlicht ist:

»das feuer in ruhe, das hergebrachte das menschheits-
mitbringsel: zufallsprodukt des brennenden astes.
die feuergehärtete keule, lichtwaffe [...].«

So schnell geht das! Daß die Raketen von Hombroich mit atomaren Sprengköpfen bestückbar waren, weiß man. Daß die Welt, auf die sie treffen, aufglüht, bevor sie in Asche fällt, ist eine nicht löschbare Vorstellung. Atomare Sprengköpfe sind Verdichtungen von Zeit und Energie wie Kunstwerke. Sie löschen die materielle Form, sie sind Spielzeuge der Entropie. Sie überwinden unsere Objektwelt in Richtung Chaos. Das Kunstwerk ist ihnen ähnlich, nur der Richtungssinn ist ein anderer, ein entgegengesetzter. Sie heben die schwere Materialität der Objektwelt auf in konstruktiven Zauber. Nichts beruhigt hier, alles strahlt, entläßt zeichenhafte Signaturen in den Raum der Wahrnehmung. Ich erinnere daran, daß Barnett Newman, auf dessen Streifenbilder die reduzierteren Arbeiten Ute Langankys verweisen, seine zündende Idee nach den ersten Atomversuchen der Amerikaner im Pazifik hatte. Er begann neu mit der Teilung des Nichts, mit der Weltschöpfung durch die Linie.

Ich erwähnte die systematisch angeleitete Augenblicksjagd der Photographin Ute Langanky, die Arbeit mit dem Licht der Dämmerung. Ein Element der Plötzlichkeit gehört dazu. Ein Glück wohl auch, in jeder Hinsicht. Ganz anders verhält es sich mit den großformatigen Aquarellen, die nach den Photographien entstanden sind und ihrerseits wiederum Serien bilden. Sie sind nichts weniger als augenblicksbezogen, sie folgen weder dem günstigen Augenblick noch der Inspiration. Sie sind ganz offenkundig Weltbeschreibungen zweiter oder dritter Ordnung, zumal die zeitlich vorhergehende photographische Beschreibung ihnen zugeordnet ist.

Die Malerei nach der Photographie, im zeitlichen wie im referentiellen Sinn, bemüht sich keineswegs um eine irgendwie geartete Verfremdung von Motiven oder Strukturen, sie folgt der Lineatur der Vorlage mit größtmöglicher Exaktheit. Wir können vergleichen, können Lichtschrift und malerisch-graphische Handschrift in Beziehung setzen – anders übrigens als bei Gerhard Richter, dem früheren Lehrer von Ute Langanky, der bekanntlich ebenfalls häufig nach Photographien malte und dessen malerische Figuren nicht selten mit einem spezifischen Wisch-Effekt verzerrt wurden – wir können also vergleichen, um festzustellen, daß in der Verdoppelung das Original unheimlich wird und umgekehrt und daß in der Technik, in der Machart die Objektreferenz gelöscht wird, um als mehrfach gebrochenes Artefakt wieder in Bewegung versetzt zu werden. Der Gegenstand ist als Illusion kenntlich, die sich aus der Spannung der Form heraus – gleichsam am Kreuzungspunkt von Waagerechter und Senkrechter – gebiert.

Die Malerei, traditionell das Medium phantasmatischer Illusionsbildung, zerstört hier die illusionären Räume. Nicht nur, daß in der Photographie wie in der Malerei von Ute Langanky Raumtiefe ebenso wie Innen-Außen-Bezüge weitgehend in der Flächenstruktur gelöst sind, das gemalte Bild stellt seinen Willen zur Ent-Illusionierung selber aus. Das Bild sagt es überdeutlich: Ich beschreibe nicht die Welt, sondern ich beschreibe eine Beschreibung der Welt. Daß auch die eine Beschreibung von Ute Langanky selbst im Medium der Photographie getätigt wurde, pointiert dabei aufs persönlichste die Tatsache, daß Kunst nur auf Kunst referiert. Ute Langanky hat sich selbst den Kontext erzeugt, in dem ihre Malerei Bedeutung gewinnt. Was, man muß es staunend anerkennen, etwas von Selbsterfüllung hat, etwas Autarkes, Starkes – auch dies eine Verbindung zur Poesie Thomas Klings –, eine Verbindung von Selbsttätigen und Selbständigen. Und das strenge Spiel geht dem Prinzip nach weiter, iterativ: Ich hatte, nebenbei, über die Gemälde nachsinnend, Photos dieser Gemälde nach Photos vor Augen und Kling-Gedichte in Kopf und Gehör.

Betritt man nun, nach diesem Durchgang durch die Kunst Ute Langankys, erneut die Raketenstation Hombroich, so geht man durch Zeichen und Wunder. Der Ort ist aufgeklappt in alle Himmelsrichtungen, eine Kopie seiner selbst, ausgehebelt und reinstalliert, durchgestrichen gleichsam. Von sich selbst – wie das am Niederrhein nun einmal ist – himmelweit entfernt. Ein Zwischenort, vom Realen wie vom Illusionären abgelöst und in eine künstlerische Virtualität erhoben. Ute Langankys Kunst hält diese Ablösung als Prozeß fest. Und ermöglicht es uns, die Magie eines Ortes, perforiert und durchdrungen von der Magie der Kunst, ohne falsche Identifikationen in Furcht oder Behagen zu spüren.

Drüben, jenseits der Bahnlinie, der retardierenden, die bergenden Kunstauen der Insel, diesseits jetzt die Raketenstation als ein Ort, wo sich der Schrecken und die Idylle im künstlerischen Prozeß auflösen, ein nicht fixierter, ein Zwischenort; kein heiliger Ort, kein Nicht-Ort, nicht für Ureinwohner und nicht für Terminalpassanten, nichts für den tiefen Sinn, nichts für das gedächtnislose Augenblicksmanöver: ein Ort in permanenter Öffnung. Die Raketenstation zwischen den Weizenfeldern – sie wird nicht so bleiben, das ist klar. Die Raketenstation im Gedicht, auf Photopapier und Leinwand dagegen sehr. Das ist eben: sonnenklar.

Klingen und Klirren

Kling und Langanky machn wände

Wer kann das schon? Im Südtiroler Hochgebirge die Rehgeiß mit ihren Kitzen springen lassen und eins zwei drei ›Alporamen‹ zaubern, glaziologisch simpeln wie vom Fach, und schließlich in der ›Krone‹, ›alla corona‹, einkehren, wo »kasers freundin, di is jetz mitte vierzig«, bedient und der Abtritt gefliest ist, man geht ja mit der Zeit, »*hand dryer,* und so du weißt was das ist?« – wer kann das schon: Kunst schlagen aus Touristenblicken, Schlachtengemälden und Kitschikonen wie Wasser aus dem Fels, mal eben anklopfend mit dem Stab, schon rauscht es über Steine und Zungen talwärts nieder? Wer bringt das schon – das Schartige und Schroffe, Steilwand und Seilschaft, Risse und Spalten, Falten und Schnitte, Packeis, Gneis und Kitze springend (s.o.) – wer bringt das alles stimmbandgelenkig und silbenschartig zum Klingen? Ohne Schimmer von Idylle, satt von Landschaft und Geschichte, im eigenen Stenogramm auf einer Handvoll fein gewogener Seiten? Der Dichter Thomas Kling von der Raketenstation, vormals Düsseldorf, vormals Köln, vormals Bingen.

Das ist die eine Seite, klingend eben; die andere klirrt vor Kälte, kommt in Farbe, streng, kristallen: einundzwanzig Aquarelle von Ute Langanky, von derselben Reise mitgebracht: Etsch und Ortler wie durch langsam schmelzendes Eis gesehen, verschleierte Prismen, multiplizierte Monde, ziemlich kalt, ziemlich menschenfern, Farben wie Skianzüge, Feininger-Formen, Turner-Schleier, sehr anders von fern oder von nah gesehen, wie das eben so geht mit den Bergen und Gletschern, wenn Klarsicht und Betäubung nicht mehr zu unterscheiden sind. Kältestarre mit Lichtdurchschuß.

Es klirrt auf der einen, es klingt auf der anderen Seite. Zusammen ist das recht vornehm tiefgefroren in einem schönen schmalen Buch, das außen schlicht nur »Kling/Langanky« heißt und innen: »›wände machn‹ – Gedichte und Aquarelle«, und darauf wartet, von stimmhaften und blicklustigen Lesern aufgetaut zu werden.

Armbrust und Rakete

In Ruinen von kalten und anderen Kriegen

Der Dichter und die Künstlerin leben unter einer Anschrift, die zu genau ist, um erfunden zu sein, und sie arbeiten genau: »Raketenstation Hombroich 1995/96« lautet die erste Eintragung in dem schmalen Band mit einem Gedicht von Thomas Kling und vierundzwanzig Fotos von Ute Langanky. »Gelände« heißt er, ›Gelände‹ – das war vor Zeiten ein auch juristisch klar umrissener Ausdruck, der auf Lehen bezogen war. Heute ist es ein vager topographischer Ausdruck. Er bezeichnet eine weitgehend unmarkierte Fläche, eine Fläche mit Chaosanteil, sei es, daß der Raum in keinem Ordnungskonzept aufgeht, sei es, daß wir nicht wissen, was sich dort zuträgt.

In diesem Sinne haben wir früher von Raketengelände gesprochen, wenn wir das Hombroicher Areal meinten. Früher, als die belgischen Nato-Soldaten noch ihre Mittelstreckenraketen dort stationiert hatten, mitten im freien Feld am südlichen Niederrhein, in der Nähe von Neuss. Früher, zu Beginn der achtziger Jahre, als wir dort vor den Kasernentoren gegen die Nato-Rüstungspolitik demonstrierten, mit einem ausgedienten Bundeswehrlaster als Einsatzzentrale (nun ja, ein früher Grüner mit Bart und Parka kochte darin Kaffee und Tee). Auf diesem inzwischen aufgelassenen militärischen Gelände lebten der Dichter und die Künstlerin viele Jahre lang. Sie hatten den Ort zu ihrem Arbeitsort gemacht und zum Gegenstand ihrer Schreib- und Fotoarbeit.

Der Ort hat etwas zugleich Unheimliches, also Gestalt- und Namenloses, und etwas äußerst Präzises, man könnte sagen: Überreales. Beides findet sich in der Gemeinschaftsarbeit »Gelände«. Es ist keine Illustration meiner ästhetischen Erfahrung mit dem Buch, sondern eine Kindheitserinnerung als Lektürehintergrund: wie ich als gebürtiger Niederrheiner mit großer Verwandtschaft rund um die Raketenstation an einem Sonntagvormittag hinten im Familienauto an jenem abgesperrten, dem Leben entzogenen Gelände vorbeifuhr und sich plötzlich ein aufgeschütteter Erdhügel auftat. Eine große runde Platte fuhr in die Senkrechte, und dahinter richtete sich der schlanke Leib einer Rakete auf, langsam und gleichmäßig fuhr sie empor. In meiner Erinnerung glänzend wie Gold und Silber in der Sonne. Ein Anblick, so losgelöst von der Erde, daß keine Erzählung ihn einholen konnte.

Und so verschwand er – und tauchte beim Betrachten der Photos von Ute Langanky verwandelt wieder auf. Photos, die mit dem überscharfen Kontrast zwischen dem dunklen Gelände und einem von Sonnenlicht zur Explosion getriebenen technischen Artefakt arbeiten.

Zunächst sehen wir wie eine Schatteninstallation einen langgestreckten schwarzen Gebäudeblock, aus dem ein Turm – ein Lichtpunkt sagt uns: Wachturm – herausragt wie eine massige Säule mit dorischem Kapitell. Technisches Landschaftsimplantat und antike Ruine, im Hintergrund glüht der Himmel. Auf dem nächsten Photo ist der Turm vom Schwarz verschluckt, aber die Sonne hat sich in ein großes goldenes glühendes Rechteck verwandelt, das exakt aus der Mitte des Bildes strahlt. Ein längsgestreiftes Rechteck, das in seinem unwirklichen Leuchten den Rest der Welt ins Dunkel schickt. Dann öffnet sich der Photozyklus, gibt größere Ausschnitte und andere Details der Raketenstation preis, meist in Spiegelungen und Brechungen. Himmel und Landschaft werden sichtbar und erleichtern die Orientierung.

Sein Gedicht »Gelände«, das zweizeilig pro Seite die Photos trennt und zugleich verbindet, eröffnet Thomas Kling mit dem

mottoartig gesetzten Ausdruck »furor und vedute«, der den Gegensatz zwischen explosiver Intensität und sacht geöffnetem Landschafts- oder, sagen wir besser: Geländeraum benennt. Das Gedicht zieht gelassen Linien von »rosnsohlen die zu glimmen beginnen« über »vorübergescheuchte feuer« zu »rosiger finger«, es zitiert Homers Morgenröte, den Raub des Feuers durch Prometheus und Polyphems Blendung mit »feuergehärteter keule, lichtwaffe. der blickvernichtende bohrer des Odysseus der den augapfel, in drehung, verdampfen läßt des feindes«. Und verknüpft so die technische Gewalt, die dieser Ort in sich trägt, mit einer am Feuer orientierten Zivilisationsgeschichte, die auch eine der Medien ist, zum Beispiel der Photographie selbst: »der feuerwände eleganz. verführung, bollwerk, camouflage. / geschleiftes blicken. das, augenfang, die netzhaut rüber- / zieht mit ostlicht westlicht, frühwarnzeitn. belichtungs-/ messer, das den einstich führt auf blendende verblendete / betonfassaden in gläsernem gelände [...]«

Gelände ist bereits die dritte Gemeinschaftsarbeit von Ute Langanky und Thomas Kling, nach »wände machn« von 1994 und einer großformatigen Mappe »wolkenstein. mobilisierung« von 1997. In »wolkenstein« hat sich die langjährige Beschäftigung des Südtirol-Kenners Kling mit Oswald von Wolkenstein in einer Reihe von Gedichten niedergeschlagen, die den Orten und Lebensereignissen und vor allem den Liedern des umtriebigen Reisenden, Kriegers und Sängers Wolkenstein nachspüren, oder in Klings eigenen (Nach-)Worten: »da will ich die sekrete riechen dieser wolkensteingedichte, da schaff ich mich rein«. Doch wie immer bei Kling entspricht der sprachlichen Flexibilität, ihrer assimilierenden Kraft und punktuellen Verflüssigung eine strenge formale Disziplin, die ›Sekrete‹ eher in ihre chemischen Bestandteile zerlegt, als sie schnüffelnd zu goutieren.

In »wolkenstein« geben, anders als in »Gelände«, die Gedichte den Ton an. Die Linolschnitte Ute Langankys, großzügig auf feinstem Rives-Bütten gedruckt, erinnern in ihrer knappen Zeichenhaftigkeit an ritterliche Heraldik, ihr dekorativer Zug ist nicht ohne Ironie – und im übrigen geht es, wie in »Gelände«, um das Verhältnis zwischen Gewalt und der Ordnung des Schönen.

Tiefenzeit – Gespiegeltes Leid

Reise ins Innere des Körpers

Nein, Flugzeuge stürzen im letzten Kling-Band »Auswertung der Flugdaten« nicht ab, wie in einem früheren Gedicht Thomas Klings, in dem ein ›undeutlich gewordner Stimmtresor‹, der Flugschreiber, den Absturz einer Maschine über Amsterdam-Bijlmermeer nicht heil überstand. Aber wer fliegt denn hier, wer zeichnet auf, wer wertet aus? Was ist geworden aus der hermeneutischen Kunstdreifaltigkeit Leben – Schreiben – Lesen, in die man den Titel locker übersetzen kann?

Es beginnt schon damit, daß die Daten vor den Erfahrungen kommen, die Schrift vor dem Erlebnis, die Aufzeichnungsapparatur vor dem Leiden, das zu sagen gibt. Man darf das ganz konkret verstehen: Eine Widmung und sechs Motti leiten den Band ein, das erste in Althochdeutsch. Dann der Titel des ersten Gedichtzyklus »Gesang von der Bronchoskopie«, der im Kern nichts anderes verspricht als eine poetische Auswertung von Flugdaten, in diesem Fall von einer Reise in die Atemorgane. Dann ein weiteres Motto, in dem sich der Tod mit heiserer Stimme vorstellt. Dann sind wir auf Seite elf und begegnen der ›Arnikabläue‹, dem Titel des ersten Gedichts. Arnikablüten sind gelb und heilsam. Technische Bläue ist heillos kalt. Es ist die Bläue der Darstellung. Einer liegt auf der Bahre »unterm heimeligen stammheimdeckenmond«, in einem intensivmedizinischen setting, wo technische Diagnoseverfahren und operativer Eingriff nicht voneinander zu unterscheiden sind, die Repräsentation also nicht vom Geschehen selbst. Alles ist fremd und fern und kalt und geht doch viel weiter als unter die Haut, in den Lungenschacht nämlich. Der medizinische Eingriff ist in ein Netz von Aufzeichnungs- und Darstellungspraktiken eingeschlossen. So wird unter Extrembedingungen ein Zeichenverkehr geschildert und ein Schmerz camoufliert. Wird er das wirklich? Nur weil die Empfindung des Beobachter-Patienten nicht direkt geschildert wird?

In Kling-Gedichten ist nicht viel von ICH die Rede, geschweige groß geschrieben wie manchmal die ersten Buchstaben GOttes. Doch dann haben wir eins, in der vierzehnten von sechzehn Strophen der »Arnikabläue«:

»jetzt ist es. jetzt werd ich:
zum schacht, zum *lungen-*
schacht wird ich.«

Man kann den ersten Satz mit einem ›soweit‹ ergänzen. Dann wäre es soweit. Doch vor allem steht hier ein sächliches Personalpronomen im Zentrum. Das ist entscheidend. Denn in der nächsten Zeile wird die Grammatik gekrümmt, um das Schluß-ich sachlich-anonym werden zu lassen. Ich geschieht sozusagen und zwar so: ›Lungenschacht wird ich‹.

Das ist, was geschieht in der Sprachgestalt, die versucht, die Distanzen zwischen Ereignis, Aufzeichnung und Darstellung dieser Aufzeichnung einzuschmelzen. Das macht die Kling-Gedichte so intensiv. Daß man nicht ›in sie hineinkommt‹, wie es manche Leser gerne hätten, ist ihr Gesetz; sie tauschen dauernd ihr Inneres mit dem Außen, um ebendiese Penetration des Verstehens zu verhindern. Hier im Falle einer schmerzhaften Lungenpenetration. Sie vermeiden die direkte Gefühlsbekundung. Doch ist diese spürbar in dem, was nicht konventionell subjektiv hingelitten und -gesagt wird. Manchmal ist es aber auch umgekehrt: Die Empfindung sagt sich in schlagwortartiger Überdirektheit und Lakonie: »frantic« heißt es wiederholt am Strophenende – frantic.

Also: »Auswertung der Flugdaten« beginnt mit einer fulminanten Reihe von K-Gedichten. K wie Krankenhaus und Krieg, der in ihm herrscht; wie Körper und Konkretion, der ihn zum Datum macht, wie Kälte und Kunst, die jedes Wehleid einfriert in Wort und Bild. Deshalb tun sie weh, diese Aufzeichnungen eines Apparat und System gewordenen Schmerzes.

Bald darauf, nach einem weiteren Gedichtzyklus »mahlbezirk«, öffnet sich der Band »Auswertung der Flugdaten« auf eigentümliche Weise, nämlich die literarischen Gattungen betreffend. Es folgt ein langer Essay »Projekt ›Vorzeitbelebung‹«, und weitere Prosatexte wechseln sich mit Gedichten ab. Eine Seltenheit, eine Seltsamkeit. Wir kennen zwar Gedichtbände, die von einem Essay begleitet werden, meist zur Erläuterung des ansonsten lyrisch Verrätselten; oder umgekehrt Essaybände, die auch einmal ein Gedicht enthalten. Doch hier bei Kling haben wir es mit dem seltenen Fall zu tun, daß beide Gattungen vom Gewicht her gleichrangig nebeneinander stehen, sich thematisch und motivlich aber heftig durchdringen.

Es ist kein kleines Risiko, das Thomas Kling hier eingeht. Als Dichter mit ganz eigenem, inzwischen oft beschriebenem und nachgerade stil- (nicht schul)bildend gewordenem Idiom hat er einiges zu verlieren, wenn er auf essayistischem Weg versucht, ganze Traditionslinien und Motivketten der abendländischen Literatur auszuziehen: den plötzlichen Zugriff nämlich, die blitz- oder besser stichhafte Erhellung eines Zusammenhangs, die seine gewagten ›Einzelbildschaltungen‹ in den Gedichten bewirken. Was wird aus dem wespenhaft aggressiven, Schönheit wie Gift transportierenden Bedeutungsrauschen, das sich plötzlich entlädt in einer schmerzlich-beglückenden Erkenntnis, wenn historisch angeschafft und verglichen, abgeleitet und umgedeutet wird, wenn Autoritäten zitiert und mit den großen Meistern des Fachs von Euripides bis Borchardt, von Nietzsche bis Kerenyi von Du zu Du diskutiert wird? Kann das gutgehen in einem literarischen Klima dieser Republik, in dem zumal die Lyriker gerne auf die ältesten sumerischen Göttinnensprüche oder aufs urbane Dichter-Lotterleben im späten Rom zurückgreifen und sich wechselseitig wegen ihrer Griechisch- und Lateinkenntnisse beargwöhnen? Und wie sie sich alle, nun ja: die Elite der mittleren Generation von Durs Grünbein bis Raoul Schrott, von der Sappho-Übertragung durch Anne Carson tief begeistert zeigen, zumal der Auslassungen wegen, auch Kling selbst.

Kurz geantwortet: Es geht gut mit der Prosa-Lyrik-Legierung, und das hat angebbare Gründe. Sie liegen nicht etwa in der überzeugenden religions- oder kulturgeschichtlichen Rekonstruktion eines Motivkomplexes wie dem des ausschweifenden weiblichen Dionysos-Fanclubs, der Bakchen, der Tobenden und Zerreißenden, und ihren Nachfolgerinnen und Verwandten, von den Gorgonen über die Ovidsche Diana bis hin zu germanischen Schamaninnen und den Kopfjägern der Fidschis; sondern es geht gerade deshalb gut, weil Kling anstelle der historischen Plausibilität ebenjene ihn auszeichnenden überraschenden Sprünge, Aktualisierungen, Konfrontationen und auch plötzlichen Entfernungen und Abbrüche setzt. Er geht den guten okzidentalen Wildheitsstoff keineswegs direkt an, sondern vermittelt über seine ›Zeugen‹, an erster Stelle in diesem Bakchen-Fall Rudolf Borchardt, aber auch Paracelsus und Pound, Benn und Ball, Vergil, Gongora und George. Er hält sich schwankend an der vielbesprochenen Grenze von Wildnis und Zivilisation. Statt allerdings eine Synthese aus den sexuellen Obsessionen, ästhetischen Faszinationen, ethnologischen Hypothesen und religiösen Opferlogiken zu ziehen, die mit dem Stoff durch die Jahrhunderte verbunden sind, folgt er lieber den Spuren seines jeweiligen Zeugen, um bei nächster Gelegenheit auch von diesem wieder abzuweichen. Das ist durch und durch heidnisch, weil die Erkenntnis nicht zentriert wird. Als ästhetisches Prinzip heißt Heidentum Vielfältigkeit, Abirrung, Überraschung und gelegentliche Überwältigung. Ein vielversprechendes oder auch bedrohliches Rauschen eben und ein plötzliches helles Zustechen – das Verfahren der Dichtung in der essayistischen Prosa, die damit auch unter das ›Wespenbanner‹ gestellt ist. »Neues vom Wespenbanner« heißen die folgenden Gedichte. Heidnisch – das bedeutet auch konkreter, daß Kling das Opfer des Opfers, das der gekreuzigte Christus als ein Nachfolger des Dionysos darstellt, keine Sekunde lang annimmt.

Bleiben wir, wie Kling sein Arbeitsleben lang, bei George: Kling folgt philologisch ungehemmt seinen Vorlieben. Selbst in Bingen geboren, ist ihm der erhabene, wenn auch klein schreibende Stefan George aus Bingen-Büdesheim schon immer nah. Und was liegt näher, als gleich auch dessen Animositäten und Neigungen testweise zu teilen, so die gegen Hugo von Hofmannsthal und dann die Reibereien mit dem Hofmannsthal-Verehrer Borchardt, der ebendort, wo Kling erkenntnispointenlüstern wildert, »Unwandelbares in ungewandelten Formen« (Borchardt) sucht. Kling verkehrt auf leichtem Fuß mit den großen Figuren des Immerwährenden Heiligenkalenders der abendländischen Kultur. Weil er vor dem Unwandelbaren auf der Flucht ist, das ihn bei den Alten doch zugleich so anzieht. Verführt vom Ewigen und Kanonischen, von der bildgebenden Kraft der Alten und der erlesenen Kennerschaft der jüngeren Elite-Väter, muß er sich ständig schlau entwinden und wieder nüchtern lesen. So tritt er den Großen auch gerne auf den Fuß, den er mit ihnen teilt. Und manchmal fallen Schimpf und Erkenntnisgewinn zusammen, wie bei einer Tirade

Georges gegen Borchardt, die Kling auf seine spöttische-süffisante Art ans rheinhessische Sprachmilieu anpappt – ›babbe tut‹ sozusagen –, so wie George Borchardts Gedichte an die Wand. – In anderer Hinsicht ist Kling allerdings Borchardt näher, den er einmal als »Einmann-Georgekreis« bezeichnet. Zu schön und wahr, um es nicht auch auf Kling selbst anzuwenden.

Das kynisch Aufsässige ist die eine Lockerungsübung. Eine andere ist die plötzliche Überblendung, z.B. des mänadischen Zerreißungsmotivs mit einer entsprechenden Horrormeldung auf RTL. Und natürlich die ebenso überraschende Einführung von heutig-frechen umgangssprachlichen Wendungen ins philologisch Arkane; gern mit polemischer Pointe. Ein Beispiel, das man sich ungern entgehen läßt: »Wenn den Antikenfreund das Fell juckt, er aber *kein* Gefühl für Geschichte hat? Dann bekommt man Kostümfilm – Sandalenfilme aus den Grünbein-Studios.« Und vor allem, dies eine der Hauptlinien des ganzen Bemühens: die zunächst überraschend wirkende, dann zunehmend dichtere Übertragung der mythologisch-kulturgeschichtlichen Konstellation auf die Poesie, im Zweifel und meistens die eigene: »Disiectio membrorum: die schamanische Gliederverstreuung. Eben auch: Die Wortauswerfung. Sowie: die Wort*ver*werfung.«

Kling bietet die Übertragungen der historischen Mystery Tour aufs heutige Dichten förmlich an, führt sie manchmal aus oder legt sie nur nahe. Eine der schönstmöglichen Übertragungen: Sein Reigen der Zerreißungen, Häutungen und Enthauptungen führt ihn auch zum schrecklichen Antlitz der Medusa. Er nähert sich ihm – Kamerafahrt also mit Perseus – mit dem von Athene verliehenen spiegelnden Schild, der den Schrecken in einem optischen System bannt. Dem in dieser Hinsicht vormodernen Dichtungsemblematiker Kling ist nicht, dem grausigen Haupt entspringend, Pegasos Dichtungs-Inbild, sondern Athenes Schutzschild-Spiegel. Das

»Gedicht ein Spiegelsystem« nennt er das, wobei der Schild selbst Augen hat, was nichts anderes heißt als: das Gedicht sieht (und hört). Es ist ein Wahrnehmungsinstrument, wie Kling nicht müde wird zu betonen.

Und damit sind wir wieder am Anfang, auf der OP-Station, in der Arnikabläue der Krankenhausschrift. Hier zeigt sich die Tauglichkeit des so verstandenen und angewandten Instrumentes Literatur: Das Gliederzerreißende, die Angst, der Schmerz, sie sind unsagbar, weil sie, im Fall der »Bronchoskopie« aufs konkreteste, das Ende des Sagens sind. Im ›Spiegelsystem Gedicht‹ selbst finden sie sich aufgezeichnet. In der Kälte der Gänge, Instrumente, Apparaturen ist alles da, im Gang durch die Motivgeschichte der Zerreißung, im Betracht der Daten, der Aufzeichnungs- und Eingriffsgeräte; indirekt und anschlußfähig ist es da. Noch einmal: Der medizinische Eingriff ist in ein Netz von Aufzeichnungs- und Darstellungspraktiken eingeschlossen. Technisch und poetisch. So wird unter Extrembedingungen ein Zeichenverkehr geschildert und ein Schmerz ausgedrückt. Auch eine Wiedergewinnung der Handlungsfähigkeit. Von einem der besten Dichter deutscher Sprache. Unter Bedingungen der Ohnmacht und des Übergangs. Zitieren wir das letzte Gedicht des Bandes vollständig:

Der Schild des Aeneas

Einäugig geschmiedet,
zyklopen-retina,
einäugig geschmiedete
panoramakamera.

parallelgeschehen, zeitenwenden. wie:
romulus' thierfilm zeigt – wölfinlefzen
gut im bild, tonschnitt in ordnung, etwas
übersteuert.
kampfgeschehen.

Die Bücher von Thomas Kling

»der zustand vor dem untergang«. 35 Gedichte. Düsseldorf 1977, Schell-Scheerenberg Verlag.

»erprobung herzstärkender mittel«. Gedichte. Mit einem Vorwort von Friederike Mayröcker. Düsseldorf 1986, Eremiten Presse.

»geschmacksverstärker«. Gedichte 1985–1988. Frankfurt a.M. 1989, Suhrkamp Verlag.

»brennstabm«. Gedichte. Frankfurt a.M. 1991. Suhrkamp Verlag.

»Proë«. Anthologie. Zusammen mit Gerhard Falkner u.a. Berlin 1992, private Edition von Sascha Anderson.

»nacht.sicht.gerät«. Gedichte. Frankfurt a.M. 1993. Suhrkamp Verlag.

»erprobung herzstärkender mittel« / »geschmacksverstärker« / »brennstabm« / »nacht.sicht.gerät«. Ausgewählte Gedichte 1981 – 1993. Frankfurt a.M. 1994, Suhrkamp Verlag.

»wände machn«. Aquarelle von Ute Langanky, Gedichte von Thomas Kling. Münster 1994, Kleinheinrich Verlag.

»morsch«. Gedichte. Frankfurt a.M. 1996, Suhrkamp Verlag.

»Thomas Klings Freunde«. Hg. von Thomas Kling. Akzente. Heft 5. München 1996, Carl Hanser Verlag.

Catull: »Das Haar der Berenice«. Gedichte – Carmina. Übersetzt von Thomas Kling. Bildfolge von Ute Langanky. Nachwort von Hans Jürgen Balmes. Ostfildern 1997, edition tertium.

»Itinerar«. Essays. Frankfurt a.M. 1997, Suhrkamp Verlag (Edition Suhrkamp).

»wolkenstein. mobilisierun'«. Ein Monolog von Thomas Kling. Zehn Linoldrucke von Ute Langanky. Münster 1997, Kleinheinrich Verlag (Hundert numerierte und signierte Exemplare).

»GELÄNDE camouflage«. Gedicht von Thomas Kling. Photographien von Ute Langanky. Münster 1998, Kleinheinrich Verlag.

Friederike Mayröcker: »Benachbarte Metalle«. Ausgewählte Gedichte. Anordnung und Nachwort von Thomas Kling. Frankfurt a.M. 1998, Suhrkamp Verlag.

»Fernhandel«. Gedichte. (Mit einer CD). Köln 1999, DuMont Buchverlag.

»Botenstoffe«. Köln 2001, DuMont Literatur und Kunst Verlag.

»sprachspeicher«. Gedichte auf Deutsch vom achten bis zum zwanzigsten Jahrhundert. Eingelagert und moderiert von Thomas Kling. Köln 2001, DuMont Literatur und Kunst Verlag.

»Thomas Kling entdeckt Sabine Scho«. München 2001, Europa Verlag.

»Sondagen«. Gedichte. (Mit einer CD). Köln 2002. DuMont Literatur und Kunst Verlag.

»Thomas Kling – Karl-Heinrich Müller. Ein Gespräch«. Reihe Energien/Synergien. Köln 2004. DuMont Literatur und Kunst Verlag.

»Auswertung der Flugdaten«. Gedichte und Essays. Köln 2005, DuMont Literatur und Kunst Verlag.

Fotonachweis

Die Porträtphotos von Thomas Kling stammen von Ute Langanky. Von ihr ist auch das Gemälde mit dem Titel *Untergang der romantischen Sonne* (2004) auf Seite 96/97. Das Photo auf Seite 99 stammt aus der Sequenz *Geländephotos* von Ute Langanky.